西北大学“双一流”建设项目资助
Sponsored by First-class Universities and Academic Programs of Northwest University
国家自然科学基金面上项目“数字化驱动的开放式创新获益与治理机制及其协同效应:基于价值组合逻辑的研究”（72172125）
陕西省社会科学基金项目“陕西省制造业企业数字化与创新融合演进及协同治理机制研”(2021R042)

双元创新理论发展

动因、过程与结果研究

张洁◎著

The Development of Ambidextrous Innovation

Research on Motivation, Process and Outcome

中国经济出版社
CHINA ECONOMIC PUBLISHING HOUSE
·北京·

图书在版编目（CIP）数据

双元创新理论发展：动因、过程与结果研究 / 张洁著. -- 北京：中国经济出版社，2024. 5. -- ISBN 978-7-5136-7794-3

Ⅰ. F273. 1

中国国家版本馆 CIP 数据核字第 20245YD696 号

责任编辑　杨元丽
责任印制　马小宾
封面设计　任燕飞

出版发行　中国经济出版社
印 刷 者　宝蕾元仁浩（天津）印刷有限公司
经 销 者　各地新华书店
开　　本　710mm×1000mm　1/16
印　　张　18. 5
字　　数　262 千字
版　　次　2024 年 5 月第 1 版
印　　次　2024 年 5 月第 1 次
定　　价　88. 00 元
广告经营许可证　京西工商广字第 8179 号

中国经济出版社 **网址** http://epc. sinopec. com/epc/ **社址** 北京市东城区安定门外大街 58 号 **邮编** 100011
本版图书如存在印装质量问题，请与本社销售中心联系调换（联系电话：010-57512564）

前言 Preface

新技术浪潮推动着新产业、新行业与新企业不断兴起，但同时也使一些传统产业、行业和企业面临被替代和被淘汰的挑战。随着移动互联网、人工智能、云计算、物联网，以及新能源等新技术的快速发展，一些企业虽然对现有技术、能力、商业模式和组织架构等进行了增量式改变，但是，受过去成功的经验和技术路径，以及最优决策路径的影响，这些企业缺乏应对技术与市场突破性变化的能力。例如，诺基亚、摩托罗拉等传统手机领域企业持续进行技术创新和开展低成本战略，但是却被苹果和华为等智能手机后发者追赶；在液晶电子技术到来时，长虹、夏普等企业被新技术领先者侵蚀市场。一些优秀企业持续开展探索式创新，迎接每一轮的技术颠覆，如华为、微软、亚马逊等全球领先企业，在原有优势技术不断完善的基础上，通过技术探索迎接新一轮技术浪潮，重构产业与行业，成为云计算行业的领跑者。领先企业能够通过有效部署不同战略导向、嵌入外部多重网络、重构组织结构，以及拥抱开放式创新范式与数字技术等方式，促进企业在进行应用式创新的同时，兼顾对技术、知识、商业模式等进行探索式创新。因此，企业如何平衡应用式创新与探索式创新形成双元创新？哪些因素影响着双元创新的开展？进一步地，双元创新如何影响企业绩效，提升企业竞争优势，其内在机制是什么？这些是本书需要重点解决的问题。

从组织战略层面来看，企业的战略导向、开放式创新战略、数字创新战略等影响着双元创新活动的开展。随着开放式创新逐渐成为一种重要的战略选择和创新范式，一些企业选择打破组织边界，利用外部力量开展探索与应用活动，一方面利用外部新技术与知识进行探索，另一方面利用外部商业化途径等方式对技术进行应用。开放式创新范式为双元问题提供了新视角，使探索与应用的双元问题研究不断深化。企业如何平衡与组合跨越组织边界的探索和应用，是企业开放式双元创新战略选择的重要问题。从网络层面来看，单个企业在资源、能力和认知水平等方面存在局限，难以推动探索式和应用式创新发展，需要不断从各种价值网络中获取和吸收异质性知识和信息，通过嵌入多重网络来推动双元创新发展。现有研究对双元创新与组织绩效的关系进行了大量的讨论，存在一些不同的研究结论，因此需要进一步丰富双元创新对企业绩效的影响机制，探讨双元创新与企业绩效关系的有效情境。与此同时，数字技术飞速发展，与之相关的应用和投资为企业带来了机遇和挑战，数字技术应用是否影响企业网络嵌入与双元创新的关系？此外，在数字化情境中，开放式创新战略对双元创新产生何种影响，同时，数字化能力对开放式创新与双元创新绩效发挥正向溢出效应还是具有负向影响？这些也是本书需要重点探讨的问题。基于以上分析，本书围绕双元创新理论，从组织视角、战略视角、网络视角等探讨双元创新的驱动因素、过程机制和结果。具体而言，本书首先从组织层面出发，探讨组织重构在双元创新与企业绩效关系之间的作用机制。其次，本书分别从战略、网络、开放创新、数字化等方面选择了战略导向、网络嵌入、开放式创新、数字技术应用和数字化能力变量，探究这些因素对双元创新的影响和作用机制。最后，本书结合开放式创新理论，从动态视角分析开放式双元创新的演进路径及其影响因素。

本书的创新点与理论贡献主要体现在以下方面：

第一，聚焦微观组织情境，探讨双元创新的内涵及其对企业绩效的影响，以及组织重构发挥的差异化调节作用。研究发现，组织重构扩大了探索和应用组合效应正向影响的范围，使探索和应用在组织中更好地共存；组织重构调节了相对平衡效应和绩效的关系，使达到绩效最佳的探索和应用的差异值增大，即相对平衡的数值增大，说明探索活动在组织中的有效比例得到提升，探索活动的有效值增加。本书将双元创新和重构能力整合在同一框架下，在组织情境下扩展了双元创新的结果研究。

第二，本书分别从战略、网络和开放式创新视角扩展了双元创新的前因机制。①从创业导向和学习导向切入，将不同类型战略导向、平衡双元和组合双元整合到同一框架，并扩展了双元创新的内部和外部情境因素。具体而言，探讨了创业导向和学习导向对双元创新及两个维度（平衡维度和组合维度）的影响，并发现内部资源冗余和外部环境动态性的差异化调节作用。②从网络视角扩展了双元创新的前因研究，对比了知识网络和合作网络的差异，并探究数字化技术应用对这两种不同类型网络嵌入与企业双元创新关系的影响。③基于开放悖论和数字化悖论，探讨了物联网企业在与上下游联盟伙伴开放合作过程中促进双元创新绩效的非线性关系，并分析了数字化能力的调节作用。本书将开放式创新与双元创新整合在数字化情境中，丰富了两者的协同研究。

第三，本书从动态演进视角探讨双元创新理论在跨组织边界创新中的新发展。基于开放式创新视角，组织界限被打破，企业从内部的双元向跨组织界限的双元演进，形成开放式双元创新。一方面，针对企业面临产业链扩张背景下的开放式双元创新的演进路径进行分析，采用典型的纵向单案例研究方法，研究隆基绿能在扩展产业链时，受到制度、技术和市场不同机会窗口影响，开展开放式双元创新选择的过程；另一方面，采用纵向双案例研究方法深入分析企业随着战略发展与业务扩张，在不同外部竞争环境中，业务相关度在开放式双元创新选择中的差异化作用过程。本书拓展了双元创新理论的应用范围，揭示了开放式双元创新的构建路径，为组织战略扩张和开放式创新选择的决策提供了参考和借鉴。

第四，本书从理论方面对现有的双元理论从前因、过程和结果等方面进行了补充拓展，从环境、战略、组织与能力等方面系统化地丰富了双元创新理论体系。从实践方面为企业在不同环境中部署不同类型战略，构建创新网络，重构组织内部能力、利用数字技术、培养数字化能力，由封闭式创新系统转变为开放式创新系统，进而实现内外部探索和应用活动的最佳协同效应，提升组织创新绩效和竞争优势提供建议。

目录 Contents

1 绪论

2 文献综述

4 双元创新与影响结果（二）
——战略导向、双元创新和竞争优势

5 双元创新的动因（一）
——数字化情境下不同网络嵌入对企业双元创新的影响研究

6 双元创新的动因（二）
——开放式创新、数字化能力与双元创新绩效关系研究

7 双元创新的形成过程（一）
——产业链扩张情境下机会窗口与开放式双元创新演进路径研究

8 双元创新的形成过程（二）

竞争强度、业务相关度与开放式双元创新演进路径

9 结论

1 绪论

组织双元一直是战略管理理论、组织理论以及创新理论研究中所关注的重要问题。双元创新是组织通过对探索创新与应用创新活动的平衡与组合，以提高组织绩效和获取竞争优势的关键活动。面对外部技术环境的瞬息变化，技术生命周期的不断缩短，探索与应用创新的重要作用日趋凸显。同时，各种外部技术力量也为组织开展探索与应用创新带来了机会与挑战。企业通过技术并购、合作联盟等方式在组织内部与外部开展探索与应用创新。随着数字技术快速发展，开放式创新平台等新的开放式创新形式影响企业探索与应用创新活动的开展。因此，组织如何处理和应对来自组织内部与外部的探索和应用活动之间的种种张力，形成组织内部和组织外部的不同学习路径，打破路径依赖，促进双元创新能力形成，并使组织双元创新由封闭式创新情境拓展到开放式创新的情境下，促进企业持续成长，逐渐成为企业迫切需要解决的一个关键问题。在绪论部分将引出本书要解决的关键问题，阐述本书的技术路线，明晰研究的思路，并说明研究的具体内容。

1.1 研究背景与研究意义

1.1.1 研究背景

随着新兴技术不断出现，技术迭代周期不断缩短，一些新兴行业和新兴企业快速崛起，而一些具有优势地位的产业与企业面临着挑战与变革。企业只有通过对新知识与新技术的持续探索，才能把握技术发展的前沿趋势，形成独特的知识更新机制，进行颠覆式的突破，创造新的价值，保持企业持续成长的新动力，以推动社会的巨大飞跃。我国一些优秀企业在创新型国家建设的背景下，不断对新技术进行探索，在高铁技术、盾构机等“大国重器”方面形成了独特的技术优势，在5G、AI等新一代信息与通信技术领域也具有领先地位，在光伏、新能源汽车领域通过技术的探索和应用创新，优势产业地位不断加强，产生高水平的创新成果，使得我国屹立于世界强国之列。

一些企业在技术创新过程中，过度重视对现有技术进行渐进式改进和应用型学习，这会使得企业形成技术路径依赖，陷入“最优”决策陷阱，缺乏对新技术的探索学习与创新。企业若想引领世界行业和产业的革新，成为具有世界竞争力的企业，仅仅关注对现有技术领域的改进是远远不够的，仅仅进行应用型的技术创新无法赢得在世界市场中的地位。因此，企业在占有和扩张目前业务市场的同时，需要不断开拓新的技术领域。组织不仅需要具备对现有技术和产品进行不断开发的能力，同时需要具备对新技术和未知技术领域、未知市场进行探索创新的能力，即构建具有双元创新能力的组织。企业不仅需要具有应用学习能力，同时需要具备探索学习能力，才能在技术更迭迅速的环境中屹立于众多竞争者和挑战者之中，因此，探索和应用创新能力都是企业获取长期竞争优势、应对竞争与挑战必须具备的能力，但是，两者以何种状态共存于组织中才能提高组织的绩效？这是企业和研究领域都需要关注的一个重要问题。大量研究认为，双元型组织能够管理探索与应用之间的张力，也能同时处理有矛盾的不同的知识管理过程和组织不同的技术路径。学者们对探索和应用如何共存于组织中，以及探索和应用对组织绩效的影响等问题进行了持续不断的讨论（March，2006；Gupta，2006；He and Wong，2004；Duijsters et al.，2020；Liang et al.，2022）。

随着企业外部创新环境的不断发展和改变，企业还需要打破组织界限，利用组织外部探索和外部应用的力量，以克服企业自身路径的现状，以及企业自身资源的限制，从封闭式的创新系统转变为开放式的创新体系。当企业转变为开放式创新体系后，创新活动的外部来源和类型会不断增多，各种技术联盟、技术并购活动成为企业开展技术创新的选择。海纳百川胜于闭门造车，一些企业通过开放式创新获取持续不断的外部创新力量，如宝洁的开放式创新模式、海尔的 HOPE 开放创新平台、美的开展对 KUKA 等的并购、苹果的 App store 都给企业的创新提供了新的思路。技术并购、研发外包、技术转移、合作联盟、开放创新平台等创新方式都可以提升企业的创新绩效。但是，企业在开展内部、外部不同类型创新活动过程中会由于组织学习和知识管理过程不同，形成多种张力，包括内部探索与内部应用活动间的张力，以及内部和外部探索与应用活动间的张力（Rothaermel et al.，2009）。内外部创新、新旧知识之间各种复杂的张力管理给组织带来了新的挑战。因此，公司需要克服多种创新张力，对不同活动间的张力进行管理，促使多种学习方式并存，避免组织过于关注应用所出现的“能力刚性”，以及过于关注探索所出现的“创新陷阱”，也避免只关注内部创新而陷入“封闭”或者过于关注外部创新的力量而进入“过度开放陷阱”。双元范式也可以被用于更广泛的组织内外部不同张力管理的研究和实践中。因此，双元能力的构成与对张力权衡的思维需要被拓展到跨组织界限开展探索与应用权衡中。

综上所述，企业在利用现有知识和应用现有技术保持短期竞争优势的同时，也要考虑到发现并探索新的知识和技术，开辟新的市场，占据未来市场竞争中的先驱之地，平衡短期创新与长期创新的张力。这种张力的解决能力，即内部的双元创新能力，是企业需要具备的重要能力。同时，面临创新环境开放性的提高，过于依靠自身内部能力，更容易受企业惯性的阻碍和资源的限制；而过于依赖外部的技术外包和技术并购，则会使企业技术能力无法提高，这种内部—外部探索和应用的张力也是企业需要权衡的另一个问题，需要企业形成开放式双元创新能力。同时，双元创新能力的形成、演进和发展需要企业依据外部环境、自身的发展战略、资源状况和网络特征等选择适合自身的路径。因此，在不同情境中，如何构建双元创新，其演进路径和过程机制等都是企业需要解决的关键问题。

1.1.2 研究问题

探索和应用的替代与互补效应的争论是双元研究的焦点，因此，需要针对不同情境对双元创新和绩效关系进一步展开讨论。在开放式创新环境中，需要对双元的构成进一步解构，对于组织所面临的跨越组织界限的内外部探索和应用活动之间各种张力需要进行定义与研究。针对丰富差异化的情境，还需要进一步从动态演进的视角理解双元创新的演进过程。因此，研究的关键问题包括：双元创新的内涵与构成是什么？在何种情境下双元创新可以更好地促使组织绩效的提高？面对开放式创新环境，企业如何由内部双元扩展到跨越组织界限的开放式双元？组织由封闭式创新到开放式双元创新的影响因素和演进路径如何？

具体而言，本书将解决以下几个方面的问题：

第一，从组织层面出发，在对双元的内涵探讨基础上，分析开展组织重构如何影响双元创新与绩效之间的关系。自 March（1991）提出组织的两种学习方式：组织探索与组织应用之后，在技术创新领域，探索与应用逐渐被作为组织开展技术创新的两种方式：探索创新和应用创新。探索创新与应用创新活动是否可以共存于组织中，两者之间是替代还是互补受到了大量研究的关注，也存在一定程度的争议。本书结合学者们对双元的测度和解析，从两个维度：探索与应用的平衡性，以及探索和应用的组合效应对双元的内涵和范式进行解释。一些学者关注双元的替代性，由于两者相互替代，因此共存于组织中会对绩效产生负向影响。从资源理论和组织学习理论出发，探索和应用之间存在资源的争夺以及不同的学习路径，存在替代效应不可避免。而更多的学者证实了双元对于绩效的正向影响作用，但是对影响两者关系的情境还缺乏探讨。由于研究中关于探索和应用可以共存的理论解释从组织理论出发，认为通过构建一种组织情境，探索和应用可以互不影响、相互共存。因此，组织的结构调整等成为双元能否发挥作用的关键，而目前的研究也缺乏相应的对组织情境的讨论。因此，本书要解决的第一个问题就是在组织重构作用下，探索和应用之间的替代或者互补关系如何变化。由于组织因素在双元与绩效关系中起着非常关键的作用，因此，如何通过一些组织机制的重构，减缓探索与应用之间的紧张关系，增强两者之间的有效协同，更好地提升创新绩效是需要考虑的问题。因此，组织机制是隐藏于双元理论背后的关键因素。本书将进一步探讨组织重构如何影响双元创新与组织绩效的关系。

第二，从战略层面出发，还需揭示战略导向影响双元创新的平衡与组合维度，进而提升竞争优势的过程机制。对于战略导向的研究大多集中在其对企业绩效或创新绩效的影响，如葛宝山等（2022）基于创业理论视角，探究创业导向与隐形冠军企业绩效之间的关系，并提出“精一战略”的概念；邓昕才等（2021）以跨界搜索和新产品创新能力作为中介，探究学习导向对新产品开发绩效的影响。然而，如何通过部署不同战略导向从而影响企业双元模式的构建，尚缺乏深入讨论。尤其忽略了不同情境中战略导向如何影响双元创新不同维度（平衡维度和组合维度），进一步地，如何影响企业的竞争优势。因此，本书进一步探究在内部资源冗余情境以及环境动态性影响下，企业如何有效部署两种战略导向来实现企业的竞争优势，以及对双元创新作用机制的影响如何。

第三，从网络层面出发，基于现有的企业网络嵌入的研究，对比知识网络和合作网络两类网络嵌入对企业双元创新活动产生的影响。在组织双元创新的前因探究中，学者们关注到战略联盟知识异质性（Sun et al.，2022）、网络广度和网络深度（Xie et al.，2022）、网络中心性和关系强度（Cheng et al.，2022；Wang and Fang，2022）等网络因素对组织双元的影响，基于不同的企业网络类型分别进行了相关的研究。知识网络和合作网络具有不同的参与主体及作用，知识网络是知识元素之间基于知识依存关系的集合，便于各类知识的交流共享；合作网络是企业资源流动的载体和渠道，是一种多维度的资源共享机制。这两种类型的网络嵌入都会为企业带来各种类型的资源，促进企业双元活动的发展，但是由于不同参与者控制的资源不同，获取的网络资源也具有差异，这些不同的资源就可能会对企业双元创新产生差异化的影响。因此，本书进一步关注知识网络嵌入和合作网络嵌入对企业双元创新的组合维度和平衡维度的差异化影响。

此外，随着数字技术的发展，企业的各类运营活动受到了数字化转型的影响，数字化的发展如何影响企业网络嵌入与双元创新之间的关系也是值得关注的问题。本书在不同类型企业网络嵌入对双元创新活动影响的探究中引入了数字化的情境因素，即数字化应用范围，探究企业不同程度的数字化应用如何影响企业网络嵌入与双元创新活动之间的关系。

第四，本书继续聚焦细分行业，深入探究在物联网情境下，企业如何通过与上下游产业链进行联盟、开放和协作进而影响双元创新过程，同时考虑数字化能力（智能、连接和分析能力）的三个维度在该过程中的调节作用。物联网企业仍存在技术缺口，一些中高端半导体材料依赖进口，核心 EDA 芯片三大厂商建立专利壁垒，亟须企业开展技术创新突破与探索；此外，产业链中需要在与传感设备方、系统方案解决方等上下游厂商通力配合和开放协作创新的基础上，促进探索式创新以及应用式创新绩效提高。探索式创新和应用式创新是企业维持现有技术优势和竞争优势的基石，也是通过技术突破获取持续成长的重要途径。从理论层面来讲，大量学者对兼顾探索和应用的双元创新影响因素开展研究，学者们在组织、战略、网络等视角之外，也从外部搜索、网络构建与合作等角度分析跨组织边界的活动对双元创新的影响。例如，李晓钰等（2022）认为跨界搜寻策略对双元创新具有正向影响；Ardito 等（2020）对外向开放式创新与双元关系进行研究。然而，一些研究指出，随着开放程度增加，企业开放式创新的边际效应存在递减，协同创新中贡献最大的企业并不一定获得最多的利益。同时，开放策略可能会增加知识泄露、核心技术模仿、创新成果难获益等风险，企业也面临“开放悖论”。因此，开放式创新如何影响双元创新绩效，以及数字化能力在其中发挥怎样的作用是本书需要进一步探讨的问题。

第五，在上述研究基础上，本书将进一步采用典型的纵向单案例研究方法（Yin，2014），探讨开放式情境中双元创新发展的动态演进过程，通过分析隆基绿能在不同机会窗口下与不同发展阶段中开展联盟构建、并购等探索与创新活动，发现开放式双元创新的形成过程及影响因素。聚焦于

“企业在产业链扩张过程中如何根据机会窗口进行开放式双元创新选择?”这一核心问题，重点关注“开放式双元创新选择”的过程，通过案例研究试图打开企业在产业链扩张的情境下，制度机会窗口、技术机会窗口、市场机会窗口是如何影响企业开放式双元创新选择的过程黑箱。企业通过不断扩张和延伸其在产业链上的业务，增强产业链的可控性和安全性（杨勇，2023）。制造业企业在产业链的扩张和延伸阶段，企业的创新战略与学习模式会随着环境的变化而动态演化（彭新敏等，2017），高密集的创新活动也逐渐成为企业产业链扩张和延伸的关键（杨震宁等，2021）。企业需要与多种合作伙伴进行跨组织边界合作进而帮助其整合外部资源与知识，这一过程中不可避免会遇到知识整合中大量资源浪费和知识产权外泄问题，如何开放以及何种程度的开放创新成为这一过程中的关键决策（Laursen and Salter，2014）。因此，在产业链扩张的背景下，环境存在着高度不确定性（应瑛、刘洋，2015），同时也会出现大量的机会窗口，企业如何随着产业链动态扩张，根据机会窗口的变化对开放式创新范式中的双元创新战略进行选择就成为理论与实践中需要关注的重要问题。

第六，本书进一步探究企业外部环境特征对业务开放式双元创新的影响。环境不确定性和复杂性的增加对企业创新提出了更高的要求，推动组织进一步开放组织边界，组合外部资源，与外部利益相关者联合进行价值共创。现有研究关注到环境动态性（焦豪，2011；Soto - Acosta et al.，2018）、制度多重性（张洁等，2018）、环境竞争性（Cai et al.，2014；Liu，2013）等多种环境特征对企业双元选择有显著影响。其中，环境竞争性主要表现为企业所面临的竞争对手的威胁程度和竞争强度。在外部动态的竞争刺激下，促使企业增加创新投入，为企业创新提供契机（Cai et al.，2014），通过结合内外部力量共同构建开放式双元创新能力克服原先的技术路径依赖，增强企业敏捷性与灵活性。因此，组织外部的竞争强度和组织内部的业务相关性如何共同影响企业开放式双元创新的演进路径就成为理论与实践需要解决的又一问题。

1.1.3 研究意义

基于上述的研究背景和研究问题，研究的价值与意义主要体现在理论、实践两个层面。

从理论层面来看，本书的贡献主要体现在以下方面：

第一，本书对双元创新的两个维度进行阐述，即探索和应用活动的相对平衡维度，以解释探索和应用的此消彼长对绩效的影响；以及探索和应用活动的组合维度，以解释探索和应用相互补充、互相影响的协调效应。对于探索和应用的相对平衡水平，探讨探索和应用在组织中存在的相对水平。针对以往研究中认为探索和应用的绝对平衡，本书认为对于一些缺乏探索活动的企业，探索在一定程度上高于应用活动的企业更能取得比较好的绩效，即探索和应用差异应维持在一定的适度水平，其绩效最佳，甚于两者差异过高或者过低的水平。对于探索和应用的组合，本书认为当探索和应用组合水平较低时，随着探索和应用的提高，组织绩效逐渐增强，但是当探索和应用水平达到一定程度后，由于组织资源的限制，以及创新带来的风险，绩效开始逐渐下降。这更好地解释了探索和应用研究中所存在的关于两者是替代还是互补的关系这一问题，当两者水平较低，由于不存在对于组织资源的争夺，两者会体现出相互协同和补充的作用；当两者水平不断提高，就会对组织的资源进行争夺，两者就会出现相互替代的作用。探索和应用的替代和互补关系会随着两者在组织中存在的程度而发生变化。本书对组织重构的调节作用进行了证明，组织重构调节了组合效应和绩效的关系，通过组织重构使得探索和应用活动的效率提升，释放组织资源，扩大了组合效应正向影响的范围，使探索和应用在组织中能更好地共存。同时，组织重构也调节了相对平衡效应和绩效的关系，使探索和应用的相对平衡的数值增大，以及有效的探索活动在组织中的比例得到提升，促使组织开展探索活动的有效值增加，通过组织调整使企业能够追求更高的有效的探索活动以获取更好的绩效。

第二，本书将战略导向和双元创新整合在一个理论框架下，从创业导向和学习导向切入探究企业如何通过双元创新（平衡和组合）提升企业竞争优势。研究发现组合双元在此过程中起到显著中介作用，而平衡双元的作用并不显著，其主要原因可能是平衡双元主要强调探索与开发之间的匹配关系，探索与应用的平衡对于竞争优势的影响并不明显。同时，本书扩展了双元创新的内部和外部边界因素。内部资源冗余不存在显著的调节作用，而环境动态性则显著调节组合双元与竞争优势之间的关系。具体来说，内部资源冗余强调企业所拥有的内外资源存量，该类资源只能起到缓冲作用，对于短期的突发事件解决效果明显，战略导向更关注企业的价值观以及长远目标，并不能直接影响战略导向对企业创新发展的作用。而环境动态性则涉及核心技术、客户需求变化、产业调整等影响企业长期发展的关键变化，因此会对双元创新与企业竞争优势的关系产生显著影响。

第三，探究知识网络嵌入和合作网络嵌入对组织双元创新活动的影响。现有研究关注到战略联盟知识异质性（Sun et al.，2022）、网络广度和网络深度（Xie et al.，2022）、网络中心性和关系强度（Cheng et al.，2022；Wang and Fang，2022）等网络因素对组织双元的影响。本书基于以往关于知识网络和合作网络的研究，分析了企业在两种类型企业网络中嵌入对企业双元创新的组合维度和平衡维度的影响。研究发现，知识网络嵌入和合作网络嵌入对企业双元创新组合维度有显著的正向影响；知识网络嵌入使企业双元创新更倾向于探索创新活动，而合作网络嵌入对此没有显著的促进作用。

现有研究大多基于特定的企业网络类型进行探究，本书通过对不同类型企业网络的对比补充了相关的研究。由于两种类型的企业网络是由不同的参与者出于不同的目的构建，不同参与主体所掌握的资源也具有差异，因此不同类型的企业网络为企业双元创新活动带来的资源不同，对双元创新的组合维度和平衡维度也会产生不同影响。通过对比合作网络嵌入和知识网络嵌入对双元创新的影响，发现合作网络嵌入与企业双元创新组合维度的正向关系强于知识网络嵌入；对于双元创新的平衡维度，研究发现了知识网络嵌入的积极影响。因此，企业追求提升双元创新水平时，通过合作网络嵌入构建资源共享机制可以更显著地改善企业双元活动；在追求探索新知识、新技术时，通过知识网络嵌入可以获取更大范围的相关资源。企业可以根据自身战略目标，制定合理的外部合作策略。

引入数字化情境因素，探究数字化应用范围对企业网络嵌入与双元创新关系的调节作用。随着数字技术的发展，数字化转型在各个企业内部渗透，对企业的运营活动产生了影响。本书认为数字化因素会对企业通过网络嵌入促进双元创新活动产生一定的影响。研究发现，数字化应用范围对知识网络嵌入和合作网络嵌入与企业双元创新组合维度之间的正向关系存在积极调节作用，数字化应用范围对知识网络嵌入和合作网络嵌入与企业双元创新平衡维度之间的关系不存在显著的影响。因此，企业的数字化转型有助于企业通过与外部主体合作构建企业网络，提升企业的双元创新水平。

第四，聚焦物联网产业链企业，本书的核心理论贡献包括三个方面：①本书实证检验了物联网产业链企业开放式创新对双元创新绩效的非线性影响，弥补了以往物联网产业链相关的研究，丰富了数字化情境与开放式创新情境中双元创新理论。②本书基于悖论视角，系统剖析价值创造与价值捕获在企业开放过程中的互补程度，验证了开放式创新与双元创新绩效之间先促进随后转为抑制的复杂关系。本书基于价值视角将开放式创新与双元创新整合在同一框架下，丰富了两者的协同研究。③本书从数字化能力（智能、连接和分析能力）的三个维度出发，发现数字化能力对开放程度与双元创新关系的影响，数字化能力越强将导致开放程度与双元创新之间的倒“U”形关系越陡峭，进而导致开放悖论进一步凸显，丰富了在微观层面不同数字技术功能的间接传导机制。

第五，本书在内部双元基础上，进一步拓展跨越组织界限的双元演化，从双元的相对平衡与组合两个视角解释和理解组织外部探索与外部应用、外部探索和内部探索、外部应用和内部应用之间的关系，探讨了由内部双元能力到跨组织界限双元能力的演化过程，打破了以往对组织界限的扩展多从交易成本理论视角进行的局限，从双元视角出发对企业的战略发展、技术创新活动的开展具有一定的指导意义。本书探究了企业外部环境变化对企业开放式双元创新选择的影响，通过单案例研究，发现企业在不同的机会窗口开启时会选择不同的开放式双元创新战略，主要贡献在于：①在产业链扩张的背景下，丰富了企业创新战略的选择研究。现有研究主要从组织内部特征的角度，关注探索式创新与应用式创新的内涵以及平衡模式，研究分析影响创新战略选择的竞争强度、环境动态性等情境因素，但忽略了企业发展的不同阶段，即产业链上下游以及产业链扩张过程中，外部环境变化对企业开放式双元创新的影响。研究了企业在产业链的不同扩张阶段，外部环境变化对企业战略选择的影响差异，丰富了企业开放式双元创新理论的相关研究。②丰富了机会窗口理论。现有研究主要利用机会窗口解释国家层面和产业层面的追赶，而从微观的企业层面研究机会窗口与企业开放式双元创新选择的关系较少。本书以光伏行业的典型案例企业为研究对象，从微观角度探究了外部社会结构中的机会窗口对企业开放式双元创新选择的重要作用，对现有研究形成补充。

第六，进一步对企业外部环境中竞争强度的变化对开放式双元创新路径选择的影响开展研究。通过双案例对比分析，发现外部竞争强度和业务相关度对业务的双元创新有着明显的影响。主要贡献在于：①基于动态演进视角丰富了开放式双元创新的过程机制研究。与以往研究企业层面不同，本书创新性地从业务层面出发深度剖析海信和美的不同业务在发展过程中的双元演进路径。②拓展了双元创新理论的影响因素研究。揭示了企业业务在不断发展过程中随着外部竞争环境双元动态演变的过程，扩充了开放式双元创新动态演进的情景研究，拓展了双元内外部边界，为企业开放战略选择提供了参考。并且，本书认为业务相关度也是企业双元路径选择多元化的因素之一，研究结论填补了现有双元演进文献的空白。③深化了开放式双元创新构建路径的研究。研究发现，企业在业务发展过程中，组织学习的方式也在不断地发生变化。企业依据发展过程中的不同情景，组合不同的创新方式，应对不同的挑战。本书探讨联盟和并购在双元平衡过程中发挥的作用及其随着时间的变化，打破了以往双元研究中的静态限制，为组织并购和联盟活动的展开时机提供了借鉴。

从实践层面来看，本书为企业的创新活动提供了一定的启示。

第一，企业在对产品不断改进，采用应用式学习方式的同时，需要利用探索式学习开辟新的市场。而如何在组织中对两者进行协调，成为企业需要权衡的关键问题。考虑到企业的资源限制，以及现有的应用为主导的创新模式，企业应适当增加探索创新的资源投入，保证应用式创新活动的逐渐减少，达到适合的相对平衡的状态，形成双元的思维方式和组织模式，处理好探索和应用活动之间的张力。关注探索和应用在组织中不断提升的同时，还需考虑到探索活动的风险和过度投入带来的创新陷阱，对应用活动的过度投入带来的能力刚性，以及可能带来的探索和应用之间的替代效应。

第二，企业管理者需要意识到，随着探索和应用创新投入的增加，在组织内部就会使探索应用带来的边际效应递减，从而影响到绩效的提升，因此，面临开放式创新的环境，面对外部环境中创新资源和新的创新方式，就需要考虑组织内外部的技术活动的匹配和协调。外部的创新资源可以打破企业自身能力的制约、自身组织惯性的限制，给企业创新提供新的机会和动力。但是，对外部技术资源的利用，也需要关注内外部技术资源来源的比例，也就是将双元范式，即不同活动之间的相对平衡和组合的视角应用到内部和外部技术应用的组合与平衡中。在外部探索，即开展外部技术的并购和外部探索联盟构建的同时，也要保证组织内部探索活动处于一定程度；同时，在开展外部应用，如对技术进行转移、应用联盟构建时，也要保证组织对产品开发的核心竞争优势的保存。企业需要根据自身的资源，以及所处的网络位置，选择构建双元的路径。管理者要关注内部资源的最大效用，同时发现外部的资源，促使内外部资源形成有效的匹配。

第三，企业管理者需要重视组织的重构对双元范式和双元能力产生的作用。双元的作用需要在一定的组织情境下才能得到更好的体现。对双元范式的形成，需要通过情境双元机制，建立双元的愿景和战略目标，使组织具有双元的氛围；同时需要整合结构双元机制，对组织结构进行划分。

通过情境双元和结构双元机制的共同作用促使双元能力的形成，使组织具有结构化的单元，保证目标和任务的明确性，同时在双元情境影响下，保证各部门之间存在松散的耦合，既能够进行有效的沟通，同时也能使得任务和目标具有相对独立性。

企业利用双元创新范式，才能不断聚集技术力量，打破技术路径，引领技术变革。在开放式创新环境下，以双元的视角开展内部的探索与应用活动，以及外部的探索与应用活动，保证内部探索—内部应用、外部探索—内部探索、外部应用—内部应用、外部探索—外部应用的相对平衡，以及发挥两两之间的组合效应，通过安排双元能力的形成路径以及组织机制，最后形成跨越组织界限的双元能力。

第四，外部网络是企业获取资源的重要来源，企业管理者要注重外部网络嵌入对组织双元创新的影响。企业积极构建和参与到外部的知识网络和合作网络，可以打破企业自身的资源限制，从而为探索式创新和应用式创新提供更多的知识来源，促进双元创新水平两个维度的发展。相比于知识网络带来的资源，企业从合作网络嵌入中更能取得有助于组织双元创新提升的知识和资源；如果企业希望取得突破性的创新成果，就需要更加关注探索式创新，此时，知识网络嵌入会对实现企业的探索目标更加有利。此外，在数字化转型背景下，企业要注重数字技术的应用，数字化应用范围对企业利用外部企业网络提升双元创新水平具有积极的影响。

第五，在开展创新过程中，企业要防止“过度开放”现象。相对于传统企业，物联网产业链企业在运营与发展过程中需要更多异质性资源和更高层次的数字技术，同时不同领域（感知层、网络层、平台层和应用层）的企业需要相互配合、协同创新。一方面，管理者应该重视开放创新过程，主动拥抱外部技术和知识，通过强化上下游之间的联盟合作、研发创新提升创新的质量和效率。另一方面，管理者需要把握开放度，警惕开放过程中由于知识泄露、核心技术模仿等造成的创新成果难获益问题，同时积极部署外部联盟网络的治理机制，强化对自身知识产权的保护。

此外，物联网企业要防止“过度数字化”现象。由于数字技术具有

“双刃剑”效应，企业需要根据所处的开放阶段谨慎进行数字资源编排。具体来说，若开放程度较低，数字化能力可以助力企业更迅速地从合作中捕获有价值的技术并灵活与组织当前运营、管理、研发等模块相匹配，促进企业创新发展。当开放程度进一步深化，企业所拥有的数字技术将产生“适得其反”的作用，进一步恶化由于过度开放所导致的资源争夺、人才流失、核心技术模仿等问题。

第六，在产业链扩张过程中，企业在不同的机会窗口开启时需要选择不同的开放式双元创新战略。机会窗口是指一个时间段内，存在着与企业目标相契合的机会，这些机会可以是市场的变化、技术突破、政府政策支持等。当机会窗口开启时，企业可以利用这些机会实施创新战略，以获取竞争优势和市场份额。一方面，企业需要通过多种途径来关注机会窗口的出现，以及时把握市场变化和新的商业机会；另一方面，企业需要根据机会窗口的类型做出战略性的扩张，包括但不限于资金、技术、人才和市场等方面。这种扩张可能需要增加投资、加强合作伙伴关系、进行市场调研和扩大生产规模等，以确保企业能够充分利用机会窗口，在市场竞争中保持领先地位。

第七，企业管理者需要认识到，一方面，企业的双元活动与外部环境变化情况密不可分。尤其是在外部竞争强度的刺激下，企业需要采取合适的策略应对多变的环境。另一方面，在组织不断扩展业务范围、实现扩张战略落地的过程中，业务之间并不是彼此割裂、独立发展的，而是有着千丝万缕的联系，共同的知识和技术构成了彼此联系的桥梁。在业务双元演变过程中，业务相关度也是影响双元创新路径的重要变量。企业要将精力分配于探索和应用活动，并保持适当的双元节奏，在不同发展阶段调整探索和应用的方式，达到更好的创新效果。对新业务而言，研究为新业务的选择提供了方向，选择与原有业务相关的业务领域可以与原有业务保持相似的双元活动，探索和应用活动的重心可以向内部偏移，而选择与原有业务相关度低的业务企业要更注重外部的探索和应用。

1.2 研究思路与方法

1.2.1 研究思路

本书以双元理论所探讨的基础问题，即探索和应用活动之间的相互作用为出发点，基于对双元理论的系统回顾以及在开放式创新和数字化情境下双元理论研究的总结，梳理双元理论的研究脉络，分析双元研究中的主要关注点和所争论的问题，在此基础上，提出本书的研究方向。本书重点关注开放式创新和数字化情境下，组织双元对企业绩效影响的机制问题以及组织双元的构建问题。

第一，在组织层面上，基于组织重构的情境，分析组织双元对企业绩效的影响，探讨组织机制的重新构建对组织双元的替代和互补效应与企业绩效关系的影响。首先，明确双元的内涵，以及双元与绩效的关系，从探索和应用的相对平衡，以及探索与应用的组合两个维度解释探索和应用活动存在于组织中对绩效提升的机理，也对双元的内涵进行阐释。其次，分析组织重构机制在双元与绩效关系中的调节作用。

第二，分别分析战略、网络、开放式创新、数字技术等因素对组织双元的影响和作用机制。基于战略的视角，探究创业导向和学习导向对双元创新两个维度的影响，并考虑内部资源冗余和外部环境动态性的调节作用；基于网络的视角，对比知识网络和合作网络对组织双元创新活动的影响，以及数字化应用范围调节作用；基于开放悖论和数字化悖论，以物联网产业链为研究对象，探究物联网企业通过与上下游产业链进行联盟、开放和协作进而影响双元创新过程，同时考虑数字化能力的三个维度在该过程中的调节作用。

第三，本书进一步结合开放式创新理论，从动态视角分析在开放式创新情境下双元创新的演进路径。具体而言，在探究了组织双元的构建和对企业绩效影响的机制问题后，明确了探索和应用活动在组织内部的局限性，以及面对开放式创新环境，企业双元范式的拓展和双元能力形成的演化路径。在逐渐实现内部探索与内部应用的相对平衡和组合过程中，对于外部探索和外部应用活动，组织需要在内部资源构建和外部资源获取的情况下，结合组织所处的网络状态，来实现从内部双元到外部双元的演进。最后分析组织机制的具体内容，从整合结构双元与情境双元的角度出发，分析不同层面双元的形成过程。具体来说，通过案例研究的方法，动态地探讨外部环境变化对企业开放式双元创新选择的影响。通过单案例研究，探索隆基绿能在产业链扩张过程中如何根据不同类型的机会窗口选择开放式双元创新战略。此外，通过海信和美的双案例对比研究，清晰地描述海信和美的业务在发展过程中如何随着外部竞争强度部署它们的开放双元节奏。

第四，对本书所探讨的所有问题和得出的结论进行总结，梳理本书的理论贡献和实践启示，最后提出本书的局限性，并指出未来的研究方向。

1.2.2 研究方法

本书采取理论分析、实证分析以及案例研究相结合的方法。首先，在确定研究主题之后，通过对双元理论以及开放式创新研究的基础理论和最新研究趋势进行分析，确定研究的基本思路和研究框架。根据文献基础，讨论研究变量之间的逻辑关系，分析双元的两个维度——相对平衡和组合效应维度对绩效的影响，以及组织重构在其中所起的调节作用，采取实证研究的方法发现三者之间存在的关系。其次，分析战略、网络、开放式创新、数字技术等因素对组织双元的影响和作用机制，并通过实证方法检验本书的理论推导。最后，对双元范式进行拓展研究，分析在开放式创新环境下组织技术的来源，以及组织面临的创新方式，在逻辑推演基础上，采用案例研究的方法，对开放式创新环境下企业开展创新的路径，以及组织机制在双元能力形成过程中的作用进行探析。本书的研究方法可以归纳为以下几种。

第一，对相关理论进行比较分析的方法。在文献调查的过程中，通过对双元理论的检索，对双元理论进行梳理和归纳，对目前研究中的不同观点进行对比研究，并分析讨论如何有选择地综合不同的观点，全面对双元理论做进一步阐释。通过对比整合，探讨随着情境的不同，双元范式的应用和演化。

本书的技术路线如图 1－1 所示。

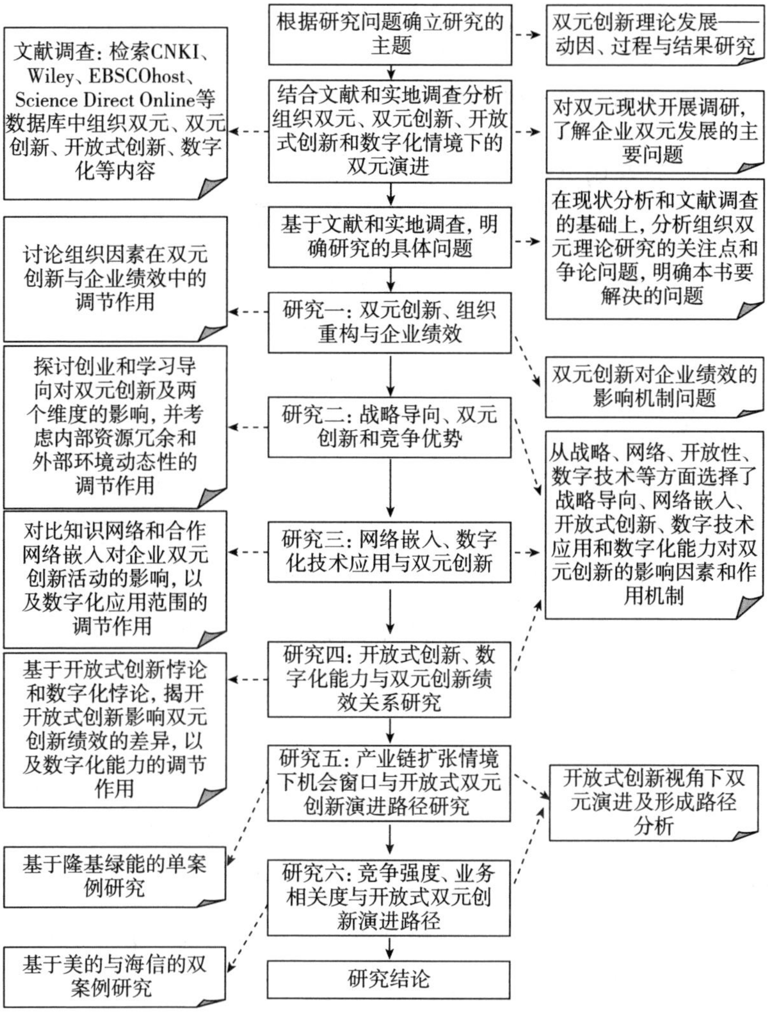

图 1－1　本书的技术路线

第二，运用规范分析和实证分析结合的方法，对双元创新的动因、过程和结果进行理论推导和证明，在采取调研，获取数据之后，利用规范性的方法，采取 SPSS 等软件对研究的假设和研究框架进行验证。

第三，采取案例研究的方法对实证研究结论进行补充。除了采用实证研究进行论述，分别采取单案例和双案例对比研究方法进行论述。对于开放式创新环境下双元范式的拓展应用，以及不同环境中组织双元的演进路径进行案例研究，探讨开放式双元创新的演进理论。

1.3 研究内容与创新点

1.3.1 研究内容与结构安排

本书的研究内容和结构安排如下：

第1章为绪论。主要介绍论文问题的提出和研究背景，根据研究问题确定研究的范围和视角，并明确研究的主题与研究意义。针对研究的主题，选择研究方法，明确技术路线，并对文章的整体框架进行安排。

第2章为文献综述。对相关领域的现有理论进行分析、回顾和总结，厘清理论发展脉络。对双元理论进行梳理，分析了理论的发展、整理和研究展望，以及现有研究的空白，为研究框架的构建提供了理论保证。

第3章，结合双元理论关注点，构建文章的概念模型，厘清各个概念关系并提出理论假设。根据研究问题和理论模型，对相关变量进行层级回归分析、调节回归分析，检验假设，验证模型。最后，对假设检验结果进行分析和讨论，进一步探讨实证研究结果。

第4章，探讨不同类型的战略导向如何影响竞争优势，同时考虑平衡双元和组合双元的中介作用，以及内部资源冗余和环境动态性在该过程中的调节作用，并结合现有文献和理论提出研究假设。通过问卷调查收集数据并进行信效度分析、回归分析和 Bootstrap 检验。最后根据结果进行分析，并结合理论和实践提出建议。

第5章，开展数字化背景下不同类型网络嵌入对企业双元创新影响的对比研究。首先，基于现有的企业网络与组织双元研究中的关注点以及企业实践，提出本章的研究问题，构建本章的理论模型；其次，通过梳理企业网络相关的研究，并进行对比分析，提出理论假设；再次，介绍本章的研究方法与过程，包括样本的收集、变量的测量以及分析过程等；复次，介绍数据分析的主要结果；最后，说明本章的研究结论，并对相关的结果进行讨论。

第6章，在物联网情境下，探究开放式创新如何影响双元创新绩效，同时分析数字化能力在该过程中的调节作用。首先，利用二手数据，通过构建基准模型探究开放式创新与双元创新绩效之间的倒“U”形关系，并通过交互项检验不同维度的数字化能力（智能、连接和分析）的调节作用。其次，通过PSM、Tobit模型等进行内生性和稳健性检验。再次，分析开放式创新与平衡双元和组合双元的倒“U”形关系。最后，根据研究结论，结合理论和实践提出建议。

第7章，采用单案例研究方法，通过全球光伏排行第一的隆基绿能科技股份有限公司的单案例分析，聚焦于“企业在产业链扩张过程中如何进行开放式双元创新选择?”这一核心问题，重点关注“开放式双元创新选择”的过程，并通过深入的单案例研究试图打开企业在产业链扩张的情境下，制度机会窗口、技术机会窗口、市场机会窗口是如何影响企业开放式双元创新选择的过程黑箱。本书的核心理论贡献在于为打开企业在产业链扩张过程中，面对不同类型的机会窗口如何实现开放式双元创新选择这一“黑箱”提供理论框架。

第8章，采用双案例研究方法，对美的和海信的不同业务演进过程深度探索。基于外部竞争强度视角结合组织业务特征，通过案例说明、对比分析，提出了研究命题，并且构建了外部竞争强度和与主营业务相关程度影响开放式双元创新的模型。研究发现外部竞争环境和业务与原有业务的相关程度会影响业务双元路径的选择，为战略扩张和开放式创新扩张中的实际管理和决策提供了重要的参考和借鉴。

第9章，对全文进行了总结和展望。首先对本书的主要结论和关键发现进行概括。其次指出本书的主要创新点，明确本书的理论贡献及对企业实践和政策制定的启示。最后指出本书存在的局限性，并进一步指出未来的研究方向。

本书的研究框架图如图1-2所示。

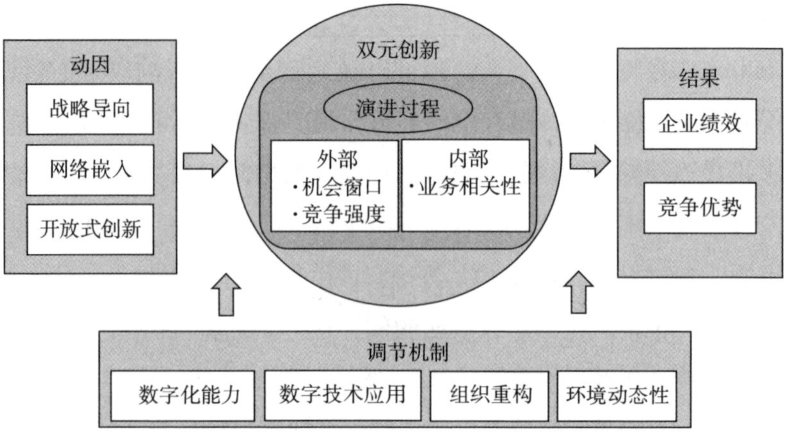

图 1-2 本书的研究内容和结构安排

1.3.2 创新点

本书的创新点主要体现在以下方面：

第一，本书从两个维度解析双元创新，并对比两个维度对企业绩效的差异化影响。以探索和应用活动的相对平衡维度解释探索和应用的此消彼长对绩效的影响；以探索和应用活动的组合维度解释探索和应用相互补充的协调效应对绩效的影响。这两个维度更好地解释了探索和应用在组织中存在的水平与状态，探索和应用之间应该维持在相对平衡水平，而不是以往研究中所指出的探索和应用的绝对平衡。对于缺乏探索活动的企业，探索在一定程度上高于应用活动的企业更能取得比较好的绩效，即探索与应用差值为正，探索和应用差异应维持在一定的适度的水平，其绩效最佳，甚于差值过高或者过低的水平。对于双元的组合维度，即对于探索和应用的组合，应该考虑到组织的资源水平等因素，当探索和应用组合水平较低时，随着探索和应用的提高，绩效逐渐增强。但是，当探索和应用水平达到一定程度，由于组织资源的限制，以及创新带来的风险，绩效开始逐渐下降。研究对探索和应用关系是替代还是互补的争议做出了解释，由于组织资源的有限性，当探索和应用的组合水平较低时，两者不会互相争夺组织资源，而是相互协同和补充的，此时两者表现为互相补充。但是当探索和应用的组合水平较高时，两者对资源的需求冲突就会凸显，因此，两者的替代作用就会出现，此时表现为两者的互相替代。研究以组织重构为调节变量，对组织重构在双元和绩效关系中的调节作用进行了证明，组织重构调节了组合效应和绩效的关系，通过组织重构促进探索和应用活动的效率提升，释放更多的资源用于新的探索应用活动，扩大了探索和应用组合效应正向影响的范围，使探索和应用在组织中能更好地共存。同时，组织重构也调节了相对平衡效应和绩效的关系，使达到绩效最佳的探索和应用的差异值增大，即相对平衡的数值增大，说明探索活动在组织中的有效比例得到提升，探索活动的有效值增加，通过组织调整使企业追求更高的有效的探索活动以获取更好的绩效。

第二，现有关于战略导向和竞争优势的研究大多关注能力、资源、组织文化等方面的过程机制，较少关注探索式创新和应用式创新两者的匹配和互补关系如何在创业导向和竞争优势中起到中介作用。一方面，本书将战略导向与双元创新整合在一个理论框架下，从资源观和能力观的双重视角揭示企业的创业导向与学习导向如何通过平衡双元和组合双元提升企业竞争优势，推动了双元创新理论的发展；另一方面，本书聚焦于企业所处的内外部情境。内部资源冗余强调企业所拥有剩余资源的缓冲程度，冗余资源价值的有效实现取决于企业管理者的利用水平（欧阳桃花等，2022）。当聚焦于关注企业价值观以及长远目标的战略导向时，一方面，冗余资源难以影响企业的未来创新发展；另一方面，根据有限理性的管理行为，管理者受能力、认知和价值偏好等因素的影响，难以有效协调探索式创新与利用性创新之间的互补和替代关系，因此调节变量对战略导向与双元创新之间的影响关系并不明显。此外，组合双元强调探索式与利用性创新之间相互补充、相互促进的关系，当外部技术和市场环境高度变化时，企业能够快速灵活地配置现有资源和新兴资源，在改进现有知识结构的基础上进一步探索新的市场渠道、开发新的技术范式，进而形成竞争优势。而平衡双元更加强调探索式与应用式创新之间相互替代的关系，因而当外部环境高度变化时，探索式与应用式创新之间的相互转化涉及组织变革和结构调整，需要一定的调整时间和组织适应过程，因此对竞争优势没有显著影响。研究验证了不同情境要素对战略导向的差异化影响，丰富了双元创新的研究情境。

第三，现有关于企业外部网络与组织双元性的研究主要关注战略联盟知识异质性（Sun et al.，2022）、网络广度和网络深度（Xie et al.，2022）、网络中心性和关系强度（Cheng et al.，2022；Wang and Fang，2022）等网络因素作为前因对组织双元性的影响。本书探究了企业网络嵌入对双元创新组合维度和平衡维度的影响，一方面是对双元研究范式的进一步应用，另一方面补充了组织双元性前因研究中的网络因素。学者们多聚焦于单一类型的企业网络中的研究。本书对比了知识网络和合作网络的差异，由于行动者对资源控制的不同，不同类型的网络关系可能导致网络资源的差异化，企业从网络中获取的资源不同，因此会对企业的运营活动产生不同的作用。此外，本书引入了数字化情境因素，探究数字化应用范围对企业不同类型网络嵌入与双元创新组合维度和平衡维度之间关系的调节，发现数字化应用范围对知识网络嵌入和合作网络嵌入与企业双元创新组合维度之间的正向关系存在积极调节作用，数字化应用范围对知识网络嵌入和合作网络嵌入与企业双元创新平衡维度的关系不存在显著的影响。因此，本书丰富了数字化情境下的双元研究框架。

第四，以往关于开放式创新的研究已经关注到了其对不同类型创新的非线性影响，但是在物联网行业需要透过新的视角进行充分解读。本书从价值悖论视角切入，系统剖析企业在平衡价值创造与价值捕获的开放过程中，对探索式和应用式创新先促进随后转为抑制的复杂关系，进一步证实了企业开放度对平衡双元和组合双元带来的正向和负向反馈过程，在数字化情境下扩展了开放式创新理论。此外，本书细分了数字化能力（智能、连接和分析能力），证实了数字技术并不是持续助推物联网企业开放过程，并导致开放悖论进一步凸显。同时，进一步揭示了智能能力对于物联网企业创新发展的关键作用，在微观层面丰富了不同数字技术功能的间接传导机制。

第五，现有对双元创新的驱动因素的研究主要聚焦在企业层面，包括组织、团队和管理者层面等，较少考虑在产业链上下游延伸和跨界融合过程中，外部不同类型的机会窗口对企业开放式双元创新选择的影响。本书聚焦于产业链扩张情境，从动态演化视角出发将企业发展阶段细化为产业链上下游及产业链扩展过程中，考察企业在产业链的不同阶段外部环境的不同特征对企业战略选择的影响，扩展了双元创新的影响因素研究。此外，本书融合技术、需求和制度情境，从微观角度探究了外部社会结构的机会窗口对企业开放式双元创新选择的重要作用，丰富了机会窗口的类型学研究。

第六，本书聚焦于业务扩张情境，基于外部竞争强度和业务相关程度深度剖析在不同竞争强度下发展起来的业务双元演进过程，细化了双元创新的内外部影响因素研究。此外，本书揭示了企业双元平衡随着外部竞争环境和业务发展不断调整动态演变的过程，填补了现有双元演进文献的空白。同时，本书基于组织学习理论，在动态视角下探讨双元创新选择的过程，深化了双元学习的建构路径和应用场景。

2 文献综述

组织双元研究受到大量学者的关注，形成了不同研究视角。现有的研究视角和理论流派包括组织学习、组织战略管理，以及技术创新等方面。学者们从不同视角出发对双元的内涵、双元的形成及双元对绩效产出的影响等进行了探讨。本章将对以往的研究理论和文献进行系统的梳理、回顾和述评。首先，从 March（1991）对探索和应用的探讨所引发的双元的讨论出发，对探索和应用的内涵相关研究进行回顾。其次，聚焦于双元创新相关研究专题，及双元创新与绩效关系相关文献进行研究。进一步地，对开放式创新范式与双元范式融合的研究进行总结，对现有研究和主要观点进行评述。

2.1 探索与应用

2.1.1 探索和应用的内涵

March（1991）里程碑式的文章激发了对探索和应用活动的广泛讨论。March 提出探索（exploration）和应用（exploitation）是两种基本的学习活动，组织需要在探索活动和应用活动中分配资源。探索是搜索、变异、承担风险、实验、创造和灵活性地增长，强调追求新的知识；而应用是精练、选择、实施和执行，减少变异，提高效率，强调对已有知识进一步使用和开发。由于探索活动是遥远和不确定的，管理者更愿意把更多的资源投入应用活动而不是探索活动中。同时，组织核心能力刚性使得组织会防止应用活动挤压探索活动，使得探索和应用活动共存于组织中。两者在知识基础、需要的组织特性、思维模式、风险偏好等方面都存在不一致之处，双元探讨的核心问题是探索与应用在组织中的共存难题（O'Reilly and Tushman，2004）。

在此之后，March 和 Levinthal（1993）继续对探索和应用进行探讨，从组织学习和知识管理的角度出发，认为探索是一种新的学习路径，追求新的知识。而应用是对已有知识的进一步使用和开发，应用能力是建立在已有知识和加强已有技能、流程和结构的基础上的。组织把它们已有的知识复制应用于已有领域的经营活动，通过对已有知识的提炼和传统惯例的承袭来营造组织的可靠性和稳定性。而仅靠对现有知识的应用是无法应对竞争环境的变化的，市场环境的变化和技术的迅速变迁，新的知识的探索、组织新的学习路径对组织成长非常关键，因此，具备探索能力，去搜索新的组织实践，以及发现新技术、新事业、新流程和新的生产方式等的活动至关重要。在此之后，许多研究从不同角度出发，对探索和应用的定义进行对比（见表2－1）。

表2－1 探索和应用的研究对比

研究视角	探索	应用	主要学者
组织学习	探索新的技术和知识； 通过有计划地开展实验或者学习，开辟一条新的学习路径； 在一种新的学习路径上开展学习； 吸收、整合和处理与现有常规和方法相去甚远的新知识	加强和提高现有技术和知识的应用； 通过局部搜索学习； 在现有的技术轨道上进行学习； 完善和扩展现有知识，目的是通过利用现有的能力来确保在市场上的稳定地位	March（1991） Baum（2005） Lee 等（2012） Wu 等（2021） Tian 等（2022） Sun 等（2022）
知识管理	创造新知识，从已有知识中提炼新知识，探索新知识的范围； 涉及新知识的发展，不同于现有的知识基础，以开发未来的商业机会； 企业通过获取新知识来增加其知识基础的活动； 处于长期关系中的企业之间为了寻求长期回报而进行的知识交换，关注整个系统的生存，追求冒险行为	在现有知识基础上继续拓展，对已有知识进行扩展，应用现有知识的程度； 精练现有知识来提高效率的必要条件； 企业为持续改进而增强和扩展其现有知识库的活动； 企业之间为寻求短期回报而进行的长期知识交换，关注系统组成部分的生存，追求风险规避行为	Vermeulen 和 Barkema（2001） Katila 和 Ahuja（2002） Filippini 等（2012） Lee 等（2017） Im 和 Rai（2008）

续表

研究视角	探索	应用	主要学者
创新理论	以进入新产品—市场领域为目标的技术创新； 与现有的技术、产品、服务、市场和顾客差距较大的创新； 导入能够扩展现有产品竞争力的突变性产品； 为新客户开发新产品或服务，并涉及新知识的创造	以改进现有产品—市场领域为目的的计划创新； 与现有的技术、产品、服务、市场和顾客相近的创新； 在现有能力基础上销售现有的或改进后的产品； 在现有知识和资源的基础上，为现有客户扩展现有产品和服务	He 和 Wong（2004） Jansen 等（2006） Voss 等（2008） Wang 等（2020） Berraies 和 Bchini（2019） Ngo 等（2019）
能力理论	组织投入资源获取新技术、新知识和新工艺； 在动态环境中利用资源创造价值的能力	组织投入资源改进和扩展现有的知识、技术和工艺； 在动态环境中利用资源从现有产品和市场获取价值的能力	Gima（2005） Faridia 和 Neubaum（2021） Yan 等（2016）
组织理论	组织的适应性，向新技术移动，根据市场变化调整自身策略； 灵活性和变化，需要确保该组织的能力在长期内不会过时，在复杂和动荡的环境背景下，探索被认为是特别重要的，对组织提出了大量的适应性要求	组织的安排和调整，组织开发现有资产、快速延伸现有商业模式降低运作成本； 稳定性和惰性，短期效率所必需的，在稳定和简单的环境中，开发被认为是更合适的，适应性要求不那么强烈	Uotila 和 Juha（2017）
战略导向	企业通过不断了解客户的问题和需求，以开发和引入新的产品理念的迭代过程，积极主动地寻求新的机会； 企业行为，其特征是变化增加的活动、搜索、发现、实验、冒险和创新； 创造力、创新能力、外部适应能力和企业家精神，这是在柔韧性或创新文化原型中发现的价值观，也反映了结构敏捷性	公司设法通过改进、生产和执行来改进其现有的程序； 减少变化、遵守一定规则来解决问题，注重改进、实施、效率、生产和选择； 与市场或理性价值导向（基于任务成就和目标取向）有关，也与官僚主义或等级制度驱动的方面有关	Yan 等（2021） Yitzhack 等（2015） Vijay 等（2021） Apostolos 等（2017）

资料来源：魏泽龙（2010）、Yitzhack 等（2015）、Apostolos 等（2017）、Vijay 等（2021）等。

2.1.2 探索与应用关系及权衡

由于探索和应用活动的知识基础、学习路径和需要的组织方式等的不同，探索和应用分别代表不同的技术创新活动、不同的组织方式、不同的能力以及不同的战略方向，研究认为探索和应用活动之间存在张力，对探索和应用活动之间关系的争议也一直存在。一种观点认为探索和应用会争夺组织资源，存在相互替代关系（Atuahene - Gima，2005；Benner and Tushman，2003）；另一种观点认为探索和应用是两种不同类型的学习，探索和应用相互补充，两者是互不相关的，是正交的关系。无论探索和应用是互相替代还是互相补充，两者如何在组织中存在都是组织需要权衡的问题，这也是组织对获取短期效益还是长期效益的权衡，对高风险性和投资回报较高的探索活动与低风险性稳定投资回报的应用活动之间的权衡，也是企业对不同战略目标和发展方向的抉择。

（1）探索和应用的互相替代关系

March（1991）提出探索和应用的概念，并认为两者是互不相容的，两者学习方式之间存在冲突。在 March 观点基础上，很多学者分别从资源、学习路径等角度分析了探索和应用之间的替代关系，两者的知识基础和知识构成也互不相容（March，1991；Atuahene - Gima，2005；Li et al.，2008）。探索和应用的替代主要体现在以下几个方面：第一，组织资源的有限性和资源分配的约束。由于组织资源的有限性和稀缺性，探索和应用都需要消耗组织的资源，组织为了开展探索活动消耗组织资源，用于应用活动的资源就会减少。一种活动的增加就意味着另外一种活动的减少，两者是此消彼长的关系。第二，两者活动的学习方式和路径不同。探索活动需要组织的学习路径具有更大的灵活性和柔性，需要更开放式的学习方式，需要组织承担高的风险。探索活动的学习路径是一种大胆的、富有挑战性和风险性的自由灵活的实验，对新知识和新技术的发展具有较少的思想和行为限制。而组织的应用活动，则是在组织的传统学习路径基础上开展的知识的积累和应用，组织按照明确的规则和统一的路径进行知识的学习，需要稳定的组织路径的支持。由于两者活动在学习路径上的差异，使得两者活动在组织中互不相容。第三，组织刚性或者组织惯性的作用。由于组织惯性的存在，组织会倾向于一种组织行为，逐渐形成以一种学习方式为主导的惯性和学习模式，逐渐加强这种学习方式，从而形成固定的学习方式、管理方式、组织流程等，使得另一种学习方式无法得到组织的接受，从而使另一种活动的引入遭到组织的反对。部分学者通过实证研究，证明了探索和应用的替代效应，如 Mavroudi 等（2020）发现企业在探索式研发和应用式研发之间循环的速度越快，组织学习耗用的时间越长，越会导致不经济性而降低企业绩效。对于中小企业而言，与单独进行探索和开发相比，同时兼顾探索与开发活动与企业绩效的正相关关系较小（Wenke et al.，2021）。同样，Yan 等（2021）发现探索创新和应用创新都能提高出口绩效，而创新双元性对出口绩效有负面影响。

由于探索和应用活动的相互替代，组织就需要权衡两者在组织中的存在。虽然探索活动和应用活动互相替代，但同时 March 也指出，探索和应用对于组织的发展都非常关键，应用活动会使得组织无法适应外部环境的变化，探索活动对于组织应对外界的变化、保持组织的成长性非常关键。Ahuja 和 Lampert（2001）也指出，探索和应用对于组织都非常关键，一方面，长期进行应用使组织的目标和行为限制在组织的经验范畴中，使得组织依赖过去的路径成长，容易产生核心能力刚性，丧失对外部环境的敏感性，无法应对外部环境的变化。另一方面，组织一直开展探索活动，也容易使其陷入不断进行探索、实验的惯性中，由于探索活动的风险性大，投入回报的时间长，组织仅仅开展探索活动，会使组织逐渐缺乏用于发展的资源保证，容易陷入创新陷阱。因此，从探索和应用相互替代的视角出发，组织应该权衡探索和应用活动在组织中的比例，使探索和应用活动保持一个相对平衡的程度，使得组织既能够开展探索活动，保证组织应对环境的变化，获取长期的回报和持续竞争的优势，又能够开展应用活动，形成组织的核心能力，获得源源不断的财务等资源的保证。

（2）探索和应用的互补关系

还有一些学者则认为探索和应用是相互补充的，认为组织可以追求高水平的探索和应用（Bechman et al.，2004；Lubatkin et al.，2006）。他们认为探索和应用并不对立，两者并非互相排斥和此消彼长的关系，虽然组织资源是有限的，但是并非所有企业都会缺少用于探索和应用的资源，组织也可以从外部环境中获取资源。Powell（1996）与 Gupta（2006）等还指出，因为探索和应用可以安排在组织的不同部门，所以探索和应用不同的组织流程同样也不会影响两者的并存。探索和应用活动还可以促使彼此作用的发挥（Cao et al.，2009），两者之间相互作用，可以使得探索和应用分别带来的价值放大，组织的应用活动使得探索的产出发挥规模效应，探索产生的知识和技术可以应用到更广泛的领域。近年来，学者们注意到在多层次、多路径和多维度上实现双元创新的可行性，认为探索式与应用式创新在任何时间、任何空间内都有可能是共存的，这种形式的共存叫作嵌套型双元（Birkinshaw and Gupta，2013；Turner et al.，2015）。并且学者们通过实证研究，证明了双元性对组织绩效的积极影响（Pertusa - Ortega et al.，2018；Zhang et al.，2019；Wiratmadja et al.，2020），如 Ceptureanu 等（2020）认为创新的双元性对组织绩效有积极影响。因此，探索和应用活动是互相补充的，两者的组织效应使得彼此活动对组织绩效的影响放大。

探索和应用之间的互补作用得到证实之后，越来越多的学者对两者如何发挥组合效应进行了探讨。随着探索和应用在组织共存的可能性得到证明，学者们对于如何同时追求更高水平的探索和应用不断进行研究，双元的思想和研究范式也逐渐显现。学者们从组织层面等讨论了通过各种组织安排和组织调整，对现有的组织结构、组织情境、组织流程和组织沟通等方式的重构。从个人层面、组织层面、领导视角等探讨了如何实现探索和应用的共存，如何解决探索和应用之间的张力，权衡两者在组织中的比例（Benner and Tushman，2003；He and Wong，2004；Gupta et al.，2006；Jansen，2006，2009）。学者们认为通过开放式创新（Chen and Liu，2018）、战略创业行为（Hughes et al.，2021）、动态能力提升（Sijabat et al.，2021）等可以促进组织双元性的发展，此外，组织内部领导风格

（Berraies and Bchini，2019）、环境动态性（Wiratmadja et al.，2020；Buccieri et al.，2020）、环境不确定性（Wang et al.，2020）、管理层联系（Zhang et al.，2019）等也会对此产生影响。

2.2 双元理论

2.2.1 双元研究视角与框架

Duncan（1976）认为组织同时需要两类结构：有效激发创新的有机组织以及实施创新的机械组织，并且指出，组织必须双管齐下，在创新过程中根据过程和环境进行适时的转换，只有这样才能解决组织的悖论。在Duncan提出组织双元概念之后，出现以探索和应用活动为核心的双元研究范式。不同的研究流派讨论了组织双元，围绕探索和应用之间的矛盾和两者的共存，分别从组织学习、技术创新、组织管理、战略管理和组织设计等角度，针对组织双元的内涵、组织双元的形成、组织双元的影响因素、组织双元与绩效的关系等进行研究，逐渐形成双元研究的体系。

（1）组织学习的视角

根据March（1991）的研究，组织学习的相关文献对于探索和应用的讨论逐渐兴起（Rosenkopf and Nerkar，2001；Vassolo，Anand and Folta，2004；Vermeulen and Barkema，2001；Benner and Tushman，2003；Gupta et al.,2006；He and Wong，2004；Baum，Li and Usher，2000）。学者们根据对组织学习不同模式进行的不同分类，如双环学习和单环学习，生产式学习和适应性学习等，说明了两种学习路径的不同，也说明了组织需要对两种学习路径进行融合，这是组织获取长期成功的必要条件（Gupta et al.，2006；Levinthal and March，1993；March，1991）。一些学者从知识在组织中流动的视角出发，认为由上到下的知识流动，知识来自更高层的管理者则与应用活动正相关。相反，水平的或者由下至上的知识流动，知识来自越底层与探索活动越相关。研究说明了管理者获取越多的知识流，包括从上到下的知识流动，以及从下到上的知识流动，就越能参与到更高水平的探索活动和应用活动中（Mom，van den Bosch and Volberda，2007）。从组织学习视角出发，说明了如何保证探索和应用活动在组织中的共存，以及探索和应用在组织中如何平衡的问题。学者们关注到了企业内外部的因素对双元学习的促进作用，如 Lee 和 Huang（2012）基于技术密集型行业公司的实证研究发现，企业的知识存量有助于促进组织的双元学习活动，Lee 等（2013）认为环境动态性和企业规模是影响组织双元学习绩效的情境因素。此外，注重员工能力动机和机会的高参与人力资源实践塑造的社会氛围（Prieto et al.，2012）、开放型的领导行为（Duc et al.，2020）也是实现组织双元学习的前提。

（2）战略管理视角

Burgelman（1991，2002）对战略内部生态模型进行区分，划分为减少差异、诱导型战略过程，以及增加差异、自治型战略过程。讨论了诱导型战略是在现有的战略范围内，建立在现有知识基础上；而自治型战略则是在现有的战略范围之外，包括新能力的创造。认为诱导型战略过程与应用活动有关，自治型战略过程与探索活动有关，两种战略过程争夺组织的资源，公司需要对两者进行权衡。同时，研究发现最佳的方式是把两种战略过程结合起来。Burgelman 的战略管理理论着重强调了诱导型战略和自治型战略过程间的冲突。

Ghemawat 和 Costa（1993）在 Burgelman 研究基础上，区分了静态效率与动态效率之间的取舍问题。他们认为组织会采取一种追逐效率的极端形式。静态效率往往体现为在既定约束条件下改善已有产品、过程和能力的持续探索活动。而组织为了追逐动态效率，必须重新考虑初始条件，开发或发展新的产品、过程和能力。由于存在选择路径的沉淀成本和机会成本、各种不同的复杂资源组合，以及惯性倾向，因此，组织在两种差异化效率导向之间选择时倾向于其中一种。

Hamel 和 Prahalad（1993）认为，需要在聚焦已有资源和对机会的适应之间进行静态匹配。企业在不同组织单元之间配置已有资源，并通过与其他组织合作来增加资源或优化资源配置。把资源配置到回报最高的地方，是企业创造持续竞争优势的关键所在。他们关注在应用和延伸之间的张力，即在对现有能力进行开发和对新的能力进行寻找之间的张力，这种张力的处理与组织竞争优势的创造的关系是战略领域的主要挑战。

一些研究针对公司战略选择的双元问题开展研究，从双元视角解决公司的战略性问题。Roth 等（2024）将逆向创新战略选择纳入跨国研发战略，通过平衡发达经济体（AE）和发展中经济体（EE）的探索式和开发性创新活动，在公司层面上实现地理双元性。Cheng 和 Huang（2021）将组织双元性的概念拓展为子公司试图在其双元嵌入性（双元情境）与学习策略（双元行为）之间取得契合，提出了三种不同的子公司双元性模式，将子公司的内外部双重嵌入性与学习策略联系到一起。还有一些研究从能力角度出发，认为探索和应用的协调是与动态能力有关的。Kyiakopoulos 和 Moorman（2004）分析了市场探索和市场应用战略的协同过程，指出两种能力相互冲突的原因及协调的必要性，指出市场导向在其过程中的主要作用。Gima（2005）分析了战略导向对于探索能力和应用能力的影响。O'Reily 和 Tushman（2004）认为，双元能力就是一种动态能力，是解释企业如何通过适应环境获取长期竞争优势的途径。Judge 和 Blocker（2008）认为企业变化能力是获得战略双元的能力基础。魏泽龙等（2008）也指出动态能力对应用创新和探索创新的不同影响。此外，还有学者发现双元学习的平衡战略对动态能力有积极的影响（Yuan et al.，2021）。

（3）技术创新视角

技术创新有不同的分类方式，与探索和应用相关的技术创新，可以划分为渐进性创新和突破性创新（Dewar and Dutton，1986；Tushman and Anderson，1986），是按照创新的新颖程度和创新的幅度进行的划分。其中，渐进性创新代表了对现有的产品和业务做出微小的变化，对现有的业务、技术进行调整、改良和延伸，是局部的或改良的创新，以现有的能力和技术为基础（Garcia and Calantone，2002）。主要是为了维持和加强现有的市场地位，提升现有产品的性能，降低现有产品的成本，具有明确的目标，以实现短期的利润为主。而突破性创新是对现有的产品改进或者完全由新的产品来代替，是包含新技术和新市场形成的创新。Tushman 和 Smith

（2002）认为，渐进性创新是满足现有客户的需要，也就是应用；突破性创新是满足新的客户的需求，也就是探索。探索式创新主要是为了开发出重大的创新，实现新技术的突破，创造新的市场，是一种全新的根本式的重大变革，是以提升组织的长期绩效为目的的高风险性的创新活动。探索式创新和突破性创新的结合，以及应用式创新和渐进性创新的结合，也成为之后学者们逐渐接受的创新分类（Atuahene－Gima，2005；Benner and Tushman，2003；Danneels，2002；Holmqvist，2004；Smith and Tushman，2005）。Roth 等（2024）针对跨国公司的研发战略问题，结合双元创新，将新产品开发过程中的逆向创新活动分为四种类型，分别为探索式逆向产品创新、探索式逆向创新贡献、应用式逆向产品创新、应用式逆向创新贡献。

学者们针对突破性创新和渐进性创新的张力和两者的权衡，开展了创新双元性的探讨（Abernathy，1978；Dougherty，1992；Nadler and Tushman，1997）。Tushman 和 O'Reilly（1996）将双元定义为“同时追求渐进创新和探索创新的能力”。Colbert（2004）说明了探索和应用的相互作用反映了组织的一种复杂的能力，是另一种竞争优势的来源，超越了任何一种单独创新的能力。学者们试图说明如何在两种创新活动中找到一种平衡（Atuahene－Gima，2005；S. L. Brown and Eisenhardt，1997；Christensen and Overdorf，2000；O'Reilly and Tushman，2004；Sheremata，2000）。一方面，渐进创新活动使得企业对行业趋势和客户更加熟悉（Mueller et al.，2013）、及时预判行业的未来发展趋势（Teece，2020）、为企业应对外部突发事件提供了保持稳定性的可能（Desjardine et al.，2019），并且可以改进组织的产品和技术，产生短期的组织绩效，但是渐进性创新带来的价值若受到新技术的挑战，就会给组织带来毁灭性的打击。另一方面，突破性创新可以使得组织适应外部环境的变化，能够改变技术轨道，创造全新的产品与现有产品进行竞争，成功获取新的市场和新的机会，发展企业预期能力（Berchicci，2013），提供灵活新颖的替代方案来快速应对难以想象的危机事件（Williams et al.，2017），从而实现可持续发展的目标，但是仅仅重视突破性创新，会给组织带来很大风险和创新失败造成的打击。所以，如何进行两者的权衡，使得突破性创新和渐进性创新以合适的比例存在于组织中，最优配置企业的资源，保证长期绩效和短期绩效的实现，实现两者的互补是双元创新需要解决的问题，也是技术创新领域需要不断探讨的一个命题。

（4）组织视角

一些学者从组织视角出发，分析为构建双元组织，需要具备的组织的调整、变化和适应。一些学者对于组织变化是需要关注一致性还是进行根本性变化进行了讨论，为了获取长期的成功就需要组织在一致性和变化之间有一定的平衡性（Brown and Eisenhardt，1997；Leana and Barry，2000；Miller and Friesen，1984；Probst and Raisch，2005；Tushman and Romanelli，1985；Volberda，1996）。如果没有考虑组织的一致性，太多的根本性变化会导致组织混乱，而仅仅考虑一致性会导致组织的惯性（Huy，2002；Levinthal and March，1993；Sastry，1997）。Tushman 和 Romanelli（1985）认为，成功的组织应该能够在稳定与变革之间取得平衡，当外部环境发生变化时，组织能够及时调整自己的定位。虽然持之以恒有时能改善组织的效率，但在组织的外部环境发生重大变化时很可能会变得无效。Tushman 和 O'Reilly（1996）认为成功的组织不仅强调应用和安排在演进型变化的周期中，还要追求在革新型变化周期中根本性的转变和探索。因此，组织需要平衡一致性和组织的变化。而一些学者认为需要经常的有规律的变化（Brown and Eisenhardt，1997）。

另外，从组织视角的探讨主要关于如何保证探索和应用活动存在于组织中，讨论组织设计与双元的关系。Burns 和 Stalker（1961）说明了两种不同的组织结构，机械式组织结构主要是依赖标准化、集中化和垂直的组织结构支持组织效率的实现；有机式组织结构有较高的分权和自主性，支持组织柔性和灵活性。在此基础上，学者们认为要解决探索和应用之间的张力就需要融合机械式的组织结构和有机式的组织结构，因而产生了情境双元和结构双元的讨论，通过复杂的组织机制以实现短期效率和长期的创新（Adler et al.，1999；Jansen et al.，2005a；Sheremata，2000）。Pertusa－Ortega 等（2018）认为具有有机（分权化）和机械特征（差异化和形式化）以及环境动力的混合组织结构会影响双元性。

Gibson 和 Birkinshaw（2004）讨论了情境双元，分析了双元性组织在组织情境（自律性、延伸性、支持和信任）与组织绩效之间的中介作用。一些学者则从结构双元的角度，分析了组织结构划分、组织协调机制等，Jansen 等（2006）从组织协调的角度分析了双元性组织协调探索和应用的机制，对比了正式协调机制（集权和标准化）以及非正式协调机制（内部联通性）对探索和应用的影响。在此基础上，Jansen（2008，2009）进一步研究了组织机制对双元的影响，分析了高层管理团队特征（共同的愿景、权变的奖励计划）对企业双元的影响，以及转变领导结构的调节作用。之后，又分析了整合机制在双元实现过程中的主要作用，说明了结构双元实现的路径和机制，支持了高层管理团队的薪酬、社会整合机制、跨部门界面管理和组织联通性的中介作用。

还有学者关注到了企业不同阶段中组织双元性的演化过程，彭新敏等（2017）基于对海天集团的案例分析，发现在后发企业由追赶到超越追赶再到创新前沿转型的过程中，双元性学习由“分隔型双元”向“过渡型双元”再向“自洽型双元”演化。

（5）综合不同视角的双元研究框架

随着双元的研究领域的逐渐发展，双元研究可以归纳为以下几个研究方面：第一，双元与组织绩效的关系；第二，影响双元的主要因素；第三，影响双元效果的调节变量。

2.2.2 双元对绩效的影响及作用机制

（1）双元与组织绩效的关系

Levinthal 和 March（1993）指出“组织仅仅开展探索就会导致无法从自身的知识中获取收益”，公司就会陷入无止境的搜寻、失败和没有回报的变化中。而组织仅仅简单地追求应用，就会只获得可预测的一些收益，而且不一定是可持续的。因此，公司成功的竞争力就来自对探索和应用的同时追求，使探索和应用各自产生的价值能够互相协调。Floyd 和 Lane（2000）认为公司必须“开发现有的能力同时探索新的能力，这两种组织学习是不可分开的”。获得双元的能力是组织动态能力的核心（Eisenhardt and Martin, 2000；Teece, Pisano and Shuen, 1997）。越来越多的学者提出了双元与绩效之间的正向假设。Tushman O'Reilly（1996）指出能同时进行探索活动和应用活动的企业更有可能获得卓越的绩效。学者们普遍认为双元是企业长期绩效的关键驱动因素，探讨了双元的前因及其与绩效关系的影响机制，形成了丰富的研究结论（见图 2 - 1）。

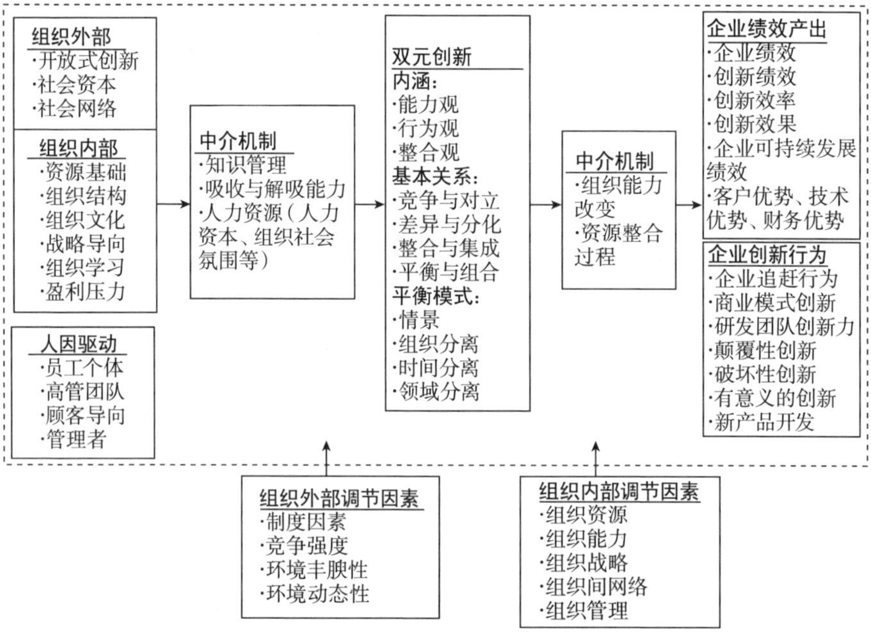

图 2 - 1　组织双元的研究框架

资料来源：刘志迎、周晴晴（2023）；董保宝等（2022）。

一些研究者发现双元能直接正向地影响企业绩效，比如 He 和 Wong（2004）首次在技术创新情境下检验了双元假说，即应用式创新战略和探索式创新战略的相互作用与销售增长率正相关，探索式创新战略和应用式创新战略之间的相对不平衡与销售增长率负相关。Han 和 Celly（2008）分析了国际新创企业的双元能力对绩效的影响，实证研究表明双元能力对国际新创企业的利润回报和市场增长有正向影响。Katila 和 Ahuja（2002）发现探索和应用不是绝对独立的，而是存在相互促进作用，组织双元对产品创新起着显著的促进作用。Benner 和 Tushman（2003）发现组织结构双元与财务绩效之间存在显著的正相关关系。Jansen（2005）发现探索和应用创新之间的互动与绩效之间呈正相关关系。Jansen（2006）针对软件类企业的调查发现，组织双元性与财务利润增长之间存在显著的正相关关系。Lubatkin 等（2006）利用 139 家中小企业的数据证明组织双元对绩效的正向影响，他们发现探索和应用导向的共同作用正向影响绩效。Lee 和 Huang（2012）基于技术密集型行业中公司的研究发现双元学习与企业绩效正相关，以及企业规模对这一关系起积极调节作用。Lee 等（2013）基于 1999—2003 年美国、英国、德国和日本制造业的 1740 家公司的样本考察了双元学习的情境效应，验证了擅长双元学习的企业比专攻探索式学习或应用式学习的企业获得更好的绩效。Huang 和 Li（2017）基于中国台湾企业的样本发现双元能力与新产品绩效正相关。Wu 等（2021）在数字化转型背景下探究双元学习的挑战，发现双元学习与组织绩效正相关。

有些研究者发现双元对绩效具有消极影响，或者没有证实双元与组织绩效之间存在关系，Atuahene - Gima 等（2005）研究显示组织双元对企业绩效的作用不显著，而探索和应用之间相互交替有利于企业绩效。Menguc 和 Auh（2008）指出由于文化和管理差异，探索和应用之间的整合组织需要巨大的成本，因此组织双元不利于企业绩效，但是这种负向作用的假设没有得到证实。还有一些研究者并未找到双元能力与绩效联系的实证支持依据，比如 Venkatraman 等（2007）对 1005 个软件企业的实证研究也不支持双元能力的绩效假说，他们发现间断的均衡形式对企业绩效更有效。

近年来，也有学者对组织双元与绩效的关系进行深入探究，他们认为二者之间并不是简单的线性关系。Li 等（2013）基于 290 家中国制造业企业的调查数据发现，探索式学习对新产品绩效具有正向促进作用，而应用式学习则表现为倒“U”形。Wei 等（2014）将组织双元性分解为相对探索式维度和交互维度，并发现相对探索式维度对新产品开发具有倒“U”形影响，而交互维度对新产品开发具有正向影响。

（2）双元与绩效关系的调节因素

组织研究的一个关键的特征就是对组织环境的强调。学者们讨论了商业环境的动态性和竞争性对组织双元的影响（Levinthal and March，1993；Siggelkow and Levinthal，2003；Volberda，1998 ；Soto – Acosta et al. ，2018；Hou et al. ，2019）。Lewin 等（1999）列出了组织—环境共演模型，说明了公司层面的探索—应用由于大量竞争对手的变化而变化。许多权变视角强调了公司探索和应用在不同情境条件下的有效性。对于环境条件的研究，主要有以下几个领域：直接研究环境条件对组织双元的影响、环境条件对于双元和绩效关系的调节、环境条件对于前因与双元关系的调节。Jansen 等（2006）实证说明了在动态环境中追求探索创新更为有效，在竞争环境中追求应用创新对组织单元的财务绩效更为有效，虽然他们的研究没有明确检验双元导向，但是结果说明了在高竞争的周期下同时追求探索和应用创新对绩效有正向影响。Cao 等（2009）说明了环境的宽容性对双元和绩效关系的正向调节作用，认为环境宽容性代表了组织能获取外部资源的可能性和难易程度。调节因素的研究还包括市场导向（Kyriakopoulos and Moorman，2004）和资源的禀赋（Kyriakopoulos and Moorman，2004；Venkatraman et al. ，2007），其中资源禀赋高的企业会同时开展探索和应用，而资源禀赋低的企业则无法支持复杂的战略。Lubatkin 等（2006）说明小公司“缺乏冗余资源和垂直管理系统，而大公司具备充足的冗余资源和垂直管理体系来管理对立的知识，从而影响双元”。因此，结构双元更适用于大的多元化的公司，而小的公司更适合领导双元。小公司的领导在探索和应用双元战略中发挥着战略性的作用。Wenke 等（2021）发现制度环境中的产权保护对双元创新与企业绩效的关系也存在调节作用。此外，学者们还证明了地区、规模和行业是开发和探索对绩效影响的外部调节因素（Marín – Idárraga et al. ，2020；Mavroudi et al. ，2020）。

在组织层面，学者们讨论了管理层团队（Zhang et al.，2019；Arzubiaga et al.，2019）、企业生命周期（Cho et al.，2020）、基础设施投资（Yan et al.，2021）、吸收能力（Solís – Molina et al.，2018）、商业经验（Ceptureanu et al.，2022）等对组织双元绩效的调节作用。如 Zhang 等（2019）发现管理层联系的调节作用，证明产业内联系减少，而产业外联系最终增强了创新双元性对企业成长的积极影响。Arzubiaga 等（2019）基于家族企业形象和家族参与高层管理团队考察了探索式和开发性创新绩效过程中被忽视的家族效应。Solís – Molina 等（2018）发现在高吸收能力水平下，双元创新对绩效的影响更大，而在低吸收能力水平上，专业化开发或探索更有效。Ceptureanu 等（2022）发现在新企业中，商业经验调节了创新双元性与组织绩效之间的关系。

2.2.3 双元的影响因素

学者们关于组织双元性影响因素的探究可以划分为组织因素、战略因素、领导因素、网络因素和环境因素等几大类（见表 2 –2）。

表 2 –2 双元的影响因素研究总结

影响因素	相关研究
组织因素	组织结构：有机和机械混合结构（Pertusa – Ortega and Molina – Azorín，2018）；矩阵结构（Egelhoff et al.，2020）；企业集团（Venkateswaran，2022）等。 组织设计：双元组织设计（Im and Rai，2008）；团队异质性（Zhang et al.，2021）等。 组织机制：控制机制（Yang et al.，2021）；协调机制（Jansen et al.，2006）；知识整合机制（Prieto – Pastor et al.，2018）。 组织能力：信息技术能力和知识管理能力（Soto – Acosta et al.，2018）；技术和市场感知能力（Ngo et al.，2019）；知识创造吸收能力（Boži and Dimovski，2019）；技术能力（Wiratmadja et al.，2020）；创业即兴能力（Xiong et al.，2020）等。 组织文化：集体主义文化（Yang et al.，2015）；国际创业文化（Buccieri et al.，2020）等。 组织情景：由延伸、纪律、支持和信任组合而成的情景（Cristina et al.，2004）；社会氛围（Prieto et al.，2012）等。 组织资源：知识存量（Lee and Huang，2012）；知识的深度和广度（Chen et al.，2022）；松弛资源（Soetanto and Jack，2018）等

续表

影响因素	相关研究
战略因素	开放式创新战略（Lavie et al.，2011；Chen and Liu，2018；Ardito et al.，2020；Hwang et al.，2021）； 信息技术和数字技术战略（Boži and Dimovski，2019；Wang et al.，2020）； 人力资源管理战略（Kooij et al.，2011；Ubeda – Garcia et al.，2016；Diaz – Fernandez et al.，2017；Malik et al.，2017）； 组织学习战略（Yan et al.，2016；Huang and Li，2017）； 其他战略因素：全面质量管理（Moreno et al.，2011）；设计思维（Zheng，2018）；战略创业（Hughes et al.，2021）；双元嵌入性（Cheng and Huang，2021）等
领导因素	领导风格：高层和中层管理的联合领导风格（Sun and Anderson，2012）；变革型和交易型领导风格（Berraies and Bchini，2019）；开放和封闭领导行为（Duc et al.，2020）；共享领导（Wei and Tang，2022）等。 管理者的个人特质：所有者—管理者特征（Wiratmadja et al.，2020）；企业家领导力（Wu et al.，2021）；企业家创造力（Sijabat et al.，2021）等。 高层管理团队：高管团队的行为整合（Yitzhack et al.，2015）
网络因素	战略联盟知识异质性（Sun et al.，2022）；网络广度和网络深度（Xie et al.，2022）；网络中心性和关系强度（Cheng et al.，2022；Wang and Fang，2022）
环境因素	环境动态性（Pertusa – Ortega and Molina – Azorín，2018；Wiratmadja et al.，2020；Soto – Acosta et al.，2018）；环境动荡或复杂性（Uotila，2017）；制度压力（Lin et al.,2016）等

（1）组织因素

组织层面的各类因素是构建组织双元的重要前因，有大量学者在组织层面进行了探究，相关的因素包括组织结构（Pertusa – Ortega and Molina – Azorín，2018；Venkateswaran，2022）与组织设计（Im and Rai，2008；Zhang et al.，2021）、组织机制（Yang et al.，2021；Jansen et al.，2006；Prieto – Pastor et al.，2018）、组织能力（Soto – Acosta et al.，2018；Ngo et al.,2019；Wiratmadja et al.，2020；Xiong et al.，2020）、组织文化（Yang et al.，2015；Buccieri et al.，2020）、组织情景（Cristina et al.，2004；Cegarra – Sánchez et al.，2020）和组织资源（Soetanto and Jack，2018）等。

第一，现有研究发现组织结构和组织设计是促进双元形成的重要因素。一方面，研究关注通过开发组织结构和组织机制来处理组织所面对的安排和变化之间的竞争，可以结合有机和机械式组织单元复杂的组织结构（Adler and Borys，1996；Sheremata，2000）。Brown 和 Eisenhardt（1997）提出了半结构化的组织促使组织单元能够在两种活动之间变化。很多对探索和应用的组织解决方案主要有两种观点：空间分离和结构分离。Gilbert（2005）说明了结构的区分能够帮助双元组织维持不同的能力来满足不一致的需求。随着对结构区分的认可，一些研究开始讨论是否以及在何种程度上对区分的组织开展整合。一些学者认为创造松散耦合的组织可以缓和探索部门与应用部门之间的对抗（Levinthal，1997；Weick，1976）。同样，Pertusa－Ortega 和 Molina－Azorín（2018）发现，具有有机（分权化）和机械特征（差异化和形式化）的混合组织结构会积极影响双元；Egelhoff 等（2020）认为更灵活的矩阵结构形式可以促进这类企业宏观层面双元性新形式的形成；Venkateswaran（2022）以亚太地区跨国企业为研究对象，发现企业集团组织形式通过同时进行探索式学习（较少控制）和应用式学习（更多控制），利用企业集团的吸收能力和跨文化经验，为战略双元性提供了结构和情境前因。

另一方面，还有学者关注到双元组织设计（Im and Rai，2008）和团队异质性（Zhang et al.，2021）等因素对组织双元性的重要性，如 Im 和 Rai（2008）将双元学习的边界条件扩展到长期的组织间关系，研究证实在组织间关系中同时调整和适应目标的双元组织设计以及合作伙伴依赖 IT 设计来跨越合作伙伴之间的知识边界可以促进企业的双元知识共享，最终提高关系绩效；Zhang 等（2021）探究了团队异质性与双元创新策略之间的关系，基于对大型基础设施项目交付团队的调研，发现团队异质性对探索式创新策略和双元创新策略具有正向线性影响，对应用式创新策略具有倒“U”形影响。

第二，组织机制，如控制机制（Yang et al.，2021）、协调机制（Jansen et al.，2006）和知识整合机制（Prieto－Pastor et al.，2018）等同样被证明是双元的重要前因。具体而言，Yang 等（2021）探究了正式控制（行为控制和结果控制）和社会控制（如关系）两种控制策略在双元学习中的正向作用；Jansen 等（2006）研究了使用正式（集中化和正规化）和非正式（联通性）协调机制对企业双元创新活动的异质性影响；Prieto - Pastor 等（2018）考察了组织内社会资本对项目型组织中探索式学习和应用式学习的重要性。具体而言，他们证实了在项目型组织中，知识整合与探索式学习和应用式学习呈正相关，而项目成员组织内社会资本的认知（共同愿景）、关系（信任）和结构（社会互动联系）三个维度相互关联影响组织的知识整合，进而对组织的双元学习活动产生影响。

第三，还有学者聚焦于企业相关的组织能力对双元形成的影响。如 Soto - Acosta 等（2018）基于西班牙中小企业的数据集，发现信息技术能力和知识管理能力与创新的双元性呈正相关；Ngo 等（2019）将企业的动态能力观点与双元性理论相结合，通过研究证明了技术和市场感知能力可以推动企业的双元创新活动，进而决定企业在新兴市场的绩效；Boži 和 Dimovski（2019）的研究表明企业的知识创造吸收能力积极影响其双元创新活动；Xiong 等（2020）借鉴行动学习理论，实证检验了创业即兴对双元学习行为的积极影响，以及团队自反性对这一关系的积极调节作用；Wiratmadja 等（2020）实证研究发现技术能力对创新双元性有正向影响。

第四，组织文化，如集体主义文化（Yang et al. , 2015）、国际创业文化（Buccieri et al. , 2020）等对企业双元的构建也产生了重要的影响。具体而言，Yang 等（2015）通过对高新技术产业集群实证调查发现，在组织内部创建集体主义文化有助于缓解组织学习中探索与应用之间的紧张关系，促进企业的双元创新，并且在集中式的等级制度下，集体主义对实现双元创新的作用会被减弱。Harmancioglu 等（2020）证明了两种重要的组织文化，即蚕食现有知识和结合现有知识的意愿，这使得企业能够通过实施激进和渐进（双元性）创新来获得卓越的绩效。Buccieri 等（2020）基于印度的高科技投资公司的样本，验证了国际创业文化对企业双元创新的积极影响，并且在存在环境动态的情况下，国际创业文化对发展双元创新具有更大的意义。

第五，情境因素是影响组织双元性的另一大因素。Ghoshal 和 Bartlett

(1994) 认为情境指的是系统、过程和理念，可以塑造个人层面的行为。情境应该被设计成为可以促使和鼓励个人把自己的时间在探索和应用之间进行划分。一些研究中的元程序，如工作轮换（Adler et al.，1999）、创造共同的愿景（Bartlett and Ghoshal，1989）等可以促进个人参与到探索和应用活动中。Cristina 等（2004）基于领导和组织情景文献，认为由延伸、纪律、支持和信任组合而成的情景特征有助于情境双元性，从而促进企业绩效，并通过实证研究进行检验。Prieto 等（2012）认为注重员工能力、动机和机会的高参与的人力资源实践与社会氛围正相关，而社会氛围反过来又促进了双元学习。Cegarra－Sánchez 等（2020）关于成功采用远程医疗技术的实证研究表明了使用双元情境可以促进探索式学习和应用式学习过程之间的有效平衡，进而提高患者对远程医疗技术的利用水平，即双元情境与组织双元学习平衡正相关。

另外，组织资源和组织知识对组织双元活动的影响也被证实，如 Lee 和 Huang（2012）对在技术密集型行业运营的公司进行实证检验，验证了企业的知识存量对双元学习的积极影响；Soetanto 和 Jack（2018）基于荷兰、挪威和英国的小型科技公司样本，证明了内部松弛资源和外部松弛资源对企业双元创新活动的影响；Chen 等（2022）以台湾旅行社为研究对象，发现市场知识的深度和广度都会正向影响企业双元能力的形成，进而促进产品创新和流程创新。

（2）战略因素

在战略层面，学者们主要关注到开放式创新战略（Lavie et al.，2011；Chen and Liu，2018；Ardito et al.，2020；Hwang et al.，2021）、信息技术和数字技术战略（Boži and Dimovski，2019；Wang et al.，2020）、人力资源管理战略（Kooij et al.，2011；Ubeda－Garcia et al.，2016；Diaz－Fernandez et al.，2017；Malik et al.，2017）、组织学习战略（Yan et al.，2016；Huang and Li，2017）等前因对双元构建的影响。

第一，开放式创新战略被许多学者纳入了双元形成的前因。Hwang 等（2021）认为开放式创新使企业能够发展其组织双元能力。Lavie 等

(2011) 将现有的企业内部结构双元性机制扩展到了企业间关系，如战略联盟和合资企业，作为实现组织双元性的重要方式。越来越多的学者详细探究了开放式创新过程对组织双元性的影响，如 Chen 和 Liu (2018) 基于高科技行业的中国企业的研究表明，在开放式创新的过程中内向和外向的知识流都是双元性的促成因素，并且只有当企业具有集体学习目标导向时，开放式创新才能充分体现其对双元的好处；基于香港制造业企业，Wang 等 (2018) 的实证研究证明了供应商跨边界搜索，即供应商侧搜索有助于创新双元，以及买方与供应商的互动促进了双元创新，即开发性创新和探索式创新，并且这一关系受到竞争强度和功能失调的竞争的调节；Ardito 等 (2020) 揭示了从三个相关供应链利益相关者，即供应商、客户和竞争对手那里获取知识对创新的双元性有积极影响，具体来说，供应商代表最相关的知识来源，其次是客户，然后是竞争对手。

第二，随着信息技术和数字技术的发展，企业相关的技术战略也被学者们纳入了组织双元的前因研究。具体而言，Scuotto 等 (2019) 的实证研究表明奢侈品时尚公司所选择社交媒体平台的结构维度（寻求创新的空间）、关系行为维度（与客户进行互动）、认知维度（开发和收集创新输入，这些创新输入取决于客户的知识心态）和知识转移实践（将收集的外部知识与内部知识相结合，以寻求创新）对企业的双元创新取向有积极影响。Boži 和 Dimovski (2019) 认为商业智能和分析的使用与探索式创新活动和开发性创新活动之间的成功平衡正相关，商业智能和分析的使用可以通过企业的知识创造吸收能力进而影响双元创新活动。Wang 等 (2020) 探究了 IT 的战略角色与双元创新活动之间的关系，通过实证检验发现自动化、信息和转型的 IT 角色会对探索和开发产生不同的影响以及环境动态性的调节作用，突出了 IT 在组织双元创新活动中的多方面作用。

第三，人力资源管理领域的相关战略促进了组织双元性的构建。具体而言，Kooij 等 (2011) 分析雇佣关系的企业模型与职能灵活性和组织的双元学习之间的关系，他们的研究结果表明，公司发展相互投资雇佣关系对职能灵活性和组织双元学习（应用式学习和探索式学习）存在着积极的影响，并且职能灵活性的活动范围在相互投资共用关系与应用式学习之间存在中介作用。Ubeda - Garcia 等（2016）验证了人力资源管理领域高绩效工作制度（HPWS）对组织双元性的积极影响，进而促进绩效的提升。Diaz - Fernandez 等（2017）认为企业的人力资源管理实务会影响人力资本类型，从而会影响企业的探索学习和开发学习活动，即人力资源管理实务与组织学习之间的关系将由人力资本中介，与工作相关的技能培训和发展、行为绩效评估和基于工作的薪酬应该鼓励生产单位中的专业型人力资本，从而有助于鼓励开发性学习；未来技能的培养和发展、发展性绩效考核和技能型薪酬应鼓励营销单位中的通用型 HC，从而有助于探索式学习。Malik 等（2017）通过归纳性案例研究发现，以赋权为中心的人力资源管理实践被用于探索新理念，以效率为中心的人力资源管理实践被用于利用组织现有的优势，以赋权为中心的人力资源管理实践创造了一种开放和冒险的文化，这促进了双元环境的创造。

第四，也有研究关注到组织学习战略对双元的影响，如 Huang 和 Li（2017）探讨了双元能力在学习导向与新产品绩效之间的中介作用，通过实证研究表明了学习导向对双元能力的积极影响；Yan 等（2016）通过对华为的纵向单案例研究，从进化的角度揭示战略和运营层面的组织学习（战略学习和业务学习）如何促进组织双元的发展，并沿着企业的成长。具体而言，华为在不同发展阶段构建了不同聚焦焦点的组织双元性，组织的双元能力随着时间的推移而发展，从一个领域转移到另一个领域，这种双元性发展很大程度上得益于战略层面（关注整个组织和长期目标）和运营层面（关注局部利益和短期目标）的多层次组织学习。

第五，还有少部分学者关注到企业其他的战略因素对组织双元的影响。如 Moreno 等（2011）认为全面质量管理可以作为一个平台，创造一个双元的环境，并且产生双元的管理能力和双元的组织技能；Zheng（2018）在对已有文献梳理以及理论分析的基础上，提出了设计思维和组织双元性之间的联系，通过深入讨论设计思维特质对双元性的影响，认为设计思维可以促进双元学习，而双元学习可以中介设计思维与双元创新之间的关系。Hughes 等（2021）认为战略创业是年轻科技型公司寻求机会（创业导向）和寻求优势（取得关系资源和关系嵌入）行为的综合，可以影响这些公司的双元创新，即探索式和开发性创新活动。Cheng 和 Huang（2021）以台湾地区跨国公司及其中国子公司为样本，探究子公司的双元嵌入性对双元学习行为的影响，他们将子公司双元重新定义为三种不同类型的双元嵌入（政治、文化、认知）会产生不同的合法性效应，进而导致子公司不同的学习策略。具体而言，他们提出了三种不同的子公司双元性模式：子公司更倾向于保持外部政治嵌入性，而不是内部政治嵌入性，这导致子公司更注重应用；子公司打算发展高外部和高内部的文化嵌入，这将导致它们同时探索和应用；有时子公司更倾向于保持高于内部的外部认知嵌入性，这将导致子公司强调探索，而有时子公司更倾向于拥有高于外部认知嵌入性的内部认知嵌入性，这将导致子公司强调应用。

（3）领导因素

高层管理者也可积极地同时推动探索与开发活动。例如，高层管理者设定目标、检测环境、搜索替代方案，通过发展新的能力或使用未被充分利用的能力来对探索与开发活动进行平衡。在领导层面的对于组织双元性的前因探究中，学者们主要关注到了不同类型的领导风格（Sun and Anderson，2012；Berraies and Bchini，2019；Wei and Tang，2022;）、管理者的个人特性（Wiratmadja et al.，2020；Wu et al.，2021；Sijabat et al.，2021）和高层管理团队的特征（Yitzhack et al.，2015）等。

第一，许多学者探究了不同类型的领导风格或领导行为对组织双元构建的影响。具体而言，Sun 和 Anderson（2012）认为高层和中层管理的联合领导风格会影响企业的探索式、变革性和应用式学习过程，即当高管和中层管理者均采用变革风格时，有利于探索式学习过程的进行；当高管采用变革风格而中层管理者采用交易风格时，有利于变革学习过程的进行；当高管和中层管理者均采用交易风格时，有利于应用式学习过程的进行；进一步地，对于这三个学习过程中的每一个，当组织情境的某些属性被强调时，高层和中层管理者的领导风格运行得更有效。Berraies 和 Bchini

（2019）在知识密集型企业的背景下，探究了变革型和交易型领导风格对双元创新以及最终对企业财务绩效的影响，他们发现变革型领导风格是开发性创新和探索式创新的关键决定因素，然而，交易型领导只影响开发性创新。Duc 等（2020）基于双元领导创新理论，考察了开放和封闭领导行为在团队探索式学习和应用式学习中的作用，进而在零售服务情境下的团队创新中发挥作用，结果证实了双元领导行为对团队双元学习的积极作用。Wei 和 Tang（2022）基于科技企业的样本分析了共享型领导对研发团队双元性的影响机制，研究结果表明，研发团队共享领导对双元性有显著的正向影响并且战略学习在共享领导与双元性的影响中起中介作用。

第二，管理者的个人特质也是组织双元性形成的重要前因。如 Wiratmadja 等（2020）通过实证研究发现所有者—管理者特征（如自我效能、工作热情、风险规避和外向性）对创新双元性有正向影响；Wu 等（2021）探究了数字化转型中企业家领导力、双元学习和组织绩效之间的关系，以及非技术数字环境（运营变化）对这些关系的影响，结果证实了企业家领导力对双元学习的积极影响；Sijaba 等（2021）的研究证明企业家创造力与双元创新有积极联系。

第三，还有许多学者关注到高层管理团队对组织双元性的影响。Lubatkin 等（2006）说明了行为整合机制，即高层管理团队努力的整体性和团结性的程度，是影响组织双元的主要因素。而行为整合机制取决于团队合作行为、信息交换的质量和数量，以及对共同决策制定的强调，结果证实了行为整合机制对于探索和应用的正向影响。Yitzhack 等（2015）将高管团队过程与组织双元性联系起来，他们聚焦于有明确产品线的小型战略业务单元高管团队成员，高管团队的行为整合有助于构建组织双元性，但当任务环境具有高动态性特征时，高管团队的行为整合对组织双元性的影响更强。

（4）网络因素

部分有关组织双元性前因探究的研究聚焦到了企业网络的影响中。一方面，学者们关注到企业所处网络的特征对组织双元性的影响，如 Sun 等（2022）基于资源依赖理论，通过对中国制造业战略联盟企业的实证调查发现战略联盟知识异质性可以通过促进企业双元学习进而促进创新绩效；Xie 等（2022）基于组织信息处理理论（OIPT），研究了商业网络如何以及何时对企业组织弹性能力产生积极影响，基于中国制造业企业的数据，发现网络广度和网络深度通过促进企业双元学习进而积极影响企业的组织弹性能力。

另一方面，学者们关注企业所在网络的网络中心性和关系强度对双元活动产生的影响，如 Cheng 等（2022）以中国汽车上市公司为样本探究发明者合作网络的双重嵌入性对企业创新的影响以及双元学习在合作网络双重嵌入协同与创新之间的中介作用，研究结果表明了网络中心性与关系强度的协同作用阻碍应用式学习，而结构洞与关系强度的协同作用促进应用式学习；Wang 和 Fang（2022）以北京中关村和深圳高新技术产业开发区高新技术企业为样本，验证了企业网络的联系强度和网络中心性对双元创新的平衡维度和组合维度都存在积极影响。

（5）环境因素

还有部分研究关注到环境因素对组织双元产生的影响。首先，环境动态性对组织双元性的积极影响被许多研究证实（Pertusa - Ortega and Molina - Azorín，2018；Wiratmadja et al.，2020；Soto - Acosta et al.，2018）。竞争机制和变化速度快的环境下，企业更会面对利用现有能力和开发新能力的张力。Jansen 等（2005）首先用实证证明了组织追求两种创新活动的程度是受到当地环境条件的影响。Auh 和 Menguc（2005）也发现公司面临增加的环境竞争就会更追求探索和应用的平衡。Soto - Acosta 等（2018）基于西班牙中小企业的数据集，发现环境动态性与创新的双元性呈正相关。

其次，Uotila（2017）通过在动荡和复杂的环境中模拟组织的适应性研究了组织任务环境对双元最佳平衡的影响，结果表明相对于开发而言，增加探索并不总是对日益增加的环境动荡或复杂性的最佳反应；动荡对探索式与开发性适应的最优份额具有曲线效应，在中等变动度下，开发性的相对重要性最大；虽然环境复杂性对最优探索份额有总体上的正向影响，但复杂性和变动度的影响相互作用，共同提高了应用式适应相对于探索式适应的相对重要性。

此外，学者们还关注到其他环境因素对组织双元性产生的影响，如 Lin 等（2016）整合了制度理论和组织学习的观点，通过对全球汽车制造商的回归分析，验证了组织双元性在制度压力与环境绩效关系中的中介作用，即制度压力会促进组织双元行为进而正向影响环境绩效；Peng 等（2022）通过纵向案例研究的方法，考察了后发企业在三个不同阶段如何实现双元学习并成功实现技术升级，研究发现，后发企业在不同阶段的双元学习模式可以随着机会窗口和技术能力的增强而演变。

2.2.4 双元的不同实现方式

Gibson 和 Birkinshaw（2004）认为双元型组织主要有两种形态：“结构型双元”（structural ambidexterity）和“情境型双元”（contextual ambidexterity）。“结构型双元”是通过不同的组织或事业单元来分解探索和开发活动而形成的双元结构，而“情境型双元”则是在整个组织层面同时展现协作能力与适应能力的结果。协作能力表现为组织的所有单元协调一致为实现既定目标开展业务活动的能力；而适应能力则是指在变革环境中迅速应对变化的组织重构能力。

（1）结构型双元

探索型单元倾向于采用小型扁平化结构，营造宽松的组织文化和过程；而开发型单元则往往呈现大型集权式结构，以及严肃的文化氛围和严格的过程（Benner and Tushman，2003）。职能式分离经常发生在具有多运营部门的大型组织中。例如，生产部门一般侧重于发展和利用已有竞争能力和技能，瞄准提高效率与降低成本的目标；而其他职能部门，如销售或研发部门经常瞄准探索活动，如试验、产品开发和新市场与顾客的开拓等。

Tushman 和 O'Reilly（1996）提出了“空间分离型”双重结构，即同时在不同的空间设置彼此相异的结构性机制，以应对对立性组成元素所提出的竞争性要求。许多学者阐述了结构性机制的具体类型，包括半结构化组织（Brown and Eisenhardt，1997）和复杂结构（Sheremata，2000）等。结构型双元具有两大优点：首先，有利于减少新旧元素间的相互干扰。新旧元素所需的资源、能力、流程和文化一般存在较大的差别，如果放在同一个运营子结构，就会产生破坏性冲突或者导致一方主导另一方的局面。其次，有利于快速获得学习效应。各个子结构只负责开展专业化业务，可以确保资源的集中投入，提高员工的专业技能。当然，结构型双元也存在明显的缺点。首先，子结构的本位意识较强。结构划分容易催生狭隘的观念和子结构间缺乏联系甚至形成对立的状态，这也是很多结构型双元最终失败的原因。其次，协调成本较高。为了增强子结构间的联系，组织必须确立共同的愿景，建立基于整体的激励机制，促进子结构间的正式与非正式沟通，并设立专门的管理职位负责协调那些异质性子结构和解决它们之间的冲突。这样的制度安排意味着额外的管理成本。

（2）情境型双元

Gibson 和 Birkinshaw（2004）提出了情境型双元的概念，认为情境型双元是指在整个业务单位范围内同时展现一致性（alignment）和适应性（adaptability）。情境型双元有两大实施要素：首先，要求包括一线工人在内的全体员工具有某种双元性。Birkinshaw 和 Gibson（2004）区分了双元性员工的四种行为：一是保持主动性，并对工作范围之外的机会保持警觉；二是注意合作，寻找机会与他人合作；三是喜欢“中介人”角色，经常试图构建内部联系；四是能够并乐意承担多项任务。他们还归纳了双元型个体的三种共性：为了组织内部更大范围的利益，主动承担本职工作以外的任务；能力强并受到充分激励，常常不经上级许可或支持就能自发采取行动；追求与业务总体战略相一致的新机会。其次，组织要营造适当的情境，鼓励个体在一致性和适应性这两种相互冲突的需要之间自主地分配时间，以激励员工充分展现其双元性特征。根据绩效管理和社会支持两大维度，可把组织情境分为四种类型：低绩效管理、低社会支持，低绩效管理、高社会支持，高绩效管理、低社会支持以及高绩效管理、高社会支持，最后一种类型属于高绩效情境。在这种情境中，员工能展现最高水平的双元型行为，业务单位的绩效也最高。

情境型双元也有其缺点，具体表现为：首先，人力资本投资大。双元型或有潜力成为双元型的个体比较稀缺，组织必须支付较高的报酬才能从市场上聘请到这类优秀人才。此外，组织需要对其成员进行系统、一贯的培训，才能保证他们具有多项才能并胜任多项任务。其次，建设周期较长。组织情境，特别是社会支持等软情境，不是一朝一夕即可形成的。比如，组织内部的信任必须经过全体成员长期的良性互动才可能真正形成。情境型双元鼓励组织采取自发行动，赋予其成员较大的自主处置权，会在一定程度上降低任务的程序性和可观察性，并造成信息不对称，从而有可能增加组织成员的机会主义行为（张丁宁，2023）。情境型双元特别适用于组织识别机会的情境。

（3）领导双元

有些学者强调高层管理者在结构型双元和情境型双元建设中的支持性角色，并认为高管团队内部流程能促进组织的双元性建设（Tushman and O'Reilly，1997）。领导团队可通过整合机制来管理由结构分离造成的子结构间的冲突（Smith and Tushman，2005）；而另一些学者则认为领导过程本身就是组织双元性的主要来源。O'Reilly 和 Tushman（2007）指出，双元性是一种内含在高层领导学习行为中的独特能力，表现为采用可重复的方式重组资产以适应不断变化的外部环境的能力。近几年来，研究者开始探讨高管团队同时追求探索与开发两大目标的团队特征和过程。Beckman（2006）强调，高管团队的特征——特别是团队成员以往的工作经历会影响新创企业的行为。如果创业团队成员曾供职于同一家研发公司，那么，他们对于关键问题有着比较相近的认识，他们所创建的企业主要从事开发活动。高管团队成员如果既曾供职于同一家研发公司又有为其他类型公司工作的经历，那么，他们联合创办的企业在开发和探索方面的表现都会比较积极，体现出较高的双元性，企业增长速度也较快。Lubatkin 等（2006）

认为，高管团队的行为整合可以在一定程度上弥补中小企业的资源短缺，而且，行为整合程度越高企业的双元性倾向就越大。

（4）双元的动态演进

双元的实现是企业依据环境条件所做出的选择，近年来许多研究考察了企业双元模式的动态演进过程。Simsek 等（2009）根据在时间维度如何追求双元，以及在结构维度在哪里追求双元将组织双元划分为自洽型双元、周期型双元、分隔型双元和互惠型双元，其中自洽型双元和周期型双元分别指在组织内部和跨越组织边界来同时追求探索和开发，分隔型双元和互惠型双元指在组织内部和跨越组织边界来交替实现探索和开发。在此基础上，彭新敏等（2017）探究了中国企业在从技术追赶到超越追赶最终走向创新前沿的过程中双元模式的演进，基于对海天集团的纵向案例分析，发现这一过程双元模式由分隔型双元向过渡型双元再向自洽型双元演化。此外，还有研究区分了次序型双元（O'Reilly et al.，2013）与共时型双元（Katila et al.，2002），即组织有节奏地在探索和应用之间转换或同时从事探索和应用。彭新敏等（2020）发现在面临机会单一时企业会选择探索或应用战略，当面临多重且不确定性较大的机会窗口以及具有较高吸收能力时，企业会选择同时进行开发和应用，即从初始追赶向超越追赶的递进过程中，后发企业的双元战略由次序型模式向共时型模式演化。

2.3 开放式创新与双元演进

探索与应用以及双元的内涵逐渐丰富并不断演进。一方面，对探索与应用的内涵不断融合来自组织学习理论、技术创新理论、战略联盟理论、开放式创新理论等丰富视角的研究。另一方面，随着开放式创新理论发展，对探索与应用间的作用关系，即对如何测量双元也存在不同的理解，对双元的测量也存在不同的方法。

2.3.1 开放式创新下双元定义的演进

开放式创新下探索与应用的协调从组织内部延伸到组织外部，双元的核心问题就成为探索与应用如何在组织内部与组织外部共同存在的难题

（Russo and Vurro，2010；Stettner and Lavie，2014；Rothaermel and Alexandre，2009）。一些学者从联盟的角度出发，将以搜索新技术和机会为目的的联盟定义为探索联盟，将以开发现有技术和机会的联盟定义为应用联盟；Lin 等（2007）将与新的合作者合作的联盟定义为探索联盟，将与旧的合作者合作的联盟定义为应用联盟。一些学者认为探索联盟是与价值链上游伙伴的合作，如共同开展研发活动；应用联盟是与价值链下游伙伴的合作，如共同开展市场营销、产品生产、供应等方面的活动（Lavie and Rosenkopf，2006；Rotheaermel and Deeds，2004）。还有学者按三种不同方式定义探索与应用联盟：按照功能不同，将探索联盟定义为促进新知识产生的联盟，将应用联盟定义为对现有知识进行应用的联盟；按照结构不同，认为探索联盟是公司与之前不存在联系的公司建立联盟，应用联盟是公司与之前存在联系的公司建立联盟；按照组织属性不同，探索联盟是公司与合作公司不在同一行业，具有不同组织属性，而应用联盟是公司与合作公司的组织属性相同，在同一行业中的联盟（Russo and Vurro，2010；Lavie and Rosenkopf，2006）。联盟双元就是需要对组织的探索联盟与应用联盟进行平衡。

考虑到组织外部开展并购活动，探索式并购被定义为并购与公司现有业务几乎没有联系的对象，以扩大公司的知识基础和产品供给，而应用式并购被定义为并购与公司现有业务相同的对象，以增强现有知识基础（Stettner and Lavie，2014）。Rothaermel 和 Alexandre（2009）将开放式创新背景下的探索与应用活动分为内部探索、内部应用、外部探索和外部应用，将内部应用定义为从内部利用已知的技术；将外部应用定义为从外部来源获取已知的技术；将内部探索定义为从内部获取新的技术，将外部探索定义为从组织外部来源产生新的技术。在开放式创新下的双元性需要考虑对内部探索、内部应用、外部探索和外部应用之间的平衡。

2.3.2 开放式创新下双元的测量

现有研究中的双元测量主要包括两步：第一步，对探索和应用进行测量（He and Wong，2004；Atuahene - Gima，2005；Jansen，Van den Bosch and Volberda, 2006 ; Rothaermel and Alexandre, 2009)；第二步，对探索和应用的作用关系进一步计算，现有研究对探索与应用之间作用关系存在不同理解。

（1）探索与应用之间作用关系的理解与测量

从组织内部对探索与应用的作用关系的测量主要包括两个维度（He and Wong, 2004；Cao et al. , 2009）：一个维度是一些学者关注探索和应用之间的互补关系，利用组合维度测量，认为双元是探索和应用共存并达到较高程度，利用探索与应用的乘积“探索×应用”代表双元程度（Gibson and Birkinshaw, 2004；Jansen, Simsek and Cao, 2012；Ma and Li, 2014)，也可以对探索和应用相加，即“探索+应用”代表双元（Lubatkin et al. , 2006)。另一个维度是探索与应用的平衡关系，学者们采取“绝对平衡”与“相对平衡”指标。“绝对平衡”是将探索和应用的得分相减来测量探索和应用的相对程度（He and Wong, 2004)：“探索-应用”，即两者的差值越接近“0”越好。但是，在探索与应用的作用关系中的“绝对平衡”维度受到一些学者的质疑和挑战。他们认为探索与应用的最优平衡点，即探索与应用的匹配不应是探索和应用水平的绝对相等，而是“相对平衡”（Wei et al. , 2014；Zhao and Li, 2014；Lin, Yang and Demirkan, 2007；Uotila et al. , 2009)。例如，Uotila 等（2009）使用“探索导向指标”测量双元，即“探索/（探索+应用)”，Wei 等（2014）利用“探索导向指标”，认为探索与应用的平衡是“相对平衡”，而非两者相等。

（2）开放式创新视角下探索与应用的作用关系的理解与测量

在开放式创新视角下，学者们关注探索与应用在组织内部与外部的平衡性的问题，“相对平衡”的指标被广泛用于对跨组织界限的探索与应用活动的平衡测量中。Lin 等（2007）在对联盟双元进行研究中，利用探索指标（exploration index)，使用一定时期内新合作者与总合作者的比例［（total # of new partners for all of a firm’s alliances in year t）/（total # of all partners for a firm’s alliances in year t)］来代表联盟的双元，只要这个比例在一定范围内，就认为联盟形成战略具有双元性，即“exploration index”

在“0.2 ~ 0.8”的范围都被认为具有双元性。Rothaermel 和 Alexandre (2009) 使用“(external/total) tech exploitation”(外部技术应用/总的技术)来测量外部应用，用“(external/total) tech exploration”(外部技术探索/总的技术)来测量外部探索。Stettner 和 Lavie (2014) 分别使用“内部探索”“联盟探索”和“并购探索”几个相对指标来测量内部模式、联盟模式和并购模式中的双元问题，分别在内部模式中验证“内部探索”“内部探索的平方”与绩效的关系，在并购模式中验证“探索并购”“探索式并购平方”与绩效的关系，在联盟模式中验证“探索联盟”“探索联盟平方”与绩效的关系，进一步地，用“内部探索”与“探索式并购”的乘积，“内部探索”与“探索联盟”的乘积，“探索式并购”与“探索联盟”的乘积与绩效关系来检验不同模式间双元的实现效果。

2.3.3 开放式创新视角下双元与绩效关系的最新进展

在开放式创新视角下双元概念演进基础上，本书关注开放式创新视角下双元与绩效关系的最新研究结论（见图 2 - 2）。主要包括三方面内容：双元与绩效关系的研究三大问题与新进展、开放式创新视角下双元与绩效关系的最新研究进展，以及影响双元与绩效关系的调节机制和关键调节变量。

(1) 双元与绩效关系探析争论与回顾

双元与绩效关系研究主要有以下三大方面的问题：第一，双元的绩效可以用哪些结果变量测量，采取不同结果变量测量是否有差异，采取不同行业的研究数据是否存在结果差异？第二，现有的研究中最新的关于双元与绩效关系的研究进展如何？第三，跨层次的双元研究最新进展如何？

对绩效采取不同测量指标，以及不同行业背景下的双元实现效果是否有差异？在双元与组织绩效的关系研究中，对绩效采取不同的测量变量包括：销售额增长、创新绩效、战略绩效、财务绩效、新产品开发和市场价值等。其中，一些学者的研究结论显示双元与销售额增长存在正相关关系 (Auh and Menguc, 2005; Geerts et al., 2010)；双元与销售额增长、利润增长、市场份额增长、运作效率、市场运作的现金流等正相关 (Bierly and

Daly，2007；Burton et al.，2012；Cao et al.，2009；Lubatkin et al.，2006；Schulze et al.，2008），双元与创新正相关（Phene et al.，2012；Tushman et al.，2010）。通过对比发现，对于不同测量方法和数据，双元与绩效正相关关系结果是稳定的（O'Reilly and Tushman，2013；Junni et al.，2013）。

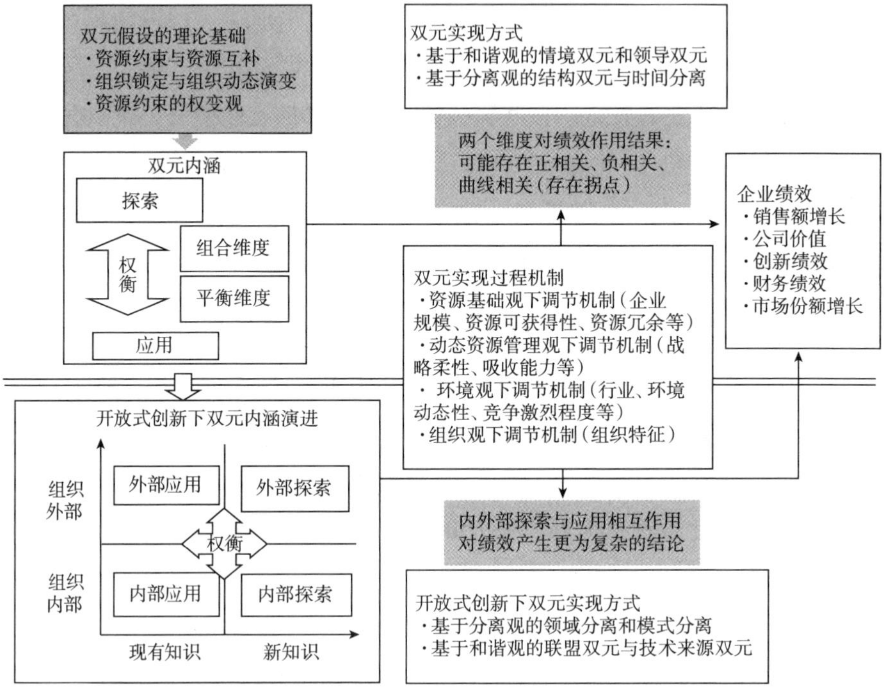

图 2－2　双元与绩效的研究脉络演进与开放式创新视角下的新进展

一些学者采取不同行业的数据进行研究，不同行业的数据并没有影响双元与绩效的关系。Geerts 等（2010）历时 4 年对 500 多家公司进行观察，结果显示双元与公司成长正相关。对比制造业和服务企业的数据显示，探索与应用双元与公司成长关系没有因此而不同。Goosen、Bazzazian 和 Phelps（2012）利用 500 家公司样本，通过 10 年的观察发现有更高技术能力的公司能更多地从双元中获益。He 和 Wong（2004）对 206 家制造企业的调查发现，探索与应用的互补与平衡均有利于提升企业财务绩效。Jansen 等（2006）针对软件类企业进行研究，发现探索与应用的双元创新与财务利润增长存在显著正相关关系。Jansen、Simsek 和 Cao（2012）通过对一个欧洲金融服务公司的 88 个分公司中的 285 个组织部门开展研究，发现创新双元与绩效之间存在正相关关系。

对双元与绩效关系的最新研究得出了更为复杂的结论，双元的两个维度对绩效的影响不同，存在非线性关系。虽然一直以来的实证研究表明双元的两个维度与绩效存在正相关关系（Cao et al.，2009；Geerts et al.，2010），但是一些研究也显示双元与绩效存在负相关关系，因此，两者的关系依然吸引着学者们继续思考，一些学者认为双元与绩效关系存在拐点（Yang and Atuahene – Gima，2007），即探索与应用两者的互补关系和替代关系会存在一个临界点，当没有达到临界点时，探索与应用表现出互补关系，当超过临界点时，探索与应用表现出替代关系。Su 等（2011）认为探索与应用是互补还是替代取决于是机械式组织还是有机式组织。Caspin – Wagner 等（2012）研究 605 家技术公司，发现双元和公司财务绩效存在倒"U"形关系。Zhao 和 Li（2014）发现新兴市场中的企业在全球竞争中处于不利的地位，缺乏探索创新，公司应该考虑将探索维持在更高的水平。在双元的协调有效性维度，探索与应用的相对平衡水平与竞争优势呈倒"U"形关系。同时，在双元的组合维度，探索与应用的兼顾程度也并非越高越好，当超过一定水平，两者的互补效应就会变为替代效应。Wei 等（2014）的研究结果显示，双元的两个维度对新产品开发存在不同的影响，"相对探索"指标与新产品开发存在倒"U"形关系，"交互作用"指标与新产品开发正相关。他们认为双元的最佳平衡点是探索适度高于应用，而两者的交互作用水平则是越高越好。因此，双元与绩效关系可能更为复杂，需要对两者之间可能存在的作用机制进一步研究。

对双元开展跨层次研究的新进展。除了企业层面关于双元的研究之外，大量研究也对部门层面的双元实现效果进行分析，部门双元是指企业内的部门对现有能力、市场和资源进行应用，同时能对新市场、产品和机会进行探索（Gibson and Birkinshaw，2004）。不同商业单元和团队层面双元与绩效研究结论是否有区别也得到越来越多学者的关注（Hill and Birkinshaw，2014；

Gupta, Smith, and Shalley, 2006; O'Reilly and Tushman, 2007; Simsek et al., 2009; Huang and Cummins, 2011; Jansen et al., 2012)。

一方面，不同部门的双元与绩效之间的关系探讨也得出不同结论。虽然一些研究认为需要通过结构分离在不同的部门（单元）进行探索和应用的安排，不同部门应该专注于探索或者应用。因此，部门双元会不利于部门绩效。而 Gibson 和 Birkinshaw（2004）却证明了部门双元可以增加部门的绩效，因为部门双元可以增加部门的创新和灵活性，同时，也没有丢失部门所积累的经验和效率带来的好处。不同部门的双元实现效果存在差异，Hill 和 Birkinshaw（2014）发现公司的风险投资（CV）部门双元与部门生存长久性存在正相关关系。Junni 等（2013）使用 Meta 分析方法，对不同层面的双元和绩效之间的关系进行对比发现，随着分析层面由低到高，双元与绩效的关系更为明显。企业层面双元与绩效的关系比部门层面双元与绩效的关系更加显著。

另一方面，需要开展跨层次的关于双元与绩效关系的研究。Jansen 等（2012）开发了跨层次模型来研究部门层面创新双元和绩效关系，他们认为部门层面双元和绩效间的关系会受到企业层面的组织结构和资源特征的影响。结果显示当企业具有分权、更多的资源宽裕度、较少资源依赖时，部门双元与部门绩效的正向关系更为明显。公司中部门划分的数量对部门双元与部门绩效之间的关系作用不明显。因此，企业层面的结构特征和资源属性对部门双元与绩效的作用非常关键，部门双元的有效性需要考虑跨层次的企业层面的权变因素。

（2）开放式创新视角下双元与绩效关系研究的新进展

跨越组织界限的合作联盟、并购、技术许可和技术转让等，让开放式创新活动为探索与应用的双元问题带来了新的视角与新的难题。开放式创新打破组织内部界限对探索与应用进行安排，可以减弱两者由于对组织内部资源争夺而带来的冲突，可以利用联盟和并购等组织模式对探索和应用活动进行外部安排，为双元带来新视角，同时，也带来了探索与应用如何在组织间安排的新难题。因此，开放式创新下探索与应用活动如何在组织内外部安排成为双元研究的又一个新的方向（Im and Rai，2008；Lin et al.，2007；Rothaermel and Alexandre，2009；Stettner and Lavie，2014；Hess and Rothaermel，2011；Hoang and Rothaermel，2010）。如何对探索和应用进行跨越组织界限安排受到了越来越多学者的关注。

一方面，一些学者从和谐观出发，在联盟构建和技术来源等问题研究中引入双元理论，认为联盟构建时需要同时构建探索式联盟与应用式联盟，发现不同类型联盟的双元有利于组织绩效提升。在技术来源问题中需要考虑到对新技术的探索和对现有技术应用的平衡，也需要考虑到探索式技术和应用式技术的内外部来源的双元性（Lin et al.，2007；Lavie et al.，2011；Rothaermel and Alexandre，2009），才能更好提升组织绩效。另一方面，一些学者从分离观出发，考虑到探索和应用之间的冲突，认为仅仅在组织内部安排探索和应用不利于组织绩效，可以考虑通过组织内部研发、联盟和并购等多种模式在组织内部或者外部分别对探索和应用活动进行协同，能够更好地提升组织绩效（Hoang and Rothaermal，2010；Hess and Rothaermel，2011；Stettner and Lavie，2014）。

①和谐观下联盟双元和技术来源双元对绩效影响研究

在开放式创新的视角下，组织可以选择构建联盟、并购等方式进行探索和应用活动的开展，一些学者认为对于联盟构建等问题需要考虑到探索联盟与应用联盟的双元性，在战略联盟的形成过程中双元联盟更有利于组织绩效提升；同时，在并购中通过对探索式并购与应用式并购的平衡能更好地促进绩效提升；在组织的技术来源问题方面，考虑到内部和外部，探索和应用之间的双元能更好地促进绩效提升。Lin 等（2007）对联盟形成进行研究，认为联盟的形成过程需要平衡现有的合作者和新的合作者，即平衡探索联盟和应用联盟。研究结果表明，在大公司、环境不确定性高、网络集中度高的情境下联盟双元性比单一的探索或者应用联盟具有更好的绩效。Lavie 等（2011）也认为在联盟构建中需要对探索联盟和应用联盟进行平衡。Rothaermel 和 Alexandre（2009）探讨技术来源的双元性，考虑到组织内部与外部技术来源的双元性，以及探索和应用之间的双元性，认为企业的技术来源应该考虑平衡内部和外部的技术，以及新的技术和现有技术，美国制造业企业的随机抽样数据发现，外部技术来源与绩效呈倒“U”形关系，外部应用技术与绩效呈倒“U”形关系。同时，对吸收能力的调节作用进行研究，发现吸收能力越高，公司技术来源双元带来的收益越大。研究结论表明，在企业技术来源方面，需要进行内部技术与外部技术的平衡、外部探索和外部应用的平衡，以及内部探索和内部应用的平衡。

②分离观下不同组织模式中双元对绩效的影响研究

另外一些学者考虑到探索和应用之间存在的冲突和矛盾，认为仅在组织内部进行探索和应用的平衡，或者仅在组织外部通过联盟构建或者并购活动对探索和应用进行平衡，都对组织绩效有负面影响，可以通过考虑利用组织内部和外部的不同组织模式分别进行探索和应用的协调和安排，通过模式分离进行探索和应用平衡，以减缓探索与应用活动之间的矛盾，促进探索和应用活动互补效应的发挥（Stettner and Lavie，2014；Hess and Rothaermel，2011；Hoang and Rothaermel，2010）。Stettner 和 Lavie（2014）认为单一地通过组织内部安排探索与应用，或者仅通过联盟或并购进行探索和应用，不利于组织提升学习效率，以及实现专业化和规模性。1990—2001 年的 190 家美国软件企业的面板数据说明仅仅通过组织内部模式进行探索和应用平衡不利于组织绩效提升，在联盟模式中进行探索和应用的平衡也不利于组织绩效提升。而在外部通过联盟和并购模式进行探索，同时在内部进行应用能够提升企业绩效。Hoang 和 Rothaermel（2010）对外部探索与外部应用学习经验对于 R&D 项目绩效的影响进行研究，发现外部应用学习经验对 R&D 项目绩效有正向影响，而外部探索经验对 R&D 项目绩效有负向影响。此外，考虑内部的探索和内部应用学习经验的调节作用，结果表明，在有内部探索经验情况下，外部应用学习经验对 R&D 项目绩效的正向影响更为显著，而在有内部应用经验的情况下，外部探索对 R&D 项目绩效的负向影响更为显著。Hess 和 Rothaermel（2011）利用生物技术公司的数据说明公司通过内部探索和外部应用获益。因此，这些研究说明组织需要考虑到自身的优势和经验，来选择如何在组织内部和外部进行探索和应用活动的安排，如何利用内部组织、联盟和并购等不同组织模式来对探索和应用进行平衡，利用模式分离实现双元。

③开放式创新下双元实现方式的探讨

由于在双元与绩效关系的探讨中存在两种不同的研究观点，对于探索与应用如何在组织内外部更好地安排也相应存在两种不同的方式。从和谐观角度出发的学者认为，探索和应用之间的冲突可以通过某种方式进行调和，通过构建组织情境和文化来实现双元，这是一种接受冲突的思想。而从分离观角度出发的学者则认为通过结构分离、任务分割、时间分离实现双元，这是另一种分解或避免冲突的思想。Simsek 等（2009）从时间维度和空间维度考虑双元解决的方案，提出和谐双元、分离双元、循环双元和互惠双元方案。

在开放式创新下，对双元困境的解决方法和双元实现方式的讨论依然从和谐观和分离观两个视角展开：一些学者从和谐观出发认为在组织内部模式中探索和应用应该保持平衡以实现双元，同时在组织外部模式，如联盟、并购等模式中也应该实现探索和应用双元，在内部实现双元的基础上进一步考虑跨越组织界限双元的实现。学者们认为在联盟构建过程中需要对新旧联盟进行平衡，对探索与应用联盟的比例进行平衡，在开展并购活动中需要对探索式并购与应用式并购进行平衡，或者对技术的外部来源与内部来源进行平衡（Lin et al.，2007；Rothaermel and Alexandre，2009；Lavie et al.，2011）。与此不同，一部分学者则支持专业分离和模式分离，认为可以在组织内部安排应用，组织外部安排探索；或者在外部导向的模式中，如联盟和并购模式中安排探索以获取新的知识，或者开展应用开拓市场。需要考虑到对探索与应用分别安排在组织内部模式、联盟模式或者并购模式中，在同一模式中同时安排探索和应用活动会损害企业绩效（Stettner and Lavie，2014）。

（3）影响双元与绩效关系实现效果的过程机制

由于双元与绩效之间存在着拐点和不一致的结论，因此，学者们呼吁在对双元和公司绩效关系研究中，还需要进一步对调节和中介机制进行探讨（Simsek et al.，2009；Junni et al.，2013）。企业资源禀赋、吸收能力、资源管理能力、企业的组织规模、组织结构、所处行业以及所处环境的竞争激烈程度等都会对双元和绩效之间的关系产生影响（Gupta et al.，2006）。目前对双元和绩效关系的调节机制的探讨可以归纳为以下几种观点：资源基础观、动态资源管理观、环境观和组织观。

①资源基础观下的调节机制

探索与应用的冲突与替代的关键原因在于两者共存会争夺组织资源，因此，大量研究从资源基础观出发分析影响双元和绩效关系的调节机制。从资源基础观出发的主要调节变量有：组织规模、资源可获得性、资源宽裕度、环境冗余性等。其中，组织规模代替组织资源禀赋和资源可获得性，组织规模越大，资源越充足时，越有利于探索和应用共存和互补，双元和绩效正相关关系越明显（Lin et al.，2007；Cao et al.，2009；Yu and Khessina，2012；Zhiang et al.，2007）。

②动态资源管理观下的调节机制

一些学者从动态资源管理观出发，关注组织对资源的组合与重构的情况，他们认为双元和绩效的关系受到组织对资源构建、组合和利用的动态资源管理能力的影响。战略柔性反映了组织对资源的动态管理能力，一些学者考虑资源柔性与协调柔性对探索与双元和绩效关系的影响（Wei et al.,2014），他们认为资源柔性越高，代表资源专属性越低，组织可以更好地在探索和应用中配置资源，资源柔性能正向调节双元的相对探索维度以及交互作用维度对绩效的影响。同时，协调柔性是一种动态能力，可以对不同部门的资源、内外部的资源进行协调，使探索和应用更好地发挥互补作用，对探索和应用双元的两个维度与绩效关系起到正向调节作用（Zhou and Wu，2010）。另外，吸收能力反映着组织对内外部以及新的和旧的知识、技术等资源的获取与利用。Rothaermel 和 Alexandre（2009）探讨内部与外部技术来源的双元性，考虑到组织内部与外部技术来源的权衡，以及探索和应用之间的权衡，认为企业的技术来源应该考虑平衡内部和外部的技术，以及新的技术和现有技术，通过分析美国制造业企业的随机抽样数据发现，外部技术来源与绩效呈倒“U”形关系，外部应用技术与绩效也呈倒“U”形关系。同时，对吸收能力的调节作用进行研究，发现吸收能力越高，公司技术来源双元带来的收益越大。

③环境观下的调节机制

一些研究从权变角度出发，探讨企业所处的不同环境中哪些因素会影响双元对绩效的关系，关键的调节变量包括企业所处的行业、环境动态性、环境不确定性和竞争激烈程度等。首先，行业的调节作用。学者们从不同的行业开展研究，如 Beckman（2006）和 Cao 等（2009）从高新技术行业开展研究，结果显示双元与绩效存在正相关关系；Geerts 等（2010）通过分析制造业和服务业数据也得出了同样的结论；He 和 Wong（2004）通过对 206 家制造企业的调查发现，探索与应用的互补与平衡均有利于提升企业财务绩效。Jansen 等（2006）针对软件类企业进行研究，发现探索与应用的双元创新与财务利润增长存在显著正相关关系。Jansen、Simsek 和 Cao（2012）通过对一个欧洲金融服务公司的数据进行分析发现探索与应用的双元创新与绩效之间存在正相关关系。Stettner 和 Lavie（2014）从软件行业数据分析中得出结论，认为在同一种组织模式中同时进行探索和应用会对绩效产生负向影响，如在组织内部模式中同时开展探索和应用对绩效有负向作用，在并购中同时开展探索与应用也对绩效有负向作用，而在不同模式之间进行探索和应用的平衡安排则对绩效有促进作用。Junni 等（2013）使用 Meta 分析方法，对不同行业，包括食品、高技术行业、制造行业、服务行业与其他行业进行对比，结果显示不同行业的结果差异并不明显，双元与绩效关系影响最低的是制造行业，在非制造企业双元与绩效关系更为明显。

此外，环境不确定性、环境动态性也是影响双元与绩效关系的关键作用机制。公司所处环境不确定性越高，动态性越高，企业需要探索与应用共同开展应对市场变化，在联盟的构建和并购活动中也需要考虑通过探索与应用两者共存应对变化。Lin 等（2007）在对联盟双元与绩效关系的研究中发现，需要考虑不同环境下联盟双元性对绩效的影响，在环境不确定性高的情况下，联盟双元能更好地促进绩效，而在稳定性的环境中需要考虑单一的探索联盟和应用联盟。进一步发现在网络集中度高、结构洞较少的环境中，联盟双元能够产生更好的绩效。在大公司、环境不确定性高、网络集中度高的情境下联盟双元性比单一的探索或者应用联盟具有更好的绩效，研究选取不同行业的样本得出了不同的结论。因此，环境不确定性越高的情况下，探索与应用双元和绩效关系越显著（Lin et al.，2007；Caspin－Wagner et al.，2012；Goosen et al.，2012；Jansen et al.，2005；Jansen，Vera，and Crossan，2009；Sidhu et al.，2004；Siggelkow and Rivkin，2005；Tempelaar and Van De Vrande，2012）。同时，企业所处环境竞争越激烈，需要组织同时对现有技术进一步应用以稳定市场，同时需要应对激烈的竞争环境不断对新的市场和领域进行探索，双元和绩效关系越明显（Auh and Menguc，2005；Bierly and Daly，2007；Caspin－Wagner et al.,2012；Geerts et al.，2010）。

④组织观下的调节机制

组织结构安排和组织特征等因素也是关键的调节变量。由于探索与应用需要不同的组织安排，因此，两者在组织中的替代或者互补关系会受到组织结构和组织特征的影响。Su 等（2011）认为探索和应用是互补还是替代受到组织结构的调节作用，当组织结构是机械式组织结构，探索和应用表现出替代效应，两者的交互作用，即双元与绩效负相关；当组织结构是有机式组织结构，探索和应用表现出互补效应，两者的交互作用，即双元与绩效正相关。Zhao 和 Li（2014）认为双元与竞争优势存在倒“U”形关系，他们也考虑了机械式组织和有机式组织对双元和竞争优势关系的不同调节作用。另外，组织的分权、部门划分等变量也影响双元与绩效的调节机制，在一些对部门层面的双元研究中，考虑到跨层次变量的影响，Jansen 等（2012）在对部门双元与绩效关系的研究中，从跨层次的视角考虑了企业层面的分权与部门划分数量对双元与绩效的调节作用。

综上所述，在开放式创新的视角下对双元的实现存在以上不同的研究结论，从资源基础观、动态资源管理观、组织观和环境观四个角度出发，对双元与绩效之间关系的关键调节变量进行归纳。未来还需要更多的研究继续在开放式创新视角下探讨探索与应用在内部与外部的组织模式中如何更好地平衡和兼顾。

2.4 数字化情境下双元创新的理论发展

2.4.1 数字化情境下双元创新定义的演进

数字技术的突飞猛进为各个行业带来了根本性的变革，为数字产业和数字原生企业带来巨大的商机，也给传统行业带来了颠覆式的转变。数字化情境具有瞬息万变的特征，企业必须感知到变化并做出响应，利用数字技术实现企业的数字化转型，在保持现有业务的同时利用数字机会形成新的竞争优势。数字化转型要求组织培养和构建新的能力，同时保持多年来发展起来的一些核心能力（Rolland et al.，2018）。这就要求企业具有数字情境下的双元创新的能力，一方面，数字技术应用促进异质性知识与资源的融合，利用数字资产推动组织摆脱战略惯性，拓展企业创新边界，并以此促进探索式创新；另一方面，数字技术应用在深度整合既有创新资源的同时，可以加速技术迭代并对产品和服务进行持续升级，以此促进应用式创新（陈庆江等，2021）。因此，数字化情境为双元创新研究提供了新的视角，学者们对企业数字化转型中的探索创新和应用创新活动展开探讨。Magnusson 等（2020）通过配置实践的视角，确定并描述了一组构成数字双元实施的子实践。Liu 等（2023）认为数字化转型与其他传统 IT 转型的区别在于它涉及整个组织，而不仅仅是 IT 部门要求我们从整个公司的角度来研究数字化转型的双元性，并将数字化转型双元性定义为利用数字技术同时提高现有业务效率和促进业务增长的能力。基于对数字技术的使用，李振东等（2023）将应用式数字创新定义为，通过数字技术解决可预见的问题，以数字技术为工具，利用数字技术改进现有产品、技术与业务流程模式等的创新；将探索式数字创新定义为，通过数字技术探索式、实验性地解决新问题，以数字技术为全新机会，基于数字技术打造全新的产品、技术与业务流程模式等的创新，即企业的双元数字创新战略。探究了制造企业双元数字创新战略、环境动态性、组织冗余资源与动态能力对企业绩效影响的组态分析，提出产生高企业绩效的双元数字创新战略及其适配组态的要素构成条件。

2.4.2 数字化情境下双元创新的测量

现有的研究对双元创新的测量分为两种类型，一种将探索式创新与应用式创新作为双元创新的两种维度，分别对二者进行测量，并实证检验二者的差异化影响机制。另一种测量关注探索式创新和应用式创新之间的关系及相互作用，即测量二者的组合效应和平衡效应，具体见 2.3.2 节。

在数字化情境下，关于双元数字创新的测量，学者们多通过案例分析来探究企业的双元数字创新活动。李振东等（2023）通过对案例材料中两种创新活动相关关键词出现的频次对企业数字双元创新进行测量，探索式数字创新识别标准为基于数字技术打造全新/突破性/颠覆性产品、技术与流程模式等，应用式数字创新识别标准为基于数字技术改进/提升现有产品、技术、流程模式等，分别计算探索式数字创新与应用式数字创新参考点所占比值，以此测量两种数字创新活动。未来需要更多实证研究在双元创新的基础上开发探索式数字创新和应用式数字创新相关的测量，实证检验二者之间的关系及相关的作用机制。

2.4.3 数字化因素与双元创新关系的相关研究进展

许多学者将数字化相关的因素引入组织双元的研究框架中，如数字化转型计划、数字化战略、数字技术和智能技术、数字化水平、数字相关能力、颠覆性数字创新等相关因素，探究这些因素与组织双元创新之间的因果关系和作用机制，丰富双元创新研究的动因、过程与结果。

（1）数字化前因对双元创新的影响及作用机制

学者从不同层面分析双元创新的驱动因素，包括数字经济、数字化计划、数字技术、数字基础设施等企业内外部因素对组织双元创新产生差异化的影响。第一，从区域层面来看，数字经济能够同时推动制造业双元技术创新，对渐进性技术创新的作用更强，对颠覆性技术创新的影响具有持续性，数字经济的创新效应呈现明显区位和企业规模异质性（李钺霆等，2024）。Yang 等（2022）从理论上检验了数字经济对双元创新能力的直接影响和知识获取的中介作用，并利用逐步回归方法对中国 178 家高新技术企业进行了实证分析，结果表明数字经济显著提升了企业的双元创新能力，对探索式创新与应用式创新的平衡效应也有显著的正向影响。李永奎和刘晓康（2023）研究发现，地区数字经济发展会通过改善企业内外部关系对企业双元创新产生双轨促进作用，即地区数字经济发展可以通过提高内部控制质量和增进社会责任履行来促进企业双元创新。

第二，在企业的战略层面，企业数字化转型计划对于解决探索开发悖论所引发的紧张局势至关重要，它们的实施会降低成本、提高质量（Gastaldi et al.，2018）。Jöhnk 等（2022）基于对 3 家公司的案例分析，阐明了数字化转型计划的相互作用，发现有益的数字化转型计划相互作用导致了互补的双元创新，而不是探索创新和应用创新的竞争双元，多个并发数字化转型计划可以促进结构和情境双元性，这导致了混合双元性。近年来，越来越多的实证研究证实了企业数字化转型对探索式创新持续性和应用式创新持续性均存在显著的正向影响（杨忠海等，2023；毛荐其等，2023）。李继承和周芳（2023）的实证研究表明制造业企业的数字化转型是驱动企业协同创新的重要引擎，数字化转型对知识管理、动态能力具有显著正向影响，且通过知识管理、动态能力的多重链式中介作用对双元创新协同产生显著影响，即数字化转型不仅能够直接促进双元创新协同，还能通过知识管理、动态能力的多重传导作用间接促进双元创新协同。Yang 等（2023）探讨了数字化转型时代高层管理团队的技术导向对双元创新能力的影响，以及数字化转型对这一机制的影响，结果证明了高层管理团队的技术导向与双元创新能力之间存在正相关关系，数字化转型增强了高层管理团队技术导向与探索创新能力之间的正相关关系，对高层管理团队技术导向与应用创新能力之间的正相关关系没有影响。

第三，在企业的技术应用层面，智能技术可以克服开发和探索之间的权衡（Gastaldi et al.，2022），而数字技术可以随着时间的推移改善探索—开发悖论（Gastaldi et al.，2018）。Scuotto 等（2019）对意大利时尚行业853 家中小型企业（SME）进行了定量研究，以验证社交媒体平台的四个维度与时尚公司的双元创新导向之间的相关性，发现社交媒体平台的结构维度、关系行为维度、认知维度和知识转移实践被证明对双向创新导向有积极影响。中小企业通过接入 5G、人工智能、大数据、云计算等数字技术，既能提高业务流程的效率，又能在探索数字新业态的基础上提出新的数字解决方案。Ouyang 等（2023）研究表明跨国研发中心的双重嵌入促进了知识的获取和吸收，增强了母公司的知识基础，促进了双元创新，数字技术的应用显著促进了这一进程。

第四，在企业的能力层面，学者们认为数字化相关的能力可以为组织双元创新赋能。如杨林和徐培栋（2023）从数字化感知能力、数字化抓取能力和数字化转化能力等 6 个条件分析了其与企业双元创新绩效的复杂组态关系，确定了四种非高双元创新绩效组态。Li 等（2023）的研究表明数字供应链能力可以促进供应链双元的实现进而提升企业可持续竞争绩效。Rialti 等（2019）在动态能力观的基础上，使用对 259 名大型欧洲组织经理的调查数据，发现组织大数据分析能力影响企业的双元性和敏捷性，进而影响其绩效。Shuradze 等（2018）构建了营销支持的数据分析能力，即一种特定类型的信息技术能力，使企业能够更好地了解客户需求，并在数字时代取得竞争优势，实证检验了该能力探索创新和应用创新成功的促进作用。

此外，随着企业数字化水平的提升，组织双元得到发展。Park 等（2020）通过 fsQCA 推导出了实现双元创新的配置，揭示了数字化水平在实现双元创新方面发挥多方面作用的机制，这些机制在公司内部导向配置和公司间战略联盟配置之间以及大公司和小公司之间有所不同。在公司内部解决方案中，数字化和集中化对实现双元创新至关重要，而其他因素是次要的；然而，在企业间解决方案中，数字化在实现双元创新方面起着外围作用，甚至起着反作用。特别是企业内部合作是企业内部和企业间解决方案中实现双元创新的必要条件。小型企业在寻求企业内部解决方案时，需要高水平的数字化，而大型企业则需要企业内部和企业间解决方案的高水平数字化。与此一致，荆浩等（2023）认为，专精特新企业提高数字化水平有助于实现结构型双元、情境型双元和领导型双元，对企业双元能力提升具有重要影响（肖仁桥等，2021）。

（2）数字情境中双元创新对企业绩效的影响及作用机制

数字情境中探索式创新和应用式创新并存对企业实现数字化相关绩效也具有差异化影响。

第一，双元创新有助于企业推动数字化转型开展。数字化转型的企业必须做好准备，应对变幻莫测的动态和无处不在的数字化，这样的企业必须将开发和探索并存的双元创新以及业务和技术的融合纳入其组织设计（Sia et al. ,2021），即在数字化转型的背景下，对于管理相关的数字组件必须同时考虑探索和开发。同样，Coreynen 等（2020）利用动态能力视角，研究应用式创新和探索式创新与企业走向数字化、服务化和数字服务化之间的关系，考察了技术变动和竞争强度这两种环境突发事件对这些关系的潜在影响，基于对 139 家比利时公司数据的回归分析，发现应用创新和探索创新与数字服务化呈正相关，但当公司同时进行这两项工作时，探索式创新胜过应用式创新的效果。Van 等（2022）通过对荷兰医院部门的研究，验证了同时利用对新 IT 资源与实践的战略探索和利用其当前的 IT 实践，即 IT 的双元性，积极影响患者的敏捷性，实现高患者服务和市场绩效，从而推动组织的数字化转型。

第二，组织双元有助于提升企业数字相关能力。Benzidia 等（2018）发现平衡买方和供应商之间的技术和关系社会资本因素方面的组织双元策略将提高数字制造能力，并增强买方的创新潜力，同时考虑其流程中的可持续实践，以应对工业 4.0 制造流程和可持续性挑战。朱国军等（2023）以华为技术有限公司为研究对象，采用探索式纵向案例研究方法，发现工业互联网平台领先企业数字化动态能力的形成受到数字资产超网络嵌入、数字化双元创新机制的影响与作用，追求价值生态创新绩效的最大化。一些研究发现探索与应用对数字化能力与企业绩效关系的影响，探索和应用导向对数字平台能力和网络能力与创业型中小企业财务绩效间的关系具有差异化的调节作用（Cenamor et al.，2019）。

第三，组织双元有助于推动数字创新。Del Giudice 等（2021）认为企业正变得更加敏捷、适应和双元以在当前的数字化转型时代推动创新，企业在发达市场和新兴市场中运用双元性保证发掘新机会的同时利用现有知识和资源，并且双元的企业在适应过程中缩短了学习曲线。

第四，双元创新能力可以助力数字企业成长。郭润萍等（2022）应用我国数字化新创企业的实证数据分析表明：探索能力和利用能力可以促进数字化新创企业成长；当技术动态性程度较低时，应用能力对数字化新创企业成长的积极作用较强，但随着技术动态性的提高，探索能力的优势逐渐凸显。季与点等（2023）探讨了云资源视角下中小企业在数字化转型初创期与稳定发展期两阶段双元数字创新活动平衡问题，企业既需要应用式创新强化竞争优势，也需要探索式创新把握机遇，这是数字化情境下企业获取持续竞争优势的重要方式。

李振东等（2023）从多因素组态视角分析了动态能力（感知能力/整合能力）、冗余资源、环境动态性与数字创新（探索式/应用式数字创新）4 个前因条件对制造业单项冠军企业的企业绩效的组态效应，发现了四类能够产生高企业绩效的数字创新适配组态，其中两类为探索式数字创新战略模式，另外两类为双元数字创新战略模式。在环境动态性高时，探索式数字创新战略模式是获取高绩效的关键条件；在环境动态性低时，冗余资源特征、动态能力相匹配下的双元数字创新战略模式是产生高绩效的关键条件。对企业的数字双元创新战略选择的情境及其实现高绩效的组合路径进行了研究。

表 2 –3 是关于数字化相关因素作为双元创新的前因以及双元创新的数字化绩效结果的研究总结。

表 2－3 组织双元性与数字化前因和结果

双元创新的数字化前因变量	双元创新的数字化结果变量
数字经济（李钺霆等，2024；Yang et al.，2022；李永奎、刘晓康，2023） 数字化转型计划（Gastaldi et al.，2018；Jöhnk et al.，2022） 数字化转型（杨忠海等，2023；毛荐其等，2023；李继承、周芳，2023；Yang et al.，2023） 智能技术（Gastaldi et al.，2022）；数字技术（Gastaldi et al.，2018；Ouyang et al.，2023）；社交媒体平台（Scuotto et al.，2019） 数字化能力（杨林、徐培栋，2023）；数字供应链能力（Li et al.,2023）；大数据分析能力（Rialti et al.，2019）；营销支持的数据分析能力（Shuradze et al.，2018） 数字化水平（Park et al.，2020；荆浩等，2023）	数字化、数字服务化战略（Coreynen et al.，2020；Matusek，2023） 数字化转型（Sia et al.，2021；Van et al.，2022） 数字制造能力（Benzidia et al.，2018）；数字化动态能力（朱国军等，2023） 数字创新（Del Giudice et al.，2021） 数字企业成长（郭润萍等，2022）

（3）数字相关因素对双元创新与绩效关系的影响

学者们发现数字化相关的情境因素对双元创新的绩效结果具有一定的影响。首先，基于数字技术的应用，双元与绩效的关系受到调节。Lu 等（2023）研究发现数字技术部署的广度和深度对双元创新与中小企业供应链融资绩效之间的关系具有调节作用，在供应链融资中，开发性创新和探索式创新都有助于提高中小企业的供应链融资绩效，对资源有限的中小企业来说，利用性创新和探索式创新之间的相对平衡有助于提高供应链融资绩效。数字技术部署的广度可以加强探索式创新与供应链融资绩效之间的关系，而数字技术部署的深度可以削弱探索式创新与供应链融资绩效之间的关系。此外，数字技术部署深度的增加，强化了双元创新相对平衡与供应链融资绩效之间的正相关性。Chaudhuri 等（2022）认为同时利用开发和探索能力有助于中小企业专注于循环经济计划，通过实施数字技术为客户提供价值。

其次，随着企业的数字化发展，数字能力、数字声誉对双元创新与绩效的关系也产生了影响。如吕潮林等（2023）的实证研究发现数字能力积极调节了组织双元对数字化转型的促进作用。Schena 等（2022）发现探索式和应用式创新战略对公司的非财务绩效有积极影响，而数字声誉，即利益相关者对公司数字足迹的一组情绪集合，在这种关系中起着调节作用，为企业如何平衡员工领域的探索式和应用式创新战略以提高非财务绩效提供了一个新的视角，从而丰富了双元创新理论。

2.5 研究评述

在对现有研究回顾分析的基础上，对现有研究的观点进行总结评述。

第一，在组织双元研究中，探索和应用之间的关系仍然是目前关注和争论的焦点。由于双元和绩效的关系受到组织内部资源、外部环境等情境因素的影响，需要丰富双元与绩效关系的研究情境。从组织变革和组织演化的视角，选择了组织重构因素为调节变量。从资源能力视角出发，选择了资源冗余等。从外部环境变化出发，选择了外部环境的动态性、数字技术应用范围等。随着数字化技术的应用与发展，现有研究对数字化情境中双元创新问题开展研究。本书对数字化情境中双元创新的前因变量进行探讨，分析数字化相关因素是否会对双元创新的战略选择和绩效产生影响。一些研究也将数字化作为情境，分析是否会对影响因素与双元创新之间的关系产生影响。因此，本书也分析了开放式创新与双元创新绩效关系中，数字化能力起到的调节作用。进一步，在数字化情境下，双元创新与企业绩效关系，及其过程机制也被学者们讨论。本书也分析了数字化应用范围对双元创新与企业绩效关系的影响。未来还需要深入探讨数字双元创新的内涵，以及对数字双元创新的测量，进一步对数字双元创新的前因、过程与结果开展更深入的探讨。

第二，在开放式创新理论研究中，企业跨组织创新网络形成有多种经济和战略原因的理论解释，如市场失灵（Coase，1937）、交易费用理论（Williamson，1985）等。对于组织外部的技术创新，如研发联盟、并购和技术转移，很多研究主要是从交易成本理论和经济学视角分析组织关于技术“make or buy”“sell or retain”的决策，而大多数经验研究支持将经济刺激作为开放式创新形成的最主要动力，而从组织双元的视角，分析组织开放式创新的研究较少，仅有少数研究开始从双元视角探讨组织外部知识和内部知识间的张力管理，一些学者考虑了组织内外部技术间的张力，从探索—应用平衡视角探讨了内外部技术来源的双元性，说明需要权衡好内部和外部的技术来源，以及技术来源中的现有技术和新技术的构成。一些研究也探讨了开放式创新下组织需要内部开发、内部探索、内部保留、外部探索、外部开发和外部保留，但对这些活动间的关系与张力缺乏讨论。同时缺乏从双元视角对组织内外部创新演变的研究。现有研究对双元问题的探讨多集中于组织内部双元，关注内部探索与应用间的张力管理，而从双元视角探讨如何权衡跨组织界限的外部与内部的探索或应用活动的研究较少。在此基础上，本书从组织双元视角来分析跨组织与技术界限的内部探索、内部应用、外部探索和外部应用活动之间的关系，以及通过何种路径和机制使这些活动共存并发挥协同作用，实现跨组织界限的双元。

将双元纳入开放式创新研究范式中，结合开放式创新理论，为解决双元难题提供了新的空间。开放式创新视角与双元研究的结合还需要更多的研究进行审视，包括对开放式创新下双元概念的演进和测量方法进一步探讨；对开放式创新下双元与绩效关系还需要更多的研究；分析开放式创新下探索与应用如何在组织内外部进行安排，即对双元实现方式的探讨，这对企业面临开放式创新的挑战、对探索与应用在组织内外部的协调有重要的作用。进一步，双元理论也为开放式创新理论的研究提供了新的角度，结合双元理论解释开放式创新对企业绩效的作用机制，使企业能够应对开放式创新范式的挑战和机会，利用开放式创新的资源，促进企业在组织内部、联盟活动、并购活动中更好地开展探索和应用。因此，需要进一步挖掘和审视开放式创新与双元研究的结合，促进理论研究的聚合。

第三，现有研究多从静态的角度分析双元和绩效的关系，但是双元和绩效的关系会随着探索和应用在组织中的不断增长而发生变化，双元的实现方式也会随之发生调整变化，需要从动态的视角去解析双元演进的过程。目前，一些研究通过案例研究方法对双元创新的发展演进进行了研究，针对企业“为什么”要开展双元、“如何”开展双元的问题，使企业双元实现的过程机制与实现方式得到更好的解释。仍需要深入更多的行业，探讨情境因素对双元创新实施路径的影响机制，探讨企业在技术合作、技术并购活动选择中对不同类型技术来源进行平衡的问题，结合开放式双元创新视角来提供新的解决思路。因此，本书深入不同的情境，拓展企业在战略发展的不同时期的双元创新过程研究。通过单案例研究方法，分析隆基绿能在产业链扩张不同阶段、不同类型机会窗口对开放式双元创新战略选择的影响。通过双案例对比研究，分析美的和海信在业务多元化战略过程中，如何在外部不同竞争强度环境中，根据业务相似性的程度来选择开放式双元创新的过程。本书补充了从动态视角拓展不同情境中开放式双元创新战略选择的过程研究。未来研究还需要结合不同理论视角探讨双元创新战略选择过程与动态演变。

3　双元创新与影响结果（一）

——双元创新、组织重构与企业绩效

本章在以往理论与文献的基础上，对双元的内涵与构成进行讨论，探讨双元创新的维度，以及双元创新与企业绩效的关系。进一步，从组织因素出发，引入组织重构作为调节变量，讨论组织重构对双元创新与企业绩效关系的作用机制。

3.1　问题提出

3.1.1　双元创新

探索创新是通过搜寻、变化、实验、冒险来探索和培育新的知识，是应对动态环境和取得长期竞争优势的关键；应用创新是通过扩大生产，提高效率，不断改进现有产品，提升现有产品的市场规模，是降低成本、获取公司目前盈利的关键。如何同时在组织中构建探索和应用创新以更好地提升组织绩效是企业实践和双元理论所要解决的主要问题。为了有效地理解双元对绩效的影响，以及明确双元的内涵，现有的研究将双元分为平衡维度（balance dimension）和组合维度（combined dimension）（Cao et al.，2009；He and Wong，2004；Lubatkin et al.，2006；Wei et al.，2014；Fu et al. 2021；Wang and Fang，2022）。双元平衡维度的含义是需要关注探索和应用创新在组织中的相对程度和两者的匹配性，即关注组织如何在探索和应用之间进行合理的资源配置，以达到最优效果。双元的组合维度的含义是强调两者之间的互补效应和互相增强作用的结果，即关注组织在何种程度下可以不断提高探索和应用活动的水平，两者的互补效应最大，以更好地提升组织绩效。对双元的解释从这两个维度出发，就说明了双元不仅是两者共存于组织中就能提升组织绩效，还需要关注探索和应用在组织中的相对程度（两者的差异水平），以及在组织中的组合效应（相互放大作用的发挥）。

目前一些研究中，对双元的解释仅从组合维度出发，关注两者之间如何实现最大的匹配效应，采用“探索创新×应用创新”作为对于双元的测度，或者用“探索创新+应用创新”等方式来表示，乘积（和）越大代表双元程度越高，越能提升组织绩效。但是仅关注两者的互补效应是不够的，双元还应该解释两者在组织中的相对程度、两者之间的差异，一些研究认为两者之间的差异越小，越趋近于0越好，即探索创新和应用创新在组织中要达到绝对平衡和绝对相等的程度，用|探索创新-应用创新来表示，差值越趋近于0代表两者的匹配越好，或者用“探索创新/应用创新”来表示，比例越接近1越好，说明两者越平衡。但是，针对两者的差异是否在相等时为最佳匹配，一些学者提出了质疑。本书以这些计算方法为基础，对Cao等（2009）的双元的两个维度做了一些变动，采用“探索创新-应用创新”的值反映双元的相对差异维度，而不是以“探索创新-应用创新”的绝对值来表示，采用“探索创新-应用创新”的计算方法，可以反映探索和应用之间的差异正负值，从而可以对比看出是探索创新更高还是应用创新更高时能提升绩效。采用“探索创新×应用创新”的计算方法来表示双元的组合维度。

双元的两个维度分别代表了双元所包括的两个方面的内涵，以及两种不同的逻辑思路，不同的学者对双元开展研究也得出了不同的结论。March（1991）等认为探索和应用可以共存于组织中，但是两者之间仍然存在冲突和替代关系，Menguc和Auh（2008）提出假设认为双元对组织绩效具有负向影响，但是，通过实证检验没有支持该假设。另一些学者通过实证研究对双元与绩效的正向关系进行验证，如Benner和Tushman（2003）在实证研究中发现组织结构双元和财务绩效之间存在显著的正相关关系。He和Wong（2004）在对206家制造企业调研中发现，探索创新和应用创新的乘积，即相互作用和公司的绩效（如销售增长率）呈正相关，而探索创新和应用创新的不平衡与销售增长率呈负相关。在此基础上，Cao 等（2009）定义了双元的两个维度，认为双元的平衡维度，即探索创新和应用创新的绝对差值越小越好，探索创新和应用创新的组合乘积越大越好。而本书以中国的企业为研究出发点，对双元假设做出了一定的修正。从双元的平衡维度来看，利用“探索创新 - 应用创新”的相对值进行测度，可以反映探索创新和应用创新在组织中的相对水平，是探索创新更高有利于提升绩效，还是应用创新更高有利于提升绩效。由于一些发展中国家企业的探索创新比较缺乏（Li and Peng，2008），而探索创新较强的企业会相对具有较强的竞争力（Li et al. ,2008），因此，相对平衡就会更好地反映创新双元的有效性，可以验证是否在中国情境下，相对应用，有着更高水平的探索能促进绩效的提升。此外，从组合的维度，由于企业资源的限制，当探索创新和应用创新的组合水平提升到一定的高度时，会发挥最大的组合效应，而随着组合水平继续提升，由于探索的高风险，以及规模效应的递减，探索创新和应用创新的组合效应就会受到资源限制，失败的危险以及边际效益的递减，从而使得组织绩效降低。

3.1.2 双元创新、组织重构与企业绩效

对于双元与绩效结果的不同，一些学者逐渐引入了情境因素，如组织资源的大小、环境的宽容度、组织的氛围，以及组织的吸收能力等。Solís - Molina 等（2018）发现制造业企业的吸收能力调节了应用或探索中的双元性和专业化对企业绩效的影响。Marín - Idárraga 等（2020）认为机械化的组织结构积极调节了应用创新对绩效的影响，消极调节了探索创新对绩效的影响。Jin 和 Zhou（2021）探究了母公司控制不对称和文化距离对双元创新战略与国际合资企业绩效的关系的调节作用。本书结合一些双元组织的研究，认为双元能够提升组织绩效的一个关键的情境因素就是组织机制，即组织是否随着双元的开展进行了组织重构。组织重构在双元与组织绩效关系中发挥着调节作用。根据结构双元和情境双元的研究，组织需要保证探索和应用创新在组织中的开展，就需要对组织做出相应的调整，包

括对组织结构的调整、对组织流程的重构，以及对组织的资源分配体系和决策系统等进行重构（Brown and Eisenhardt，1997；Tsoukas and Chia，2002；Damanpour，1991）。改善现有的流程、组织结构和学习路径以适合探索创新和应用创新的同时开展。为了保证双元的有效性，组织的重构主要体现在以下几个方面：①对组织结构进行重构，构建双元结构以保证有效的产出（Raisch et al.，2009）；②重新设计激励机制和决策制定系统来促进探索创新和应用创新之间的协同；③对部门之间的信息系统进行更新以促进信息在不同部门之间有效地自由地流动（Wade et al.，2004）；④对现有的运营流程、组织的知识基础进行调整，构建不同的学习路径以促进探索学习和应用学习的同时有效开展。通过组织的重构，可以促进资源的有效利用，使组织更有效地对现有的资源进行利用，有利于双元作用的发挥。

基于上述对现有研究的分析，本章分析平衡双元和组合双元对企业绩效的影响，并分析组织重构在双元与绩效关系中如何发挥调节作用。

3.2 研究假设提出

3.2.1 双元创新与企业绩效

对于组合双元而言，其就是使探索创新和应用创新在组织中同时发挥作用，使探索创新和应用创新互相补充，发挥杠杆和放大作用，但公司的资源情况是决定双元有效性和实现双元的关键因素（Lin et al.，2007；Smith and Tushman，2005；Atuahene - Gima，2005；Gupta et al.，2006），因此两者在组织中的不断提高就会受到公司资源的限制。假设当公司的资源充裕，有足够的资源保证应用活动的开展时，还有冗余的资源可以用于新的探索，那么March等所说的替代效应就会相当弱，而更多地体现出两者的互补效应。事实上，任何公司的资源都是有限的，资源充裕的情况只发生在当探索和应用处于相对较低的水平时，即当企业还有充足的资源可以用于下一步的探索或者应用活动时，当企业可以进一步利用资源进行新产品的研发，以及对现有产品线进行扩张时，组织的探索和应用就会发挥互补作用，组织的探索可以促使新产品和新市场的出现，应用创新又可以保证这些新产品的市场规模，那么两者的结合会更好地提升组织绩效（Cao et al.，2009）。

然而，当探索创新和应用创新的水平不断提升，超过一定的阈值，也就是组织的资源无法满足进一步的探索创新和应用创新活动的开展时，短期的目标和长期的目标就会产生冲突，探索创新和应用创新就会互相争夺组织的资源（March，1991；Gupta et al.，2006），包括财务资源、人力资源等，同时过高的探索创新的风险性也逐渐显现，探索活动所蕴藏的失败也会带给企业很大的挑战，过高的渐进式创新所带来的边际效益也在不断递减，规模优势不再明显，以及两者的替代效应都会给组织绩效带来负面影响。对于发展中国家的企业而言，由于企业自身资源积累的有限性，过高的探索创新和过高的应用创新超过了组织资源所能保证的程度，可能会给企业的发展带来风险以及各种负面影响。因此，我们假设探索创新和应用创新与组织绩效的关系会随着两者的提升而发生变化，也就是说，当探索创新和应用创新水平较低时，随着探索创新和应用创新水平的提高，组织绩效不断提高，组合双元与绩效呈正相关；当探索创新和应用创新不断提高并超过一定的阈值时，随着探索创新和应用创新水平的提高，组织绩效反而较低，组合双元与绩效呈负相关。因此，本书提出以下假设：

假设 1：组合双元与企业绩效之间存在倒“U”形的关系。

从平衡双元角度来看，不少学者认为探索创新和应用创新应该保持绝对平衡的状态最佳，才能提升组织绩效（He and Wong，2004；Cao et al.，2009）。但是随着研究的深入，一些学者也对此提出不一样的观点，Lin 等（2007）认为探索创新和应用创新的比例只要在一定范围内都可以看作平衡双元，对平衡双元的定义和内涵做出了进一步的扩展，学者逐渐认为探索创新和应用创新的最佳平衡应该取决于探索创新和应用创新对组织的相对重要程度（Gulati and Puranam，2009），以及组织的资源和竞争优势等的现状（March，1991；Benner and Tushman，2003）。因此，实现组织的平衡双元就需要根据组织面临的环境，以及组织的发展状况等来决定如何在探索创新和应用创新之间安排资源。

相对于发达国家的企业，处于发展中国家的企业更需要对关键技术进行创新，需要对新市场进行开拓，以及需要新的价值创造方式（Peng et al.，2009；Li et al.，2008），而仅在现有技术范式上改进，很难实现技术的全球领先。只有加大对探索创新的投入，关注对新知识的创造，才能实现创新型国家建设。因此，对于需要加强探索式创新的企业而言，更多地投入资源开展探索式创新更能够促进组织绩效的提升。当探索创新在一定程度上高于应用创新时，探索创新的优势就会得到体现，给企业带来收益。但是，当探索创新不断提高，过于高出应用创新时，探索创新和应用创新的所谓“不平衡”效应带来的负面影响就会体现，也就是说，过多的探索创新带来的风险，以及过多的探索创新使得企业缺乏足够的资源保证现有的盈利，缺乏足够的资源对探索创新的成果进行很好的应用，那么就会给组织绩效带来负面影响。因此，我们假设探索创新和应用创新处于相对平衡的状态，即对于缺乏探索活动的发展中国家的企业，探索创新应该适度高于应用创新，相对平衡的数值应该高于 0 并在一定范围内，当相对平衡的数值从小到大变化时，组织绩效不断提升，相对平衡与绩效呈正相关；当相对平衡的数值到达一定的阈值，组织的绩效开始降低，相对平衡与绩效呈负相关。因此，本书提出以下假设：

假设 2：相对平衡与企业绩效之间的关系表现为倒“U”形。

3.2.2 组织重构的调节作用

现有的文献对双元的讨论中，说明了双元组织、结构双元和情境双元都需要通过组织机制来实现（Tushman and O'Reilly，1996；Benner and Tushman，2003；Raisch et al.，2009；Jansen et al.，2009；Su et al.，2011）。Tushman 和 Smith（2002）指出企业可能会面临组织惰性，需要通过组织结构重构等行为克服结构、流程以及路径障碍等问题，进而有效实现双元创新。另外，组织重构对组织资源进行重新配置，有效的组织重构还可以在对资源有效组合利用的基础上，释放更多的资源。为了实现双元结果，一些研究指出企业需要对组织进行重构，包括对管理过程、组织结构、信息沟通以及决策过程等进行调整和重构（Raisch et al.，2009；Fang et al.，2010；O'Reilly and Tushman，2004；Nickerson and Zenger，2002；Siggelkow and Levinthal，2003，2005；Siggelkow and Rivkin，2005；Taylor and Greve，2006）。因此，为了有效地实现双元而进行的组织重构就成为双元与绩效关系的一个重要调节变量。

组织重构通过对组织结构、组织流程、组织决策方式以及组织的信息系统的重构，使探索和应用活动之间的冲突得到了缓解，保证了探索创新具有有机式的组织结构、不同的学习路径等，从而实现探索创新和应用创新对不同组织结构的重构。例如，构建不同的组织单元来保证探索创新和应用创新的实施，避免和减弱因为两种活动在思维方式、组织路径等方面的冲突（Gibson and Birkinshaw，2004；Fang et al.，2010）。组织重构还应该包括构建新的适合于探索创新的更为自由和灵活的组织流程，以便于探索创新的搜索、变化和实验（Damanpour，1991）。另外，对于探索创新和应用创新还需要不同的决策体系，探索创新更需要决策权力的下移，以及由下到上的决策和沟通方式，而应用创新则需要由上到下的决策方式，根据两者的差异构建更节约资源和时间的决策方式，从而可以降低组织成本，提升组织绩效。最后，对信息沟通方式和信息系统的重构，使探索创新和应用创新在不同的业务部门保持适度的信息交流。因此，组织重构通过调整现有的组织路径和学习方式，有利于开展探索式创新，而对于发展中国家的企业而言，更高的探索创新则更能促进企业绩效的提升，因此，本书提出以下假设：

假设3：组织重构调节相对平衡与组织绩效的关系。更高水平有效的组织重构可以使相对平衡的最优值增大，在相对更高的探索创新水平下达到绩效的最大值。

组织重构四个方面的内容对双元与绩效的调节作用主要体现在以下几个方面：首先，组织重构使得资源重新整合和配置，使一部分资源能用于对新技术、新市场和新知识的识别和探索，使现有一部分资源释放出来用于更有效的活动，提高资源的使用效率。其次，组织重构使得组织有机性提高，促使各部门之间的协同效应增强，使组织资源在各部门和业务单元能实现更好地共享。最后，促进组织之间沟通和交流的便捷，使信息在组织部门之间流动性增强，降低交流沟通的成本。因此，通过组织重构，在企业资源有限的条件下，使组织资源得到更有效的使用，在探索和应用之间合理配置资源，使现有一部分低效资源在探索中发挥更大的价值，降低资源之间产生的摩擦所带来的消耗，释放出更多的资源能在最优配置和组合中发挥更大的作用，从而影响双元与组织绩效之间的关系。因此，本书提出以下假设：

假设4：组织重构调节了组合双元与绩效之间的关系。更高水平的有效的组织重构可以使组合双元的最优值增大，在更高的组合双元水平下达到最大值。

3.3 研究设计和研究过程

在推导出研究问题和研究假设的基础上，进一步明确了研究设计和流程、主要变量的选取和度量，设计出问卷测度量表，介绍了主要分析方法，并在最后汇报了预调研初步分析结果。具体而言，首先指明本书采用了演绎逻辑的定量研究设计思路，遵循了科学的研究设计流程；其次围绕本书主要研究问题，介绍了研究设计涉及的主要变量；再次汇报了预调研程序和初步分析结果；最后介绍了本书拟采用的数据分析方法，包括因子分析、相关分析、层级回归分析和调节分析。

3.3.1 样本收集与研究过程

本书的数据是通过问卷调研的方式获得的，研究的调研过程主要分为两个阶段。在问卷初步设计完成之后，在西安选择了18家企业开展预调研，在调研过程中跟踪和考察公司管理层对问卷的理解和完成，发现问卷中的一些表达的问题，以及高层管理者对问卷的设计提出建议。在预调研基础上，对问卷进行完善，开展系统的大规模的调研。调研样本包括我国中部、西部以及东部沿海地区的企业，主要来自陕西、河南、吉林、广东、江苏、山东等省份。调研企业主要是电子、机械、制药等行业的高新技术企业，为了保证问卷的准确性，保证获取信息能反映企业的情况，我们选择企业高层管理人员进行调研，在调研过程中，我们用两份相同的问卷进行编号：分为 A 卷和 B 卷，从每个企业获取两份数据，一份由企业的 CEO 完成，另一份由负责企业运营的高管完成，通过对两份问卷进行对比以保证调研获取信息的有效性。研究共发放问卷 350 份，其中回收的有效问卷为 179 份，有效问卷回收率为 51.1%。

对于调研方法可能会出现两类问题：一类是未回应偏差；另一类是共同方法偏差，因此需要进行样本的可靠性检验。其中，未回应偏差是由于所回收的样本与所考察的总体在统计分布上的差异，即所回收的样本是否能够代表总体样本（Lambert and Harrington，1990；Podsakoff and Organ，1986）。我们通过对未回收企业的基本信息特征进行整理，与所回收企业的基本信息进行对比。通过 t 检验发现未回收企业与回收企业两个样本群体之间不存在显著的统计差异。另外，共同方法偏差主要源于所收集的自变量和因变量都由相同的被访问者填写。在调研过程中，每个企业得到两份问卷，对两份问卷进行了差异检验。我们将两份问卷的调研结果进行平均作为最后样本的取值，为了检验处理以后的样本是否存在共同方法偏差，使用 Harman 单因子检验，对所有指标做未旋转的探索式因子分析，Podsakoff 等（2003）指出如果分析的结果提取出多个因子，而且第一个因子比例不高于 50% 时可以断定误差不会给研究结果带来实质性的威胁。对所有的变量指标，包括因变量和自变量采取未旋转的、探索式因子分析方法进行计算，结果显示没有出现一个主导的因子。因此，研究有效地避免了共同方法偏差。

3.3.2 变量测量

本书采取李克特量表的计分法来度量变量。用 1 ~5 分别代表与企业管理情况的符合程度，1 表示很不符合，5 表示非常符合，从 1 ~5 分程度依次递增。

（1）双元创新

双元创新的探索和应用的测度主要依据 Atuahene – Gima 和 Murray（2007）、He 和 Wong（2004）、Katila 和 Ahuja（2002）、Yalcinkaya 等

(2007)、Li 等（2008）的指标。探索创新主要由 5 个指标构成：①与竞争对手相比，我们创造更多全新创新的产品；②我们在创新中引入更多全新创新的观点；③将新技术引入目前的行业中；④开发了新的市场；⑤创造了新的技术和工具。应用创新主要包括：①与竞争对手相比，我们开发出更多新的产品样式；②我们对现有的流程和产品改进更多；③我们更多地应用现有的技术。

在研究中创新双元主要包括两个维度，相对平衡维度和组合维度。相对平衡维度是由探索创新的得分减去应用创新的得分；组合维度则是探索创新和应用创新的乘积。

（2）组织重构

组织重构的测度是基于 Zhou 等（2006）、Tyre 和 Hauptman（1992）等的研究，用以下 4 个指标进行测度：①有效地开展组织结构的重构；②有效地进行组织流程的重构；③有效地改变组织决策体系；④有效地重构信息系统。

（3）组织绩效

在 Daily 和 Johnson (1997)、Li 等（2008)、Su 等（2011）量表基础上，选择了以下几个指标：与竞争对手相比在过去 3 年中，有更高的销售增长率、更高的雇员增长率、更高的市场份额、更高的毛利率、更高的净收益。

（4）控制变量

将企业年龄、企业规模、技术环境变化作为控制变量。由于这些变量会对企业的绩效产生一定的影响，为了避免这些因素对研究结果产生影响，将其作为控制变量。

首先，企业年龄是组织的关键特征之一，对企业绩效有显著的作用(Ketchen，1996)。企业的年龄越大，组织的资源和知识的积累就越丰富，可以支持组织的探索和应用活动。同时，企业的年龄越大也会产生组织惰性，核心能力刚性，反而影响企业创新效果，因此，需要对企业的年龄进行控制。

其次，企业的规模也反映了组织资源条件，大企业有更多的资源，小企业的资源则比较匮乏。因此，大企业更容易同时开展探索创新和应用创新，小企业则比较难兼顾探索创新和应用创新。我们用企业员工数量来衡量企业规模大小。

最后，技术环境的变化反映了组织面临外部环境中技术和创新的压力（Su et al.，2011），在技术变化较快的环境中，企业一方面需要不断进行渐进创新，以应对更迭和升级的产品竞争；另一方面也需要开展探索活动，以推动全新的技术与产品，进而获取长期竞争优势。

3.4 数据分析结果

3.4.1 描述性统计结果

本节首先介绍本书问卷调查过程及样本数据特征情况，然后利用 SPSS 统计软件对研究变量进行因子分析和信度检验，之后在对样本的描述性统计和相关分析基础上，进行变量之间的回归分析，以检验理论假设并对假设检验结果进行讨论。

表 3-1 是描述性统计分析的结果。给出了相关系数矩阵，以及指标的统计指标，包括均值、标准差和相关系数，以考察变量之间是否有一定的相似性，当两个变量的相关系数大于 0.8 时，表明变量的含义相近。从表 3-1 中可以看出，探索创新的值相对于应用创新的平均值较低，相对平衡的值为负，说明中国企业的探索创新水平相对较低，需要更多的探索创新。

表 3-1 描述性统计和相关系数矩阵

指标	均值	标准差	1	2	3	4	5	6	7	8	9
1. 公司年龄	12.240	12.585	1								
2. 公司规模	602.85	1399.905	-0.573***	1							
3. 技术变化环境	3.621	0.8426	0.078	0.022	1						
4. 探索创新	3.5392	0.60009	0.208**	-0.110	0.063	1					
5. 应用创新	3.6135	0.63043	0.230**	-0.139	0.185*	0.530**	1				
6. 相对平衡维度	-0.074	0.59718	0.271**	-0.093	0.107	0.506**	0.554**	1			
7. 组合维度	0.5305	1.33147	-0.037	0.038	-0.134	0.445**	-0.523**	-0.077	1		
8. 组织重构	3.7875	0.54038	-0.176*	0.117	0.066	-0.108	0.008	-0.086	-0.117	1	

续表

指标	均值	标准差	1	2	3	4	5	6	7	8	9
9. 公司绩效	3.0653	0.70643	-0.081	0.092	-0.037	0.182*	0.258**	0.111	-0.089	-0.060	1

注：*代表 $p<0.05$；**代表 $p<0.01$；***代表 $p<0.001$。

3.4.2 量表的信度分析与效度检验

（1）量表的信度分析

量表的信度分析有不同方式，可以采用折半检验或 Cronbach's α。系数检验其中的信度判断系数（一般用 Cronbach's α 系数表示）将决定变量测度的各个条目之间在多高频率上保持得分相同。一般经验认为，保留在变量测度条目中的条目对全体条目（item - total）的相关系数应大于 0.35，并且 Cronbach's α 系数应大于 0.70。为了使数据量表测度的一致性和可靠性达到更优，本书将采取“条目删除 Cronbach's α 系数检验”，选择条目对全体条目的相关系数大于 0.35 作为条目的取舍标准。对同时满足以下两个标准的条目予以删除：更正相关系数小于 0.35，删除此条目可增加 Cronbach's α 系数。这种方法不仅具有 Cronbach's α 系数检验的效果，而且会提出量表一致性改进建议。从表3 - 2中可以看出，每一个测度条目对相应全体条目的更正相关系数均在 0.40 以上，量表数据与测度条目之间具有较高的一致性，通过信度检验。

表 3 - 2　信度和效度分析

因子	变量	因子载荷	Cronbach's α
探索创新 0.665	与竞争对手相比，我们创造的全新产品更多	0.803	0.874
	与竞争对手相比，我们在新产品中引入全新功能的程度高	0.811	
	与竞争对手相比，我们开发新技术并将其引入行业中	0.740	
	与竞争对手相比，我们经常在全新的市场中引入突变创新产品	0.733	
	与竞争对手相比，我们公司是新技术和新工艺的创造者	0.792	
应用创新 0.794	与竞争对手相比，我们公司开发新的产品样式更多	0.623	0.870
	与竞争对手相比，我们公司改进现有工艺和产品更多	0.866	
	与竞争对手相比，我们公司应用现有技术更多	0.857	

续表

因子	变量	因子载荷	α
绩效 0.750	与竞争对手相比，我们有更高的销售增长	0.843	0.933
	与竞争对手相比，我们有更高的雇佣水平	0.833	
	与竞争对手相比，我们有更高的市场份额	0.880	
	与竞争对手相比，我们有更高的毛利润	0.853	
	与竞争对手相比，我们有更高的净利润	0.868	
	与竞争对手相比，我们有更高的销售利润率	0.868	
组织重构 0.725	我们有效地对组织结构进行重构	0.793	0.918
	我们有效地对组织流程进行重构	0.864	
	我们对决策制定系统进行有效的重构	0.824	
	我们对信息系统进行有效的重构	0.841	

（2）效度检验

效度，是指测量指标能够真正衡量出要衡量事物的真实程度，是测量效果与真实结果的差异程度，效度分析包括内容效度和结构效度。内容效度反映的是变量在多大程度上提供了所测量事物的内涵和范围；结构效度反映了某个指标在多大程度上刻画了所度量的结构变量，确保该指标没有度量其他的变量，也叫收敛效度或者区别效度。本书所采用的问卷的变量和指标是以国内外文献研究为基础，具体测度的题项也主要来源于一些学者已有的研究，或者在已有研究的基础上进行开发，并开展了对相关领域专家的访谈，保证问卷的内容效度。结构效度是指变量所能体现的理论真正含义的程度。Kerlinger（1986）指出可用因子分析来检验测量量表的建构效度，因子载荷表示测量项目与构念所提取主成分之间的相关程度，载荷量越大，相关程度越高，效度越高。若因子载荷量小于0.5，说明建构效度不足。另外，平均方差萃取值*AVE*，即解释变异量的值，表示每个因子的变量对因子总的解释程度，也用于检验建构效度，*AVE*值越大，表明指标之间的耦合性越强，当*AVE*大于0.5时，表明变量整体上比误差项提供了更多的原始变量信息。

从表3-2中可以看出，变量的因子荷载为0.623~0.880，因子的平均提取方差百分比均大于50%，表明因子具有良好的收敛效度。

3.4.3 研究结果分析

采取多元回归的方法对所提出的模型和假设进行验证。表3-3为回归分析结果，在进行回归分析之前，为了避免多重共线性对回归结果的影响，计算了方差膨胀因子 *VIF* 的值。当 *VIF* 大于10就会影响回归分析的结果（Neter et al.，1990），通过计算，*VIF* 值均在10以下，不会影响回归分析的结果。

表3-3 回归分析结果

自变量	绩效		
	模型1	模型2	模型3
公司年龄	-0.127	-0.141+	-0.16*
公司规模	0.278***	-0.276***	0.224***
技术变化环境	-0.035	-0.009	-0.020
相对平衡维度（CB）		0.099	0.125+
组合维度（CD）		-0.284***	-0.402***
相对平衡维度^2		-0.326***	-0.381***
组合维度^2		-0.169*	-0.696***
组织重构（OC）			-0.224***
相对平衡维度×组织重构			0.295***
组合维度×组织重构			0.745***
相对平衡维度^2×组织重构			0.195*
组合维度^2×组织重构			-0.596***
R^2	0.132	0.304	0.517
调整后 R^2	0.102	0.225	0.379
F 值	4.364**	3.871***	3.732***

注：***代表 $p<0.001$；**代表 $p<0.01$；*代表 $p<0.05$；+代表 $p<0.1$。

本书采用两阶段的回归分析方法，首先，在第一阶段，模型1中进行控制变量的回归分析。其次，在模型2中，加入创新双元的变量、组合维度、组合维度的平方、相对平衡维度、相对平衡维度的平方检验主效应，从模型2中可以看出，组合维度的平方系数为负值，说明组合维度和绩效之间的关系是倒“U”形，假设1得到验证（$\beta = -0.169$，$p<0.05$）。同时，相对平衡维度的平方系数也为负值，说明相对平衡维度与组织绩效关系为倒“U”形，假设2也得到验证（$\beta = -0.326$，$p<0.001$）。

为了检验调节效应，在模型3中加入调节因子，以及调节因子与主效应变量的乘积。首先，“相对平衡维度^2×组织重构”表示组织重构对相对平衡维度与绩效的调节作用（$\beta=0.195$，$p<0.05$），说明调节作用显著，同时“相对平衡维度^2”与绩效的相关系数为负（$\beta = -0.381$，$p<0.001$），“相对平衡维度×组织重构”与绩效的相关系数为正（$\beta=0.295$，$p<0.001$），说明组织重构对相对平衡维度的调节作用显著，同时使得倒“U”形曲线的对称轴向右移动。其次，“组合维度^2×组织重构”与绩效的相关系数为负（$\beta = -0.596$，$p<0.001$），说明调节作用显著，同时“组合维度^2”与绩效的相关系数为负（$\beta = -0.696$，$p<0.001$），“组合维度×组织重构”与绩效的相关系数为正（$\beta=0.745$，$p<0.001$），说明组织重构对组合维度的调节作用显著，同时使得倒“U”形曲线的对称轴向右移动。

对于探索创新和应用创新的相对平衡水平，探讨探索创新和应用创新在组织中存在的相对水平，针对以往研究中认为探索创新和应用创新的绝对平衡，我们认为对于缺乏探索活动情境中的企业，探索创新在一定程度上高于应用活动的企业更能取得比较好的绩效，即探索创新和应用创新差异应维持在一定的适度水平，其绩效最佳，甚于两者差异过高或者过低的水平。对于探索创新和应用创新的组合，我们认为当探索创新和应用创新组合水平较低时，随着探索创新和应用创新的提高，组织绩效逐渐增强，但是当探索创新和应用创新水平达到一定程度，由于组织资源的限制，以及创新带来的风险，绩效开始下降。这更好地解释了探索创新和应用创新研究中所存在的关于两者是替代还是互补的关系，当两者组织水平较低，由于不存在对于组织资源的争夺，两者会体现出相互协同和补充的作用；当两者组织水平不断提高时，会对组织的资源进行争夺，两者就会出现相互替代的作用。探索创新和应用创新的替代和互补关系会随着两者在组织中存在的程度而发生变化。

研究结果对组织重构的调节作用进行了证明，组织重构调节了组合效应和绩效的关系，通过组织重构使得探索创新和应用创新活动的效率提升，释放组织资源，扩大了组合效应正向影响的范围，使探索创新和应用创新在组织中更好地共存。同时，组织重构也调节了相对平衡效应和绩效的关系，使探索创新和应用创新相对平衡的数值增大，使有效的探索活动在组织中的比例得到提升，促使组织开展探索活动的有效值增加，通过组织调整使企业能够追求更高的有效的探索活动以获取更好的绩效。

首先，在对双元内涵和维度总结分析的基础上对双元创新进行解释，在 Cao 等（2009）的研究基础上，提出了双元的两个维度并对双元的内涵做了进一步的阐述：探索创新和应用创新活动的相对平衡维度，以解释探索创新和应用创新的此消彼长，存在比例对绩效的影响；探索创新和应用创新活动的组合维度，以解释探索创新和应用创新的相互补充、互相影响的协调效应。这两个维度更好地解释了探索创新和应用创新在组织中存在的水平与状态，通过对中国 179 家企业的数据分析，结果显示，探索创新和应用创新之间应该维持在相对平衡水平，而不是以往研究中所指出的探索创新和应用创新的绝对平衡，认为对于缺乏探索活动的企业，探索创新在一定程度上高于应用创新活动的企业更能取得比较好的绩效，即探索创新与应用创新差值为正，并且探索创新和应用创新正差异应维持在一定的适度水平，其绩效最佳，此时绩效优于差值过高或者过低的水平。对于双元的组合维度，即对于探索创新和应用创新的组合，应该考虑组织的资源水平等因素，当探索创新和应用创新组合水平较低时，随着探索创新和应用创新的提高，绩效逐渐增强，但是当探索创新和应用创新水平达到一定程度后，由于组织资源的限制，以及创新带来的风险，绩效开始下降。这样的结果更好地对探索创新和应用创新关系是替代还是互补的争议做出了解释，从动态的视角看待组织资源的有限性，当探索创新和应用创新的组合水平较低时，资源充裕，两者不会互相争夺组织资源，是相互协同和补充的，两者表现为互相补充。但是当探索创新和应用创新的组合水平较高时，两者对资源的需求冲突就会凸显，因此，两者的替代作用也就会出现。本书打破了以往静态和不变的视角分析双元与绩效的关系，从动态转变的视角对探索创新和应用创新之间是替代还是互补的争议做了进一步阐释。

其次，对组织机制在双元与绩效关系中所起到的作用进行了研究，弥补了以往研究仅从理论视角所做出的分析，证明了组织重构对双元与绩效关系的调节作用。说明了探索和应用要在组织中更好地共存、更好地提升组织绩效就需要构建一定的组织机制，但是，组织机制到底如何影响双元与绩效的关系，这是以往实证研究中比较缺乏的。本书以组织重构为调节变量，对组织重构在双元和绩效关系中的调节作用进行了证明，结果显示，组织重构调节了组合效应和绩效的关系，通过组织重构促进探索和应用活动的效率提升，释放更多的资源用于新的探索应用活动，扩大了探索创新和应用创新组合效应正向影响的范围，使探索创新和应用创新在组织中更好地共存。同时，组织重构也调节了相对平衡效应和绩效的关系，使达到绩效最佳的探索创新和应用创新的差异值增大，即相对平衡的数值增大，说明探索活动在组织中的有效比例得到提升，探索活动的有效值增加，通过组织调整使企业追求更高的、更有效的探索活动以获取更好的绩效。

最后，在实证研究的基础上，将双元范式拓展到更为广泛的应用范围。本书认为双元范式是从相对平衡维度和组合维度，对组织中具有张力的不同活动进行权衡和思考的一种方式。在所开展的实证分析的基础上，进一步说明当组织内部的探索和应用达到一定程度之后，出现探索和应用的替代效应，会负向影响企业绩效。因此，随着企业的成长与发展，还需要进一步讨论如何开展探索与应用的抉择。

4　双元创新与影响结果（二）

——战略导向、双元创新和竞争优势

第 3 章分析了双元创新的平衡维度和组合维度对企业绩效的影响以及组织重构的调节作用。本章在双元创新影响结果研究的基础上研究其前因，具体来说，探讨创业导向和学习导向对双元创新及两个维度的影响，并考虑内部资源冗余和外部环境动态性的调节作用，在此基础上提出假设，并通过实证研究验证假设。

4.1　问题提出

信息技术的飞速变革产生了新的知识、技术、商业模式甚至颠覆现有产业，互联网、大数据、人工智能、5G 等数字技术正逐步成为全球企业创新变革的焦点。当前，企业发展面临的环境发生巨大变化，产业间边界逐渐模糊、新模式新业态层出不穷、市场竞争愈加激烈。在新的创新环境下，企业依赖的创新资源与能力需要进一步扩展，战略需要随环境变化灵活变革，故步自封将导致企业的没落。例如，海尔集团具有敢于开拓、迎难而上的创业精神，在国内领先后开拓国外市场（卢艳秋等，2021），并通过构建海创汇孵化平台优化人才创新创业生态，探索新的业务和技术方向；科大讯飞始终把技术创新作为企业发展的生命线，深耕智能语音交互技术并成为国内语音行业的领先者；还有一些企业通过构建学习型组织来不断革新进步。例如，美团成立“美团大学”、字节跳动成立“知春学堂”等。

聚焦于战略导向，现有研究大多集中在其对企业绩效或创新绩效的直接影响这一方面。例如，葛宝山等（2022）基于创业理论视角，探究创业导向与隐形冠军企业绩效之间的关系，并提出“精一战略”的概念；邓昕才等（2021）以跨界搜索和新产品创新能力作为中介，探究学习导向对新产品开发绩效的影响。在理论上，探索和应用、效率与灵活、突破与渐进等双元能力是学者关注的重点，而如何部署战略导向从而影响企业双元能力的构建，尚缺乏深入讨论。现有研究尤其忽略了战略导向如何影响不同的创新模式（如探索式创新、应用式创新）以及如何影响创新不同维度（平衡维度和组合维度）的构建。与此同时，双元创新有可能会进一步影响企业的竞争优势，从而在市场中发挥更大的作用，探讨这些问题可以使战略导向研究更加逼近现实情境并指导企业行动方向。因此，如何通过部署不同类型的战略导向实现企业竞争优势，平衡双元和组合双元在该过程中是否发挥桥接作用是本书关注的重点问题。此外，Teece（2007）指出竞争优势的形成需要企业合理地配置和利用内外部资源，驱动创新成果产出并适应动态环境。因此，本书进一步考虑外部环境动态性和内部冗余资源是否在战略导向与竞争优势中起到调节作用。

4.2　理论基础与研究假设

4.2.1　战略导向与双元创新

Venkatraman（1989）开创性地提出了战略导向，此后30年间，学者基于此在管理、战略、营销等领域做出巨大努力。战略导向反映了企业实施的战略方向，以指导其适当的活动，实现持续的卓越绩效（Gatignon et al.，1997）。Schweiger等（2019）对战略导向的分类多种多样，主要包括市场导向（Slater et al.，1995；Jr Rohit Deshpande，1993；Slater et al.，2000）、技术导向（Grinstein，2008）、创业导向（Lumpki et al.，1996）、学习导向（Hult et al.，2004）等。根据资源基础观，战略导向代表了企业难以模仿的宝贵无形能力，因此提供了持续的竞争优势（Schweiger，2019）。Schweiger等（2019）认为创业导向、市场导向和学习导向三者之间是互补的，即它们的结合将比单一战略导向产生更加优异的企业绩效。

Lumpkin 等（1996）认为创业导向是企业在进入新行业领域的过程中所需做出的各种决策和实践的活动，也是在动态的外部环境下企业所做出的主动应对外部挑战的战略，Miller（1983）指出，一家公司的创业程度取决于创新、主动行动和承担风险的程度。Hult 等（2004）认为学习导向指通过发展新知识或见解影响组织文化的价值观和信仰，进而影响组织行为的战略意图，Baker 等（1999）从共同愿景、开放性和学习承诺等维度对组织学习导向进行概念化，此后又有学者将组织知识共享加入该维度中（Castrogiovanni，1991）。以往学者已对两者之间的关系开展大量研究，具体来说：一方面，有研究认为创业导向可以促进学习导向的形成，创业导向假设企业通过一种或几种形式的学习实现创新和绩效成果（Dr Wang，2008），具有创业精神的公司通过开发性和获取性学习并应用现有知识以实现创业成果（Dess et al.，2011）；另一方面，有研究从学习导向出发，认为学习导向影响组织学习，进而形成创业成果（Lumpkin et al.，2005）。Zhao 等（2011）认为，低成本企业通过开发新知识，促进创新绩效提升。因此，创业导向和学习导向则更加关注通过风险承担来挖掘企业内外部新知识，开拓全新的心智模式，高质量地开发新知识和资源。与此同时，创业导向和学习导向可以帮助企业在掌握已有知识和资源基础上，合理匹配环境和资源之间的关系，与企业创新能力提升密切相关。

在当今经济社会环境中，企业面临的创新压力日益凸显，如何利用企业内外部资源，获取并促进企业的双元创新构建成为实践界和学术界关注的热点。通过对以往文献的梳理，本节选择创业导向和学习导向作为影响企业双元创新的因素，其原因如下：首先，创业导向是指企业通过积极探索新的商业机会和市场创新，利用现有资源，推动企业有效实现目标的所有活动（Avlonitis et al.，2007；Wales，2016）。Miller（1983）指出创新性能够促使企业拥抱新思想和技术、加大研发投入，产生新产品和服务，而创业导向所提倡的风险承担性要求敢于追求不确定的高风险项目，抓住机会加强对探索式创新的追求（段梦等，2018），因此与双元创新的构建存在一定联系。其次，以往对学习导向的研究大多倾向于将其看作战略导向的一部分，而本书则借鉴 William 等（2022）的观点，认为学习导向是一种动态能力而不是战略导向的类别之一，学习导向与组织学习并不是同义词，它不仅需要掌握已有的知识和资源，还需要打破组织或行业原有的心智模式，开拓新的领域。已有研究已经强调了学习导向对于创新的重要性，Sheng 等（2016）认为高水平的学习导向可以促进增量创新，因此学习导向与双元创新有一定联系（Baker et al.，2022）。最后，本书认为创业导向与学习导向的交互影响对双元创新有重要影响。因为企业首先需要有创新和冒险的意识与行为去积极探索和开发本行业或产品的新大陆，同时有效借助内外部资源推进企业创业的过程与效率。更重要的是，企业要想利用好内外部资源，就需要进行组织学习来掌握知识和技能，从而推动企业去识别和开发“蓝海”。与此同时，探索和挖掘企业新的心智模式也是不可或缺的，只有这样才能摒弃陈旧的知识，避免陷入能力陷阱从而创造出全新的、突破性的产品和服务，推动整个行业发展的进程。因此，本书认为创业导向和学习导向通过影响组织的资源和能力共同发挥重要作用。此外，资源编排理论指企业不仅需要拥有稀缺、有价值和不可替代的资产（Barney，1991），还需要了解管理者如何协调资源并给企业带来潜在的竞争优势（Sirmon et al.，2007）。因此创业导向既需要稀缺有价值的资源来创新商业机会和市场创新，又需要对资源不断协调和部署。Verona（1999）认为，组织学习是能力的源泉，而学习导向是推动组织学习过程的组织价值观（Baker，2022）。因此，学习导向是在组织已有知识的基础上，根据环境内外部变化和不确定性动态调整原有的思维模式，必要时打破固化的心智模式，这与动态能力所强调的“通过增强、组合、保护和必要时重新配置企业有形资产”（Teece，2007）高度一致。由此，本书提出以下假设：

假设 1a：创业导向能够促进组合双元的发展；

假设 1b：学习导向能够促进组合双元的发展；

假设 1c：创业导向能够促进平衡双元的发展；

假设 1d：学习导向能够促进平衡双元的发展。

4.2.2 双元创新的中介作用

双元创新是指企业以越来越高的效率（应用）利用当前业务运营的能力，同时寻求新的机会和激进的创新（探索），这对于企业利用环境知识和丰富环境技术资源以增强企业的竞争优势至关重要。而为了更好地平衡与组合双元创新，企业应精准定位战略导向以更好地吸收内外部资源进而提升竞争优势。因此，双元创新的两个维度可能在战略导向和竞争优势之间起到中介作用。双元创新中的探索式活动涉及高风险，并可能导致失败，但成功的结果可能被视为渐进式创新（Molina - Castillo，2011）。而渐进式创新的本质意味着一家公司可能拥有领先于其竞争对手的竞争优势价值和稀缺性标准（Barney，1991）。同时，不断地开发又可能使企业产生符合竞争优势的不可模仿性和不可替代性标准。平衡与组合两个维度既可以将资源合理地分配给不同形式的创新，又可以保证两者之间的匹配，因此双元创新的两个维度能够促进企业竞争优势的形成。由此，本书提出以下假设：

假设 2a：组合双元能够促进竞争优势的形成；

假设 2b：平衡双元能够促进竞争优势的形成。

在前文中已经阐述了战略导向（创业导向、学习导向）与双元创新两个维度之间的关系，因此本书认为双元创新的平衡维度和组合维度在战略导向和双元创新之间起到中介作用。由此，本书提出以下假设：

假设 3a：组合双元在创业导向与竞争优势间起中介作用；

假设 3b：组合双元在学习导向与竞争优势间起中介作用；

假设 3c：平衡双元在创业导向与竞争优势间起中介作用；

假设 3d：平衡双元在学习导向与竞争优势间起中介作用。

4.2.3 内部冗余资源与外部环境动态性的调节作用

考虑到创业导向和学习导向对双元创新的影响会因企业内外部权变因素的变化而有所不同，同时 Teece（2007）指出组织的竞争优势主要是合理地调配资源，适应不断变化的市场环境，因此本书选择内部冗余资源和外部环境动态性作为调节变量，两者也是企业实施战略行为的重要依据，使组织更有能力承担风险。冗余资源是战略管理领域中的关键概念，主要指留存于企业内部暂时超出现实需求范围，如果需要可随时利用的过量闲置资源（Bourgeois，1981）。一方面，对于具有创业导向的企业来说，创业过程是在充满不确定的环境中不断整合可用资源来开发新商业机会的过程，该过程必须平衡“机会—资源”的双元动态过程，机会开发是创业的核心，而资源是机会开发的基础，因此资源越多，企业的开发机会也就越多，进而会对创业导向对双元创新过程起到一定的调节作用（赵兴庐等，2017）。另一方面，学习导向与双元创新之间的关系可能因企业所处的资源冗余程度的不同而有所差异。当团队获得新的知识和技术，开启新的心智模式时，企业可能需要一定的冗余资源作为缓冲（Cheng et al.，1997），从而调节内部压力或技术突变带来的影响。因此，企业通过积累更多的冗余资源，挖掘更多的开发机会，缓冲企业内外部压力并增加灵活性，进而推动创业导向和学习导向作用的发挥。由此，本书提出以下假设：

假设 4a：当内部资源冗余高时，创业导向与组合双元之间的正向关系更明显；

假设 4b：当内部资源冗余高时，学习导向与组合双元之间的正向关系更明显；

假设 4c：当内部资源冗余高时，创业导向与平衡双元之间的正向关系更明显；

假设 4d：当内部资源冗余高时，学习导向与平衡双元之间的正向关系更明显。

在上述讨论中，假设平衡双元和组合双元在战略导向与竞争优势之间起中介作用，环境动态性可以加强战略导向、平衡双元和组合双元与竞争优势之间的联系。按照这一逻辑，当环境动态性较高时，战略导向将通过双元的两个维度对竞争优势产生更大的积极影响。也就是说，当环境动态性较高时，平衡双元和组合双元对战略导向和竞争优势的中介作用将更强。由此，本书提出以下假设：

假设5a：当环境动态性高时，创业导向与组合双元之间的正向关系更明显；

假设5b：当环境动态性高时，学习导向与组合双元之间的正向关系更明显；

假设5c：环境动态性正向调节组合双元在战略导向（创业导向、学习导向）与竞争优势之间的中介作用；

假设5d：环境动态性正向调节平衡双元在战略导向（创业导向、学习导向）与竞争优势之间的中介作用。

基于以上文献的梳理分析，本书对创业导向和学习导向对双元创新的作用进一步探讨，并考虑内部资源冗余与外部环境动态性的调节作用。图4－1是本章的研究框架。

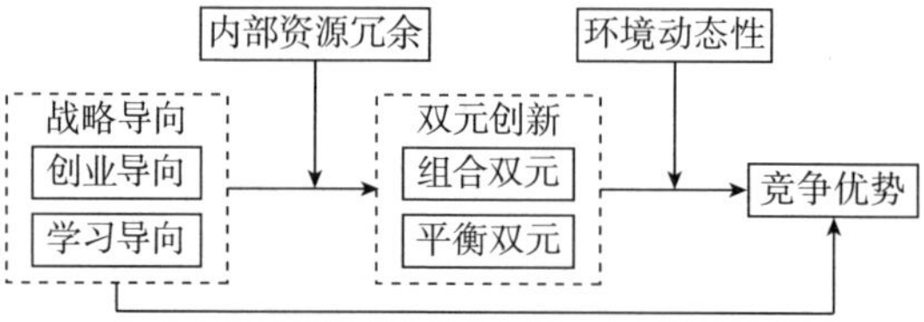

图4－1　本章的研究框架

4.3　研究设计与研究过程

在提出研究假设的基础上，进一步明确了研究过程的设计、主要变量的测度，并设计问卷测度量表，最后汇报预调研的初步分析结果。具体而言，首先指明本书采用了演绎逻辑的定量研究设计思路，遵循了科学的研究设计流程；其次围绕本书主要研究问题，介绍研究设计涉及的主要变量；再次汇报预调研程序和初步分析结果；最后介绍了本书拟采用的数据分析方法，包括因子分析、相关分析、回归分析、调节分析和中介分析。

4.3.1　样本收集与研究过程

研究样本选择来自广东、上海、江苏、山东、陕西、河南6省（市）的企业。首先，本书的数据通过问卷调研的方式获得，并考虑不同地区存在文化和经济差异，包括中国东部、南部沿海城市以及中部和西部城市，以便获取不同战略导向的企业的数据。其次，调研企业的主要类型为电子、机械、制药、加工等制造产业；企业性质涉及国有企业、民营企业和合资企业。根据就近原则，在方便获取数据的企业随机抽取样本，问卷发放时间为2014年3—5月和2017年1—2月，共收回问卷450份，在剔除无效问卷后，得到370份调查问卷。

4.3.2 变量测量

本书采用李克特量表评分，其中1代表“非常不同意”，5代表“非常同意”。具体变量测量指标如下：

（1）创业导向

根据Atuahene－Gima等（2001）的研究，包括以下题项：①公司的高层经理偏好高回报、高风险的项目；②高层经理在面对不确定性的时候，采取主动的态度；③公司通常先采取某项行动，竞争对手然后做出反应；④公司经常是率先引入新产品、服务、技术；⑤公司的高层领导人经常比竞争者率先采取行动。

（2）学习导向

根据Wang（2008）的研究，包括以下题项：①我们认为公司的学习能力是公司竞争优势提升的关键；②公司管理的一个基本原则是强调持续地学习；③一旦我们不再学习，我们的未来将受到威胁；④我们认为员工学习是一项投资而非成本。

（3）双元创新

双元创新又分为探索式创新和应用式创新。根据Atuahene－Gima（2005）的研究，探索式创新包括以下题项：①获取对公司全新的制造技术；②学习行业内全新的产品开发方法；③获取全新的管理方法以提高创新活动的效率；④率先掌握某些领域的技能；⑤提高在未知领域的创新技能。应用式创新包括以下题项：①巩固现有的知识和技能；②将资源投入应用成熟技术的技能上；③构建逐步改进现有问题解决方案的能力；④巩固现有的产品开发流程的技能；⑤增加项目技能以提高现有创新活动的效率。

（4）资源冗余

资源冗余又分为吸收冗余和非吸收冗余。根据 Tan 等（2003）的研究，吸收冗余包括：①我们的运营能力足够满足更多的需要；②我们的设备没有达到其产能的极限；③我们的生产能力没有得到充分利用。非吸收冗余包括：①我们的未分配利润足够进行市场扩张；②我们有足够的财务储备来提供可自由支配的资金；③我们容易获取贷款。

（5）竞争优势

根据 Jaworski 等（1996）的研究，包括以下题项：①我们拥有比竞争对手更低成本的竞争力；②我们拥有比竞争对手更好的管理能力；③我们比竞争对手的利润率更高；④我们在许多重要领域是领导者并且占据主导地位。

（6）环境动态性

根据 Gima 和 Li（2004）的研究，包括以下题项：①为了赶上竞争对手，需经常改变产品和实践；②行业中产品或服务过时速度很快；③行业内竞争者行为难以预测；④行业内顾客偏好难以预测；⑤行业内技术变革相对其他行业快。

4.4 数据分析结果

4.4.1 量表的信效度检验

如表 4 – 1 所示，对变量进行 KMO 和 Bartlett 球形检验，各变量的 KMO 值均大于 0.6，且 Bartlett 球形检验值显著且不为 0，适合开展因子分析。用 Cronbach's α 系数对各变量的信度进行检验，基本大于 0.8，说明各变量的测量具有良好的信度。从问卷的内容效度来看，均来自权威文献的成熟量表，并在正式开展调查前经过预调研和多轮反馈修改，因此具有较好的内容效度。因子分析中所提取的因子载荷都大于 0.5，累计方差贡献率均大于 70% 或接近 70%，说明各变量具有良好的聚合效度。

表4-1 变量的信度与效度分析

因子 Cronbach's α 系数		题项	因子载荷
创业导向 0.784		1. 公司的高层经理偏好高回报、高风险的项目	0.743
		2. 高层经理在面对不确定性的时候，采取主动的态度	0.716
		3. 公司通常先采取某项行动，竞争对手然后做出反应	0.805
		4. 公司经常是率先引入新产品、服务、技术	0.839
		5. 公司的高层领导人经常比竞争者率先采取行动	0.836
学习导向 0.882		1. 我们认为公司的学习能力是公司竞争优势提升的关键	0.886
		2. 公司管理的一个基本原则是强调持续地学习	0.890
		3. 一旦我们不再学习，我们的未来将受到威胁	0.863
		4. 我们认为员工学习是一项投资而非成本	0.796
双元创新	探索式创新 0.899	1. 获取对公司全新的制造技术	0.825
		2. 学习行业内全新的产品开发方法	0.834
		3. 获取全新的管理方法以提高创新活动的效率	0.835
		4. 率先掌握某些领域的技能	0.875
		5. 提高在未知领域的创新技能	0.849
	应用式创新 0.859	1. 巩固现有的知识和技能	0.772
		2. 将资源投入应用成熟技术的技能上	0.736
		3. 构建逐步改进现有问题解决方案的能力	0.834
		4. 巩固现有的产品开发流程的技能	0.832
		5. 增加项目技能以提高现有创新活动的效率	0.823
资源冗余	吸收冗余 0.724	1. 我们的运营能力足够满足更多的需要	0.654
		2. 我们的设备没有达到其产能的极限	0.913
		3. 我们的生产能力没有得到充分利用	0.835
	非吸收冗余 0.785	1. 我们的未分配利润足够进行市场扩张	0.817
		2. 我们有足够的财务储备来提供可自由支配的资金	0.905
		3. 我们容易获取贷款	0.787
竞争优势 0.824		1. 我们拥有比竞争对手更低成本的竞争力	0.768
		2. 我们拥有比竞争对手更好的管理能力	0.840
		3. 我们比竞争对手的利润率更高	0.865
		4. 我们在许多重要领域是领导者并且占据主导地位	0.762
环境动态性 0.853		1. 为了赶上竞争对手，需经常改变产品和实践	0.760
		2. 行业中产品或服务过时速度很快	0.869

续表

因子 Cronbach’s α 系数	题项	因子载荷
环境动态性 0.853	3. 行业内竞争者行为难以预测	0.836
	4. 行业内顾客偏好难以预测	0.750
	5. 行业内技术变革相对其他行业快	0.753

4.4.2 研究结果分析

在开展回归分析之前，对各主要变量之间的相关性进行分析，发现主要变量之间存在显著的相关关系，与预期理论假设相符，相关性分析见表4－2。本书对共线性问题进行诊断，结果表明，所有控制变量与研究变量 *VIF* 值均在3以下，不存在多重共线性问题。在此基础上，对假设开始检验，回归分析结果见表4－3。战略导向对竞争优势的总效应、直接效应及平衡双元的中介效应分解见表4－4。

表4－2 变量的相关性分析

变量	模型1	模型2	模型3	模型4	模型5	模型6	模型7	模型8	模型9	模型10
1. 企业规模	1									
2. 企业年龄	0.440**	1								
3. 是否高新	0.347**	0.199**	1							
4. 创业导向	−0.016	−0.103	0.027	1						
5. 学习导向	−0.028	0.010	0.049	0.374**	1					
6. 组合双元	0.161**	0.099	0.237**	0.460**	0.363**	1				
7. 平衡双元	0.050	0.032	0.091	0.024	−0.008	0.166**	1			
8. 竞争优势	−0.149**	−0.103	−0.124*	0.389**	0.273**	0.329**	−0.039	1		
9. 资源冗余	−0.098	−0.127*	0.062	0.292**	0.184**	0.300**	0.085	0.316**	1	
10. 环境动态性	0.077	0.088	0.078	0.269**	0.136*	0.325**	0.119*	0.135*	0.219**	1

注：*代表 $p<0.1$、**代表 $p<0.05$。

表4－3 平衡双元在战略导向与竞争优势之间的中介模型检验结果

路径	结果变量	预测变量	拟合指标		系数显著性	
			R^2 值	F 值	t 值	β 值
创业导向→平衡双元→竞争优势	竞争优势	创业导向	0.1454	57.327	7.5715	0.3764***
	平衡双元	创业导向	0.0004	0.1415	0.3761	0.0122

续表

路径	结果变量	预测变量	拟合指标		系数显著性	
			R^2 值	F 值	t 值	β 值
创业导向→平衡双元→竞争优势	竞争优势	平衡双元	0.1475	29.0648	-0.9118	-0.076
		创业导向			7.5867	0.3774***
学习导向→平衡双元→竞争优势	竞争优势	学习导向	0.061	21.9471	4.6848	0.2876***
	平衡双元	学习导向	0	0.0047	0.0685	0.0026
	竞争优势	平衡双元	0.0625	11.2255	-0.7308	-0.0639
		学习导向			4.6842	0.2878***

注：＊＊＊代表 $p<0.001$。

表 4-4　战略导向对竞争优势的总效应、直接效应及平衡双元的中介效应分解

路径	项目	效应值	间接效应的标准误	95%置信区间		相对效应值
				下限	上限	
创业导向→平衡双元→竞争优势	总效应	0.3764	0.0497	0.2786	0.4742	
	直接效应	0.3774	0.0497	0.2795	0.4752	1.00265675
	间接效应	-0.0009	0.0042	-0.0157	0.0044	-0.0023911
学习导向→平衡双元→竞争优势	总效应	0.2876	0.0614	0.1669	0.4084	
	直接效应	0.2878	0.0614	0.1670	0.4087	1.00069541
	间接效应	-0.0002	0.0052	-0.0123	0.0109	-0.00069541

（1）直接效应检验

为了验证假设 1（a、b、c、d），首先将组合双元和平衡双元作为因变量，然后在回归方程中依次加入控制变量和自变量。从表 4-5 中的模型 2 可以看出，创业导向显著正向影响组合双元（$\beta=0.405$，$p<0.001$）；学习导向显著正向影响组合双元（$\beta=0.766$，$p<0.001$）。因此，假设 1a、1b 得到支持，即创业导向和学习导向能够促进组合双元的发展。由模型 5 可以看出，创业导向、学习导向对平衡双元的影响都不显著。因此，假设 1c、1d 没有得到支持。为了验证假设 2（a、b），将竞争优势作为因变量，然后在回归方程中依次加入控制变量和自变量。从表 4-5 中的模型 7 可以看出，平衡双元对竞争优势的影响不显著（$\beta=-0.092$，$p>0.1$）；组合双元显著正向影响竞争优势（$\beta=0.206$，$p<0.001$），因此假设 2a 得到支

持，假设2b没有通过检验。通过以上检验我们得知平衡双元在此过程中并不显著，其主要原因可能是平衡双元主要强调探索与开发之间的匹配关系，将更多的精力放在了如何进行合理分配资源上，因此对于竞争优势的影响并不明显。

表4-5 假设分析的回归模型

变量	组合双元			平衡双元			竞争优势		
	模型1	模型2	模型3	模型4	模型5	模型6	模型7	模型8	模型9
控制变量									
企业年龄	0.058	0.173	0.090	-0.001	0.016	0.005	-0.064	-0.007	-0.024
是否高新	0.395***	0.312***	0.175***	0.051	0.048	0.035	-0.129*	-0.092	-0.120
企业规模	0.048	0.054	0.055	0.041	-0.001	0.528	-0.060	-0.062	-0.061
主效应检验									
创业导向		0.405***	0.401***		-0.009	0.017		0.320*	0.229***
学习导向		0.766***	0.207***		0.025	-0.033		0.138***	0.065
调节效应									
学习导向×资源冗余			0.096			0.211			
创业导向×资源冗余			-0.097			-0.177			
中介效应									
平衡双元							-0.092		-0.072
组合双元							0.206***		0.129***
调整后 R^2	0.053	0.329	0.333	0.003	-0.007	0.039	0.137	0.156	0.178
F 值	6.412	29.207	21.097	1.345	0.590	2.637	10.169	11.819	9.828

注：*代表 $p<0.05$，***代表 $p<0.001$。

（2）中介效应检验

本书采用温忠麟等（2014）提出的中介效应检验流程来验证组合双元与平衡双元的中介效应。首先，检验自变量和因变量的关系。从表4-5的模型8可以看出，创业导向正向促进竞争优势的形成（$\beta=0.320$，$p<0.05$），学习导向正向促进竞争优势的形成（$\beta=0.138$，$p<0.001$）。其次，依次检验自变量与中介变量，自变量中介变量与因变量的系数关系。从模型2可以看出，创业导向、学习导向对组合双元都产生显著影响（$\beta=0.405$，$p<0.001$；$\beta=0.766$，$p<0.001$）；从模型9可以看出，组合双

元显著影响竞争优势（$\beta=0.129$，$p<0.001$）。两个系数都显著，故间接效应显著。而从模型5可以看出，创业导向、学习导向对平衡双元的影响不显著，因此，用Bootstrap法直接检验。如表4－3所示，创业导向对竞争优势的预测作用显著（$t=7.5715$，$p<0.001$），当放入平衡双元后，创业导向对竞争优势的直接预测作用依然显著（$t=7.5867$，$p<0.001$）。此外，创业导向对竞争优势的直接效应的95%置信区间的上限、下限不包含0（见表4－4），而间接效应包含0。因此平衡双元无中介效应，假设3c没有得到支持。同理，假设3d没有得到支持，即平衡双元在两条路径上不存在中介效应。再次，检验自变量、中介变量和因变量的系数。从表4－5中的模型9可以看出，学习导向对竞争优势的显著影响消失，即直接效应不显著，只有中介效应。故假设3b成立，即组合双元在学习导向与竞争优势间起到完全中介作用。最后，通过模型2和模型9可以看出，直接效应中介变量前系数0.129和间接效应自变量前系数0.405的乘积与直接效应自变量前系数0.229同号（a、b与c同号，其中a＝0.405、b＝0.129、c＝0.229），故组合双元在创业导向与竞争优势间起到部分中介效应，假设3a没有得到支持。

（3）调节效应检验

首先，对内部资源冗余在战略导向与组合双元之间的调节作用进行检验。在模型3中，创业导向与内部资源冗余的交互作用没有得到验证（$\beta=-0.097$，$p>0.1$），学习导向与内部资源冗余的交互作用没有得到验证（$\beta=0.096$，$p>0.1$），因此，假设4a、假设4b没有通过检验。其次，对内部资源冗余在战略导向与平衡双元之间的调节作用进行检验。在模型6中，创业导向与内部资源冗余的交互作用没有得到验证（$\beta=-0.177$，$p>0.1$），学习导向与内部资源冗余的交互作用没有得到验证（$\beta=0.211$，$p>0.1$），因此，假设4c、假设4d没有通过验证。可能的原因是，资源冗余强调企业所拥有剩余资源的缓冲程度，对于突发事件的解决效果明显，而战略导向关注的是企业的价值观以及长远目标，平衡双元和组合双元则关注探索与应用两者之间的平衡和互补关系，因此调节变量对战略导向与双元创新之间的影响关系并不明显。最后，检验外部环境动态性在组合双元与竞争优势之间的调节作用。表4-6显示，在模型2中，环境动态性与组合双元的交互作用得到验证（$\beta=0.075$，$p<0.001$）；在模型3中环境动态性与平衡双元之间的交互作用没有得到验证（$\beta=0.237$，$p>0.1$），因此，假设5a、假设5b没有通过检验。

表4-6　环境动态性的调节效应检验结果

变量	竞争优势		
	模型1	模型2	模型3
企业年龄	0.002	0.006	0.002
是否高新	0.094	0.080	0.087
企业规模	0.088	0.079	0.074
创业导向	0.309	0.317***	0.317***
学习导向	0.121	0.090**	0.107***
环境动态性	0.031*	0.038	-0.201
组合双元×环境动态性		0.075***	
平衡双元×环境动态性			0.237
调整后R^2	0.145	0.141	0.137
F值	8.994	7.495	7.273

注：*代表$p<0.05$，**代表$p<0.01$，***代表$p<0.001$。

（4）进一步分析——被调节的中介效应检验

本书使用SPSS22.0软件和Preacher等（2008）提供的Process插件，将样本数量设置为1000，置信区间设置为95%，model number设置为14，检验有调节的中介效应，即当调节变量发生变化时（分别取均值减1个标准差、均值、均值加1个标准差），观察中介效应是否变得显著。如表4-7所示，在路径1中，当环境动态性水平较低时，95%的置信区间为（0.001，0.199），置信区间不包括0，即中介效应显著。当竞争动态水平较高时，95%的置信区间为（0.063，0.247），置信区间不包括0，中介效应显著。组合双元的中介效应在加入环境动态性的调节效应后的回归系数基本保持不变。同理，在路径2中，当环境动态性水平较低时，95%的置信区间为（0.026，0.190），置信区间不包括0，即中介效应显著。当环境动态性水平较高时，95%的置信区间为（0.067，0.226），置信区间不包括0，即中介效应显著。因此，假设5c、假设5d得到支持。

表4－7　被调节的中介效应检验结果

路径	环境动态性	Effect	BootSE	95%置信区间	
				BootLLCI	BootULCI
路径1：创业导向→组合双元→竞争优势	－1.025（－1 SD）	0.091	0.050	0.001	0.199
	0（Mean）	0.123	0.035	0.058	0.196
	1.025（＋1 SD）	0.156	0.046	0.063	0.247
路径2：学习导向→组合双元→竞争优势	－1.025（－1 SD）	0.099	0.042	0.026	0.190
	0（Mean）	0.122	0.031	0.066	0.189
	1.025（＋1 SD）	0.146	0.040	0.067	0.226

4.5　结论与讨论

4.5.1　结论

本节从不同类型的战略导向出发，探究创业导向和学习导向对竞争优势的影响，揭示了平衡双元和组合双元的过程机制以及内部资源冗余和环境动态性的调节作用。主要研究结论如下：首先，创业导向和学习导向分别显著促进组合双元，对平衡双元无显著影响。同时组合双元显著影响竞争优势，而平衡双元对竞争优势无显著影响。通过以上检验我们得知平衡双元在此过程中并不显著，其主要原因可能是平衡双元主要强调探索与开发之间的匹配关系，将更多的精力放在了如何进行合理分配资源上。因此，对竞争优势的影响并不明显。其次，组合双元分别在创业导向和学习导向与竞争优势中起到中介作用，而平衡双元不存在中介作用。再次，内部资源冗余分别在创业导向、学习导向和双元创新之间均不存在调节作用；环境动态性在组合双元和竞争优势之间起到正向调节作用，在平衡双元和竞争优势之间不存在调节作用。最后，环境动态性正向调节组合双元在创业导向与竞争优势之间的中介作用；正向调节组合双元在学习导向与竞争优势之间的中介作用。

4.5.2 讨论

本书将战略导向和双元创新整合在一个理论框架下，从创业导向和学习导向切入探究企业如何通过双元创新（平衡和组合）提升企业竞争优势。研究发现，组合双元在此过程中具有显著影响，而平衡双元并不显著。其主要原因可能是，平衡双元主要强调探索与应用之间的匹配关系，将更多的精力放在了如何进行合理分配资源上，因此对竞争优势的影响并不明显。同时，本书扩展了双元创新的内部和外部边界因素。具体来说，内部资源冗余强调企业所拥有剩余资源的缓冲程度，冗余资源价值的有效实现取决于企业管理者的利用水平（欧阳桃花等，2022）。当聚焦于关注企业价值观以及长远目标的战略导向时，一方面，冗余资源难以影响企业的未来创新发展；另一方面，根据有限理性的管理行为，管理者受能力、认知和价值偏好等因素的影响，难以有效协调探索式创新与应用式创新之间的互补和替代关系，因此调节变量对战略导向与双元创新之间的影响关系并不明显。而环境动态性显著调节组合双元对竞争优势之间的关系，对平衡双元无显著调节作用。其主要原因可能是，组合双元强调探索式创新与应用式创新之间相互补充、相互促进的关系，因此，当外部技术和市场环境高度变化时，企业能够快速灵活地配置现有资源和新兴资源，在改进现有知识结构的基础上进一步探索新的市场渠道、开发新的技术范式，进而形成竞争优势。而平衡双元更加强调探索式创新与应用式创新之间相互替代的关系，因而当外部环境高度变化，探索式创新与应用式创新之间的相互转化涉及组织变革和结构调整，需要一定的调整时间和组织适应过程，因此对竞争优势没有显著影响。

5 双元创新的动因（一）

——数字化情境下不同网络嵌入对企业双元创新的影响研究

本章通过对以往的文献研究进行总结归纳，对比了知识网络和合作网络两种企业网络的差异，探究知识网络嵌入和合作网络嵌入对企业双元创新活动的影响，在此基础上，结合企业数字化转型的背景，探究企业数字应用范围对这些关系的调节作用。

5.1 问题提出

随着技术不断更新以及商业环境全球化、顾客需求多样化、信息强度和知识重要性增加等趋势，企业正在主动或被动地加入和形成企业网络，从而实现与其他企业的合作。企业网络是企业与外部建立联系并且获取资源的重要形式。由于自身资源的限制，无论是工业公司、服务公司、公共组织还是政府机关和机构，都不能离开其他合作伙伴而独立运作（François and Vernadat，2010）。基于网络嵌入理论，企业跨越组织边界与其他主体的合作可以形成以相互信任为基础的信息共享氛围，建立相关的社会资本，获取及时、有价值和多样化的信息、知识和资源，从而消除企业自身的资源限制，提升企业的竞争优势。此外，过度依赖企业已有的网络也会将企业的发展局限于网络内部，限制企业实现根本的突破。因此，企业在外部企业网络中的嵌入性对运营活动有重大的影响。

基于 March（1991）的组织双元理论，创新管理领域的学者提出了组织双元创新，即探索式创新和应用式创新的结合。企业网络是企业获取外部知识的重要来源，为企业拓展了知识来源，降低了知识搜索的难度，是企业重要的外部资源，会对企业双元创新活动产生一定的影响。许多学者探究了企业网络关系对组织双元发展的影响。一方面，在个人层面的网络关系中，管理者或高层管理人员的网络可以提供有利于双元性的双重知识收益（Ciaran et al.，2015）、在探索新业务和开发现有业务之间保持平衡的能力（Michelle and Marie，2014）。同样，CEO 的网络广泛性对双元性也会产生积极影响（Qing et al.，2010）。此外，还有学者关注到销售人员的社会网络广泛性可以促进销售人员的销售—服务双元性（Zheng，2022）。另一方面，在组织层面的网络关系中，学者主要探讨了网络的类型、网络多样性、网络的形成和组成、网络中的关系强度、网络密度、企业的网络定位等对焦点企业双元性的影响，如 Seo 等（2022）基于能力和社会网络文献，认为企业的技术能力和在行业联盟中的网络地位决定了探索和应用之间的最佳平衡。此外，部分学者关注到不同的网络类型对企业活动可能会产生差异性的影响。He 等（2022）在中国背景下探究了动态能力对双元性的影响，对比了关系网络和结构网络的调节作用，同样，其他的研究发现关系网络和结构网络都对中小企业探索式创新和应用式创新具有正向影响（He and Wu，2022）。Haim 等（2022）探究了技术联盟和非技术联盟中的知识转移对企业开发、研发能力和挪用能力效率的影响。Wu 和 Qu（2021）探究了企业资本、政府资本和知识网络资本对探索式国际化和应用式国际化的差异影响，发现商业网络资本对探索式国际化和应用式国际化具有相同的正向影响，政府网络资本影响探索式国际化的实施，知识网络资本影响应用式国际化的实施。Xiao 等（2021）探究了地理网络、协作网络和知识网络对企业创新的影响。基于此，本书延续现有的研究，探讨不同类型的企业网络嵌入对企业双元创新的影响。

基于网络嵌入理论，企业通过加入或形成企业网络，取得与外界的联系，从而获取更多的外部资源，打破自身的资源限制，对企业的经营活动产生影响。但是由于行动者对资源控制的不同，不同类型的网络关系可能导致网络资源的差异化（Wu and Qu，2021），使得这种影响不一致。具体而言，不同类型的企业网络在网络组成、网络能力、网络嵌入性、网络中联系强度等方面表现都不一样，如知识网络和合作网络中的参与者不同，知识网络中多为高校、咨询公司、科研机构（Wu and Qu，2021），侧重知识交流和知识传递等活动，而合作网络中多为其他商业企业（Guan and Liu，2016），通过联盟、投资等形式，两种网络为企业带来的是不同类型的企业资源，对企业创新活动的影响也具有差异。因此，本书基于知识网络和合作网络的差异，探究知识网络嵌入和合作网络嵌入对企业双元创新活动的异质性影响。

此外，随着以人工智能、大数据、云计算、区块链等为代表的数字技术迅速发展，数字化转型成为企业保持可持续竞争优势的必由之路。由于数字技术的发展，出现了一批数字企业，这类企业首先在自身行业迅速发展，随后向其他传统的行业进行业务拓展，导致许多传统在位企业的地位受到威胁，甚至迅速为新的数字企业所颠覆。一方面，数字化给企业各类经营活动带来了颠覆式的转变，企业的双元活动也因数字化而发生了改变。Božič等（2019）认为商业智能和分析的使用通过增加更快的产品或服务提供试验的可能性和提高新产品或服务价值的可预测性直接增强了双元创新。Scuotto 等（2019）验证了社交媒体平台的四个维度与时尚公司的双元创新导向之间的相关性。Del Giudice 等（2022）的研究表明类人机器人通过产生探索式和应用式例程间接影响劳动生产率。Wang 等（2020）发现自动化、信息和转型的 IT 角色会对探索和应用活动产生不同的影响，并证实了 IT 在组织创新活动中的多方面作用。另一方面，企业网络在很大程度上依赖于信息和通信技术，尤其是互联网计算（François and Vernadat，2010）。因此数字化的相关因素可能会对不同类型网络嵌入与企业双元创新之间的关系产生影响。因此，本书借鉴 Yoo 等（2012）的研究，引入数字化应用范围作为调节变量，探究数字化转型背景下多重网络嵌入对企业双元创新的差异化影响。

综上所述，本书基于网络嵌入理论和组织双元理论，探究数字化转型背景下，不同类型企业网络嵌入对组织双元创新的影响。具体而言：首先，本书探究了知识网络嵌入和合作网络嵌入对组织双元创新活动组合维度和平衡维度的影响，在此基础上，对比不同类型网络嵌入对双元创新各维度影响的差异；其次，基于数字化转型背景，探讨数字化应用范围对网络嵌入与双元创新组合维度和平衡维度之间关系的调节作用。本书的研究同时考虑了知识网络和合作网络，以往的研究通常仅限于单一类型的企业网络研究，而实践中企业并非仅嵌入一种网络，本书对比了两种类型网络嵌入的差异性影响，有助于企业制定企业网络战略以促进组织双元创新的进行，并结合数字化转型的背景，为数字化情境下企业网络战略的制定提供参考。

5.2 文献回顾与研究假设

5.2.1 不同类型网络嵌入与双元创新

March（1991）将组织学习活动划分为探索式学习和应用式学习，即双元学习理论。在此基础上，创新领域学者提出了双元创新，即应用式创新与探索式创新，应用式创新侧重对现有产品和流程进行改进与提升，通常与渐进性的创新成果相关；而探索式创新侧重开发新的技术、产品、服务，通常与突破性创新成果相关。现有的双元创新研究关注双元创新的组合维度和平衡维度，组织双元创新的组合维度捕捉的是探索式创新和应用式创新之间的互补效应，要求企业具有充足的资源，同时进行探索式创新和应用式创新；而当企业资源无法满足更高水平的探索式创新和应用式创新同时发展时，探索式创新和应用式创新就会竞争企业资源，企业需要对双元创新进行平衡，即平衡维度。对于平衡维度，借鉴已有研究，计算探索创新与应用创新的差值，差值越大，表明企业的双元创新更倾向于探索创新，即相对平衡维度。

基于网络嵌入理论（Granovetter，1985），由两个或两个以上企业构建的企业网络形成了以相互信任为基础的信息共享氛围，为网络中的企业建立了相关的社会资本，保证企业可以获取及时、有价值和多样化信息以及有价值的知识和资源，从而消除企业自身的知识和资源限制，促进企业的探索式创新和应用式创新，提升企业的竞争优势。不同类型企业网络嵌入对企业双元创新的组合维度和平衡维度的影响如下：

（1）知识网络嵌入与双元创新

知识网络是基于知识依存关系形成的网络，是知识元素之间的关系集合（孙笑明等，2023）。Swan 等（1999）认为知识网络是一个提供知识、信息利用等作用的社会网络。从功能角度出发，李丹等（2002）认为基于对知识的需求以及知识管理的需要，每个组织均需与外界组织建立联系，实现知识在不同组织间的共享，从而构成集知识创新、知识整合和知识共享等功能于一体的网络结构体系，即知识网络。Wu 和 Qu（2021）认为知识网络资本是通过企业与高校、咨询公司、科研机构的频繁互动而形成的。嵌入知识网络可以为集群企业的知识获取、吸收和整合创造条件，进而推动集群企业的创新行为（Owen - Smith and Powell，2004）。此外，利用知识网络节点之间的邻近性也可以解释协作模式（Balland et al. ，2015）。

如上所述，知识网络的嵌入为企业的知识获取、吸收和整合创造了条件（Owen - Smith and Powell，2004），从而为组织创新活动提供资源。同时，知识网络的嵌入也使得企业与高校、咨询公司、科研机构等建立联系，为组织取得了更多更广泛的知识和资源。因此，一方面，知识网络的嵌入为企业提供了更充足的资源，使得企业可以同时进行更高水平的探索式创新和应用式创新，即提升双元创新的组合维度。另一方面，对于双元创新的平衡维度而言，知识网络中多为高校、咨询公司、科研机构等其他参与者，这类参与者更倾向于对新知识的探索与突破，为企业带来了与之前知识领域不同的新知识，从而有助于企业对远距离知识的探索学习，使得探索创新与应用创新的差值增大，即双元创新平衡维度向着探索式创新增加发展。基于此，本书提出以下假设：

假设 1a：知识网络嵌入对企业双元创新组合维度有正向影响。

假设 1b：知识网络嵌入促进了企业双元创新的相对平衡维度，使得探索高于应用。

（2）合作网络嵌入与双元创新

合作网络是资源流动的载体和渠道（孙笑明等，2023），依靠构建合作网络可以与其他主体形成多维度的资源共享机制。在开放式创新背景下，企业单独作战模式逐渐被取代，不同形式的组织合作关系已成为企业战略的重要组成部分（Guan and Liu，2016）。企业外部间合作网络与创新活动密切相关，可以为企业获取外部信息提供有效途径，正向促进企业创新能力（李健等，2018），也可以使得网络各成员获得的经济利益最大化。

在合作网络中，企业与其他主体形成多维度的资源共享机制，促进了资源流动，为企业获取外部信息提供有效途径，有助于企业双元创新的进行。对于双元创新的组合维度，合作网络的资源共享机制为企业获取更多的资源提供便利，加快了资源在企业间的流动，为企业实现更高水平的探索式创新和应用式创新提供可能，因此促进了双元创新的组合维度。对于双元创新的平衡维度，合作网络的存在使得企业远距离知识和资源的搜索与获取更加便利，因此更有助于企业的探索式创新，使得探索创新与应用创新的差值增大，即双元创新平衡维度向着探索式创新发展。基于此，本书提出以下假设：

假设 2a：合作网络嵌入对企业双元创新组合维度有正向影响。

假设 2b：合作网络嵌入促进了企业双元创新的相对平衡维度，使得探索高于应用。

（3）不同类型网络嵌入与双元创新

对比知识网络和合作网络的组成和性质差异，可以探究这两种类型的网络嵌入对企业双元活动的差异化影响。对于双元创新的组合维度，即企业同时追求探索式创新和应用式创新，合作网络为企业提供了与其他主体的资源共享机制，包括企业的上下游企业、同行、公共部门等，企业可以获取广泛的知识和资源；而在知识网络中，企业与其他知识主体通过知识共享和知识传递等活动交换知识资源，所以企业通过合作网络嵌入获取的知识更加广泛，资源更加充足，相比知识网络嵌入，合作网络嵌入使得企业的探索式创新和应用式创新实现更高水平的兼容。基于此，本书提出以下假设：

假设 3a：合作网络嵌入对双元创新组合维度的正向影响强于知识网络

嵌入。

企业将现有资源充分用于探索式创新和应用式创新过程中，还需要在探索式创新和应用式创新两者之间保持相对平衡，即关注双元创新的相对平衡维度。由于目前很多企业缺乏探索式创新，因此，相对平衡维度需要保持探索式创新高于应用创新。相对于合作网络而言，知识网络包括高校、科研机构等异质性的知识来源主体，这类参与者更加注重新知识领域的钻研与突破，为焦点企业提供更多新的知识，从而，促进企业开展需要突破性和多样化知识的探索式创新活动。因此，知识网络嵌入对双元创新相对平衡维度影响更为显著，即，促进企业在探索式创新与应用式创新平衡中，更倾向于加强探索式创新。

假设3b：相比于合作网络嵌入，知识网络嵌入对双元创新相对平衡维度的影响更为显著。

5.2.2 数字化应用范围的调节作用

随着数字经济的发展，数字化转型对企业网络以及企业经营活动都具有很大的影响。数字化转型要求企业将数字技术融入企业所有的生产经营活动中，同时，企业网络也依赖于信息和通信技术，尤其是互联网计算（François and Vernadat，2010），因此，数字化应用范围对企业网络嵌入与双元创新活动之间的关系具有一定的调节作用。一方面，数字化应用范围使得企业网络的形成跨越了许多物理限制，如地理位置的限制、时间的限制、人才的限制等，地理上相距很远的企业也能建立联系构建企业网络，同时加快了各参与主体之间的交流，节约了时间。此外，企业也便于搜寻之前接触不到的专家等人才。另一方面，在企业搜索到外部的知识和资源后，企业内部的数字化应用也有助于企业加快开发利用这些资源，同时发挥更大的资源价值。

对于双元创新组合维度，数字化应用范围越大，企业从网络中获取的知识和资源越多，有助于提升同时进行探索式创新和应用式创新的水平；对于双元创新平衡维度，数字化应用范围越大，企业越容易获取原先无法触及的远距离新知识和资源，进行探索式创新，同时加快了探索式创新的进度，使得企业双元创新平衡维度向探索式创新变动的程度更大。因此，数字化应用范围对企业不同类型网络嵌入与双元创新组合维度之间的正向关系有积极的调节作用，对企业不同类型网络嵌入与双元创新平衡维度向探索式创新变动也具有积极的调节作用。基于此，本书提出以下假设：

假设 4a：数字化应用范围积极调节企业知识网络嵌入对双元创新组合维度的正向影响。

假设 4b：数字化应用范围积极调节企业知识网络对双元创新相对平衡维度的影响。

假设 5a：数字化应用范围积极调节企业合作网络嵌入对双元创新组合维度的正向影响。

假设 5b：数字化应用范围积极调节企业合作网络对双元创新相对平衡维度的影响。

综上所述，本章的研究模型如图 5－1 所示。

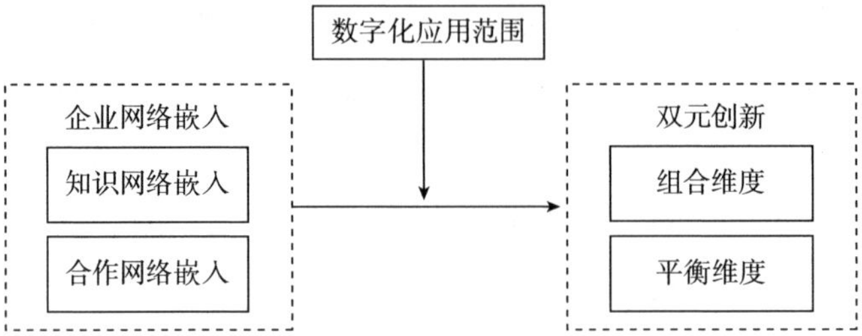

图 5－1　本章的研究模型

5.3　研究设计与研究过程

5.3.1　样本收集与研究过程

本书通过问卷调查的方式获取研究所需要的数据，问卷主要由企业中的中高层管理人员填写，调查中要求被试者根据企业具体情况对问卷中的各个题项进行回答，研究最终共收集到 257 份有效问卷。问卷的基本特征如表 5－1 所示。

表5－1 受访企业描述性分析

调查项目	调查指标	调查结果	结果占比/%
企业年龄	3年以内	3	1.2
企业年龄	3～5年	12	4.7
	6～10年	73	28.4
	11～30年	139	54.1
	30年以上	30	11.7
企业规模	1～50人	20	7.8
	51～200人	66	25.7
	201～500人	71	27.6
	501～1000人	47	18.3
	1001～2000人	16	6.2
	2000人以上	37	14.4
主营业务年收入	100万元以下	4	1.6
	100万～1000万元	53	20.6
	1000万～1亿元	97	37.7
	1亿～10亿元	68	26.5
	10亿元以上	35	13.6

5.3.2 变量测量

为了保证测量信度和效度，本书采用国内外成熟量表，并进一步结合中国情景进行改良。本书采取李克特量表的计分法来度量变量，用1～7分别代表与企业情况的符合程度，1分表示非常不符合，7分表示非常符合，从1～7分程度依次递增。

（1）自变量

对于知识网络嵌入（*Kn*），本书主要借鉴Batjargal（2001）、吴旭云等（2013）、周中胜等（2015）、李正卫等（2013）、Zhang（2005）、解学梅等（2013）、王辉等（2012）、刘刚等（2014）的研究，包括“相较于同业，贵公司与不同知识主体在知识或技术方面联系的数量较多”“相较于同业，贵公司与同行其他企业在知识或技术等方面交流的数量较多”“相较于同业，贵公司与咨询机构等知识交流型组织联系的数量较多”三个题项。

合作网络嵌入（*Cn*）的测量主要借鉴 Hagedoorn（2006）、Granovetter（2020）的研究，包括“相较于同业，贵公司与供应商等上游企业联系的数量较多”“相较于同业，贵公司与客户等下游企业联系的数量较多”“相较于同业，贵公司与同行其他企业联系的数量较多（不包括供应商与客户）”“相较于同业，贵公司与政府部门、行业协会等公共部门联系的数量较多”“相较于同业，贵公司与中介机构、研究机构、咨询机构等组织联系的数量较多”五个题项。

（2）因变量

因变量是双元创新的组合维度（*Ac*）和相对平衡维度（*Ab*）。为了测量企业双元创新的相对平衡维度和组合维度，首先，分别测量了企业的探索式创新和应用式创新，其中探索式创新包括“贵公司注重获取全新的生产技术与技能”“贵公司注重学习行业内全新的产品创新方法与流程”“贵公司注重获取全新的管理与组织方法来提升创新效率”“贵公司注重率先掌握某些领域的新技能”“贵公司注重提升在未知领域的创新和开发能力”五个题项；应用式创新包括“贵公司注重运用现有的知识技能巩固主营业务或核心产品”“贵公司更加愿意把资源投入已经成熟的技术领域来提高生产率”“贵公司注重提升解决现有客户问题的能力”“贵公司注重巩固现有产品或业务的生产开发流程”“贵公司常常通过对现有知识技能的优化整合提升创新活动效率”五个题项。其次，双元创新的组合维度是指探索式创新和应用式创新的乘积，即“探索式创新×应用式创新”；双元创新的相对平衡维度就是探索式创新与应用式创新的差值，即“探索式创新－应用式创新”。

（3）调节变量

调节变量数字化应用范围（*Digit*）的测量主要借鉴 Yoo 等（2012）的研究，包括“应用了大量数字产品或服务”“应用了支撑数字产品和服务的数字平台”“数字基础设施（如数字技术工具和系统）很完善”“自行研发或自主搭建数字产品（服务）、平台与基础设施”“从外部购买与应用数字产品（服务）、平台与基础设施”“拥有数字化程度很高的商业模式”

“拥有数字化程度很高的内部管理与运作模式”七个题项。

（4）控制变量

本书将企业年龄（*Age*）、企业规模（*Scale*）、企业发展阶段（*Dev*）作为控制变量，企业规模通过员工人数测量。由于这些变量会对企业的双元创新活动产生一定的影响，为了避免这些因素对研究结果的影响，将其作为控制变量。

5.4 实证分析结果

本书采用了 SPSS 24.0 和 Mplus 8.3 进行数据分析，依次用 Mplus 进行验证性因子分析、用 SPSS 进行描述性统计和分层回归分析，验证本书的假设。

5.4.1 共同方法偏差分析

由于本书问卷的填写均处于同一时间节点，因此可能会产生同源偏差问题。为了检验该问题，选择 Harman 单因子法，对 5 个变量所有题目进行未旋转因子分析。检验结果显示，特征根大于 1 的公因子有 6 个，第一个因子仅解释了 31.648% 的方差，即因变量与自变量都附载在不同因子上，表明单因子无法解释大多数方差，并且出现了多个因子，共同方法偏差不显著。

5.4.2 验证性因子分析

采用验证性因子分析检验数据与模型的匹配性，并对变量进行区分效度分析。通过 Mplus 8.3 对知识网络嵌入、合作网络嵌入、探索式创新、应用式创新和数字化应用范围 5 个构念的测量题项进行验证性因子分析，结果如表 5－2 所示。由表 5－2 可知，五因子模型拟合度整体优于其他模型，说明本书所涉及变量区分效度良好。

表 5－2 验证性因子分析竞争模型

模型	χ^2	df	χ^2/df	CFI	TLI	RMSEA	SRMR
五因子模型	533.666	265.000	2.014	0.864	0.846	0.063	0.053

续表

模型	χ2	df	χ2/df	CFI	TLI	RMSEA	SRMR
四因子模型	541.481	269.000	2.013	0.862	0.846	0.063	0.054
三因子模型	543.827	272.000	1.999	0.862	0.848	0.062	0.054
二因子模型	576.155	274.000	2.103	0.847	0.832	0.066	0.055
单因子模型	654.527	275.000	2.380	0.807	0.790	0.073	0.061

5.4.3 描述性统计与相关性分析

主要变量的描述性统计分析和相关系数如表5－3所示。主要给出了变量之间的相关系数矩阵，以及各变量的统计指标，包括均值和标准差。从表5－3中可以看出目前大部分企业探索式创新水平低于应用式创新水平。

表5－3 描述性统计分析和相关系数

指标	均值	标准差	1	2	3	4	5	6	7	8
Age	3.704	0.779	1							
Scale	3.327	1.482	0.412***	1						
Dev	2.397	0.591	0.510***	0.368***	1					
Kn	5.435	0.842	0.026	0.186**	0.097	1				
Cn	5.405	0.770	0.030	0.144*	0.050	0.661***	1			
Ac	33.022	6.953	0.092	0.166**	0.086	0.556***	0.573***	1		
Ab	-0.019	0.522	-0.019	0.028	0.085	0.152+	0.101	0.084	1	
Digit	5.587	0.736	0.028	0.168**	0.069	0.681***	0.613***	0.619***	0.114+	1

注：+代表 $p<0.1$，*代表 $p<0.05$，**代表 $p<0.01$，***代表 $p<0.001$。

5.4.4 假设检验

表5－4、表5－5分别是知识网络嵌入、合作网络嵌入的直接以及调节效应回归结果。

表5－4 知识网络嵌入回归结果

变量	模型1	模型2	模型3	模型4	模型5	模型6	模型7	模型8
Age	0.019	0.069	0.070	0.024	-0.091	-0.077	-0.077	-0.083
Scale	0.150*	0.041	0.020	0.031	0.020	-0.009	-0.010	-0.009
Dev	0.022	-0.017	-0.011	-0.028	0.124+	0.113	0.114	0.112

续表

变量	模型 1	模型 2	模型 3	模型 4	模型 5	模型 6	模型 7	模型 8
Kn		0.548 ***	0.249 ***	-1.188 ***		0.145 *	0.131	-0.038
Digit			0.445 ***	-0.702 ***			0.021	-0.114
Kn × *Digit*				2.397 ***				0.282
R^2	0.028	0.316	0.422	0.541	0.013	0.033	0.033	0.035
调整后 R^2	0.017	0.306	0.411	0.529	0.001	0.018	0.014	0.012
F 值	2.464 +	29.167 ***	36.670 ***	49.014 ***	1.094	2.147 +	1.723	1.503

注：+代表 $p<0.1$，*代表 $p<0.05$，***代表 $p<0.001$。

表 5-5　合作网络嵌入回归结果

变量	模型 9	模型 10	模型 11	模型 12	模型 13	模型 14	模型 15	模型 16
Age	0.019	0.042	0.059	0.040	-0.091	-0.087	-0.084	-0.088
Scale	0.150 *	0.062	0.025	0.036	0.020	0.005	-0.002	0.001
Dev	0.022	0.014	0.003	-0.008	0.124 +	0.122 +	0.120	0.118
Cn		0.562 ***	0.308 ***	-0.455 +		0.097	0.050	-0.131
Digit			0.424 ***	-0.257			0.078	-0.084
Cn × *Digit*				1.305 **				0.309
R^2	0.028	0.337	0.448	0.470	0.013	0.022	0.026	0.027
调整后 R^2	0.017	0.327	0.437	0.457	0.001	0.006	0.006	0.004
F 值	2.464 +	32.088 ***	40.781 ***	36.956 ***	1.094	1.414	1.323	1.152

注：***代表 $p<0.001$；**代表 $p<0.01$；*代表 $p<0.05$，+代表 $p<0.1$。

在表 5-4 中，模型 1 到模型 4 是以双元创新组合维度为因变量的回归结果，依次加入了控制变量、自变量知识网络嵌入（*Kn*）、调节变量数字化应用范围（*Digit*）、自变量和调节变量的交互项（*Kn* × *Digit*）。在模型 2 中，知识网络嵌入（*Kn*）系数为正且显著（$\beta=0.548$，$p<0.001$），表明在考虑其他控制变量的条件下，知识网络嵌入与双元创新组合维度呈显著正相关，假设 1a 得到支持。在模型 4 中，交互项 *Kn* × *Digit* 系数为正且显著（$\beta=2.397$，$p<0.001$），表明在考虑其他控制变量的条件下，数字化应用范围对企业知识网络嵌入与双元创新组合维度之间的正向关系有积极的调节作用，假设 4a 得到支持。

模型 5 到模型 8 是以双元创新平衡维度为因变量的回归结果，依次加入了控制变量、自变量知识网络嵌入（*Kn*）、调节变量数字化应用范围（*Digit*）、自变量和调节变量的交互项（$Kn \times Digit$）。在模型 6 中，知识网络嵌入（*Kn*）系数为正且显著（$\beta = 0.145$，$p < 0.05$），表明在考虑其他控制变量的条件下，知识网络嵌入与双元创新平衡维度呈显著正相关，假设 1b 得到支持。在模型 8 中，交互项 $Kn \times Digit$ 系数为正但不显著（$\beta = 0.282$，$p > 0.1$），表明在考虑其他控制变量的条件下，数字化应用范围对企业知识网络嵌入与双元创新平衡维度之间关系的积极调节作用不显著，假设 4b 没有得到支持。

在表 5－5 中，模型 9 到模型 12 是以双元创新组合维度为因变量的回归结果，依次加入了控制变量、自变量合作网络嵌入（*Cn*）、调节变量数字化应用范围（*Digit*）、自变量和调节变量的交互项（$Cn \times Digit$）。在模型 10 中，合作网络嵌入（*Cn*）系数为正且显著（$\beta = 0.562$，$p < 0.001$），表明在考虑其他控制变量的条件下，合作网络嵌入与双元创新组合维度呈显著正相关，假设 2a 得到支持。在模型 12 中，交互项 $Cn \times Digit$ 系数为正且显著（$\beta = 1.305$，$p < 0.01$），表明在考虑其他控制变量的条件下，数字化应用范围对企业合作网络嵌入与双元创新组合维度之间的正向关系有积极的调节作用，假设 5a 得到支持。

模型 13 到模型 16 是以双元创新平衡维度为因变量的回归结果，依次加入了控制变量、自变量合作网络嵌入（*Cn*）、调节变量数字化应用范围（*Digit*）、自变量和调节变量的交互项（$Cn \times Digit$）。在模型 14 中，合作网络嵌入（*Cn*）系数为正但是不显著（$\beta = 0.097$，$p > 0.1$），表明在考虑其他控制变量的条件下，合作网络嵌入与双元创新相对平衡维度不存在显著的正相关关系，假设 2b 没有得到支持。在模型 16 中，交互项 $Cn \times Digit$ 系数为正但不显著（$\beta = 0.309$，$p > 0.1$），表明在考虑其他控制变量的条件下，数字化应用范围对企业合作网络嵌入与双元创新平衡维度之间关系不存在显著的积极调节作用，假设 5b 没有得到支持。

对比表 5－4 中模型 2、表 5－5 中模型 10，模型 2 中知识网络嵌入（*Kn*）的系数为正且显著（$\beta = 0.548$，$p < 0.001$），模型 10 中合作网络嵌

入（*Cn*）系数为正且显著（$\beta=0.562$，$p<0.001$），并且合作网络嵌入系数大于知识网络嵌入系数，表明合作网络嵌入比知识网络嵌入对双元创新组合维度的促进作用更强。因此假设3a得到支持。

对比表5－4中模型6、表5－5中模型14，模型6中知识网络嵌入（*Kn*）系数为正且显著（$\beta=0.145$，$p<0.05$），模型14中合作网络嵌入（*Cn*）系数为正但是不显著（$\beta=0.097$，$p>0.1$），表明知识网络嵌入对双元创新平衡维度向探索式创新变动有积极促进作用，而合作网络嵌入对其没有显著的作用。因此假设3b得到支持。

5.5　结论与启示

5.5.1　结论

本书对比了知识网络和合作网络两种不同类型企业网络的嵌入对企业双元创新活动的差异影响，并分析数字化应用范围对这些影响的调节作用。具体而言，首先以知识网络嵌入和合作网络嵌入两种差异化的企业网络嵌入为研究对象，探究两种企业网络嵌入对企业双元创新的组合维度和相对平衡维度的影响；其次对比知识网络嵌入和合作网络嵌入对双元创新组合维度和相对平衡维度影响的差异；最后引入数字化应用范围这一调节变量，探究数字化应用范围对两种企业网络嵌入与双元创新组合维度和相对平衡维度之间关系的调节作用。本书得出以下结论：

一是对于知识网络嵌入和合作网络嵌入对企业双元创新的组合维度和相对平衡维度的影响，数据的回归分析结果发现了知识网络嵌入和合作网络嵌入对企业双元创新组合维度具有显著的正向影响；但是仅验证了知识网络嵌入对企业双元创新相对平衡维度的正向影响，使得探索高于应用，没有验证合作网络嵌入对企业双元创新相对平衡维度的正向影响。因此，通过知识网络嵌入和合作网络嵌入，企业双元创新水平可以有效提升，并且知识网络嵌入有助于企业探索水平的增长，从而提升长期绩效。

二是关于知识网络嵌入和合作网络嵌入两种类型的企业网络嵌入对企业双元创新的组合维度和相对平衡维度的影响，通过对比知识网络嵌入和合作网络嵌入两种企业网络嵌入对企业双元创新的组合维度回归的系数大小，发现合作网络嵌入比知识网络嵌入对企业双元创新组合维度的正向影响更强，即合作网络嵌入更有助于打破组织对双元创新的资源限制，提升双元水平；而对比知识网络嵌入和合作网络嵌入两种企业网络嵌入对企业双元创新的相对平衡维度回归的系数，发现只有知识网络嵌入系数为正且显著，合作网络嵌入没有显著的作用，即知识网络嵌入更有助于企业探索式创新水平的提升。

三是对于数字化应用范围对以上关系的调节作用，数据回归结果证明了数字化应用范围对知识网络嵌入和合作网络嵌入与企业双元创新组合维度之间的正向关系存在积极调节作用，而数字化应用范围对知识网络嵌入和合作网络嵌入与企业双元创新平衡维度的正向关系不存在显著的积极调节作用。研究结果表明数字化转型背景下，随着企业数字化水平的提升，企业知识网络和合作网络的应用受到了数字化技术应用的显著改善，数字技术的使用促进了企业通过知识网络嵌入和合作网络嵌入打破企业双元创新的资源限制。

5.5.2 理论贡献

一是丰富了企业外部网络对组织双元性影响的相关研究。现有研究多关注单一企业网络类型对企业的影响及作用机制，而企业并非仅嵌入一种类型的网络，本书探究了知识网络和合作网络两种类型的企业网络对组织双元创新活动的影响，并基于知识网络和合作网络两种类型网络的本质差异，对两种类型网络产生的影响进行了对比，丰富了现有的企业网络嵌入的研究。

二是结合数字化转型背景，探究企业网络嵌入对企业运营活动的影响。基于数字化的背景，企业积极投入数字化转型过程中，本书探究了企业数字化技术应用对网络嵌入和双元创新之间关系的影响，发现数字化技术应用对知识网络和合作网络与组织双元创新活动间的正向关系具有积极调节作用。

5.5.3 管理启示

一是鼓励企业通过积极构建或参与外部知识网络和合作网络促进企业双元发展。知识网络和合作网络的嵌入都可以为企业打破资源约束，有助于企业双元创新水平的提升，企业从知识网络嵌入和合作网络嵌入中可以取得有助于组织双元创新提升的知识资源；如果企业希望取得突破性的创新成果，就需要更加关注探索式创新，此时，知识网络嵌入会对实现企业的探索目标更加有利。

二是企业要注重数字化转型的发展，提升企业数字化技术的应用。在数字化背景下，数字技术促进了企业数字化转型的发展，基于数字技术的应用，企业的运营活动发生了根本性变化。数字化技术的应用有助于企业从企业网络中获益，在高数字化应用水平下，企业在知识网络和合作网络中的搜索与捕获行动变得更加高效，因此，企业要注重自身数字化水平的提升，并将数字技术与现有的运营活动相融合，从而助力企业的发展和进步。

5.5.4 研究局限与展望

本书也存在一定的不足和局限性：第一，本书的调研对象为企业中的中高层管理者，问卷所获得的数据具有一定的主观性，未来的研究可以收集更多的客观数据来验证本书的结论。第二，本书以知识网络和合作网络为研究对象，在目前的研究中，这两类网络是学者们关注的热点，但是企业还存在其他类型的网络，如技术网络、供应链网络等，未来的研究可以探究其他类型的网络嵌入对企业运营活动的差异化影响。第三，本书通过数字化应用范围来测量企业数字化转型的情况，企业数字化转型是深入企业各个方面的彻底全面的变革，仅采用数字化技术的应用情况来表示具有一定的局限性，未来的研究可以选取更具代表性的衡量方法，完善这一情境因素的测量。

6 双元创新的动因（二）
——开放式创新、数字化能力与双元创新绩效关系研究

6.1 问题提出

物联网产业链是数字产业链的重要组成部分，也是实现数字驱动和创新驱动发展的重要动力。首先，现有物联网产业链呈现“两头弱、中间强”的态势，大量中高端半导体材料依赖进口，核心 EDA 芯片落地难、应用难等问题凸显，亟须核心技术创新突破与探索；其次，产业链中需要在与传感设备方、系统方案解决方等上下游厂商通力配合和开放协作创新的基础上，促进探索式创新绩效以及应用式创新绩效的提高。探索式创新和应用式创新是企业维持现有技术优势和竞争优势的基石，也是通过技术突破获取持续成长的重要途径（Mueller et al.，2013）。大量学者对于兼顾探索和应用的双元创新影响因素开展研究，一方面，一些学者主要从组织内部不同层面因素对双元创新的影响进行研究，包括组织情境、组织文化、组织战略和组织技术等。例如，Ceipek 等（2021）对技术多样性与家族管理对物联网探索式与应用式创新进行研究；Randhawa 等（2021）通过案例研究认为设计思维（创造性问题解决、敏捷实践和创造性自信）可以有效促进双元创新的发展；方鑫等（2022）基于高阶理论和特质激活理论认为管理层能力促进创新企业实施双元创新战略。另一方面，从外部搜索、网络构建与合作等角度分析跨组织边界的活动对双元创新的影响。例如，李晓钰等（2022）认为跨界搜寻策略对双元创新具有正向影响；Ardito 等（2020）对外向开放式创新与双元关系进行研究；Lavie D. 等（2006）认为从外部获取知识和联盟合作有助于企业重构已有知识库进而构建双元性。聚焦于企业外部联盟合作行动，大量学者认为采取开放策略可以获得更多外部想法、能力和技术等无形资产（Greco et al.，2016），进而提升创新成功的可能性。例如，赵武等（2018）认为创新开放度对企业成长具有显著的促进作用；Granstrand 等（2020）认为开放式创新提高知识溢出能力并与合作伙伴创造更多的产品服务。然而，随着开放程度的深化，企业开放式创新的边际效应存在递减趋势，协同创新中贡献最大的企业并不一定获得最多的利益（Teece D.，1986）。同时，开放策略可能会增加知识泄露、核心技术模仿、创新成果难获益等风险，企业也面临“开放悖论”（Laursen and Salter，2014）。学者们认为开放式创新并不总能促进企业创新绩效的提升（Lauritzen and Karafyllia，2019），因此，开放式创新如何影响企业创新绩效，并且分别对双元创新中探索式创新与应用式创新绩效产生怎样的影响成为需要进一步探讨的问题。

进一步，数字技术的应用与发展是物联网产业链企业创新发展的机会与挑战，数字技术促进企业信息和资源的分布和交换，同时其具有的可重新编程性和数据同质性等特征可以创造开放灵活的环境，对企业价值创造具有重要作用（Yoo et al.，2012）。企业利用数字技术数字化能力，通过外部连接构建对外部信息的感知机制，通过分析信息建立对问题快速反应的响应机制促使企业与外部竞争对手、客户、供应商和研究机构等合作者建立更加紧密的合作，实现价值共创过程，还可以更容易获取、共享和转让有价值知识并从开放式创新策略中捕获更多价值（Enkel et al.，2020）。Lenka 等（2017）根据数字技术的功能特征将数字化能力分为智能能力、连接能力和分析能力。然而，还有研究认为数字技术所具有的标准化、模块化特征进一步模糊企业和行业边界并打破现有的竞争格局，因此可能在组织跨边界搜索过程中产生特殊张力（Lanzolla et al.，2021），加剧企业在开放过程中数据、知识和核心技术泄露的风险，进而抑制创新产出和能力构建（应瑛等，2018），形成了“数字化悖论”（Gebauer et al.，2020），即企业对数字技术进行投资，但难以从中获益。因此，数字化能力在企业价值创造与价值捕获的开放过程中，会产生正向溢出效应，还是产生抑制影响，这也是需要进一步探讨的问题。综上所述，开放式创新是否能够有效提升物联网产业链企业的创新绩效，同时，随着数字经济发展与数字化技术的广泛应用，企业数字化能力如何影响开放式创新与创新绩效的关系成为本书需要解决的关键问题。

基于此，本书以物联网产业链企业为例，从开放式创新悖论和数字化悖论出发，揭开开放式创新影响双元创新绩效的差异，以及数字化能力在开放式创新与双元创新绩效中产生的调节作用。本书为物联网企业在结合上下游合作伙伴实施开放创新策略时，如何借助不同的数字化能力应对共享和保护、创造和捕获张力进而推动双元创新开展奠定了理论基础。

6.2 理论分析与研究假设

6.2.1 开放悖论与数字化悖论

Chesbrough（2003）首次提出开放式创新概念，将其定义为企业整合内外部创新资源进行技术研发，并将内部技术转化实现商业化的过程。本书借鉴 Laursen 等（2014）提出的开放式创新观点，将开放策略侧重于企业寻找创新机会时使用的搜索渠道，主要包括供应商、客户、竞争对手、研究机构和大学合作等。因此，开放程度取决于企业与环境之间交换途径的类型和数量，而不是每个搜索渠道相互作用的程度。开放式创新策略又可以进一步分为搜索广度和搜索深度，其中，搜索广度是指企业在创新活动中依赖的外部来源或搜索渠道的数量；搜索深度是指公司从不同的外部资源或渠道中深度挖掘的程度。以往研究从开放式创新与创新绩效的关系方面展开研究，例如，Ebersberger 等（2021）通过贝叶斯模型平均分析了内向开放式创新与创新绩效之间的稳健性关系；郭海等（2022）通过知识基础理论探讨技术购买与合作研发对数字创新企业绩效的影响；Ovuakporie 等（2021）通过动态能力理论认为耦合开放式创新对突破性创新绩效和增量创新绩效有积极影响。与此同时，学者们发现开放式创新并不总是对企业创新和发展带来正面影响，即存在“双刃剑”效应。

Bogers（2011）率先在企业研发情境中提出“开放式创新悖论”，认为企业在开放创新的“耦合过程”面临知识共享和保护的悖论。随后，Laursen等（2014）从价值角度扩展了“开放式创新悖论”，认为企业创新通常需要从组织外汲取经验和资源，然而创新的商业化成果需要被保护，即面临着价值创造与价值捕获之间的张力。开放式创新既可以通过与外部合作伙伴协同创新，激活对其他知识和技术的学习利用并提高知识溢出能力，进而促进探索式创新；也可以通过强化现有合作和已有技术研发增加知识互补的可能性，促进应用式创新的开展。同时，价值创造的过程往往伴随价值捕获困难，具体体现在知识泄露、创新成果独占性侵犯等潜在风险上。企业要想进行持续开放创新，就需要重视在发明和商业化之间的互补性，即价值创造与价值捕获之间的互补。以往研究也对这种非线性关系进行了探讨，例如，蔡双立等（2022）探究了开放与独占对双元创新绩效的倒“U”形影响；Zhong等（2020）认为联盟问题解决对产品创新呈倒“U”形关系；庞瑞芝等（2022）基于开放式创新理论认为数字化对企业创新存在倒“U”形影响。

与此同时，数字技术的广泛应用给企业带来机会的同时也带来潜在危机。Gebauer等（2020）从物联网情境下提出“数字化悖论”，大量学者也认为企业在投资数字产品和技术的过程中，难以获得预期的收入增长（Volberda et al.，2021；Gebauer et al.，2020）。因此，企业在采取开放策略的过程中，数字技术的应用和部署在企业价值创造和价值获取的过程中发挥何种作用，即数字化能力作为边界条件在开放式创新与双元创新绩效之间起到促进作用还是抑制影响，是本书关注的重点。以往研究已经探讨了数字化能力对企业发展过程中的边界作用，例如，Chatterjee等（2023）认为数字化工作场所中动态能力对组织绩效产生显著的积极影响，同时强调数字领导能力发挥积极的调节作用；胡川等（2022）基于资源基础观和核心技术能力理论认为数字化转型在沉淀冗余和研发生产率中发挥调节作用。通过梳理现有关于开放式创新、数字化能力影响双元创新绩效的研究，发现主要存在两方面不足：一方面，现有研究关于开放式创新如何影响双元创新绩效的结论，学者们持有促进、抑制或非线性影响的观点均存在，因此对于两者之间关系尚存在争议，同时现有研究较少基于开放悖论视角，从价值创新与价值捕获的互补性逻辑出发，探究开放式创新与双元创新绩效之间的关系。另一方面，已有研究过多强调数字化能力对企业绩效发挥的积极边界作用。考虑到企业实施开放策略时价值创造与价值捕获交互频繁且复杂，而以往研究较少关注数字化能力随着开放程度不同是否在价值捕获过程中存在异质性影响。

6.2.2 开放式创新与双元创新绩效

双元创新绩效是探索式创新与应用式创新的产出与效果。探索式创新是对现有产品和服务产生显著改变的创新，涉及突破性技术和知识以产生不连续的产品和服务；应用式创新是指组织在现有常规操作和知识的基础上进行产品和服务创新（Lanzolla et al.，2021）。企业在开放过程中，价值创造和价值捕获过程是紧密交织在一起的，也是合作成功的关键（Lepak et al.，2007）。在适度的开放程度下，企业能够有效处理价值创造与价值捕获的互补关系，一方面，企业通过多种搜索渠道跨企业和行业边界进行合作研发和知识共享，合作伙伴知识的高度异质性扩大了知识广度（Stadler et al.，2022），为价值创造提供机会，进而激发企业开拓新的产品、服务或市场，促进探索式创新绩效提升；另一方面，开放促使企业强化现有合作，借助外部技术和资源巩固、组合已有的技术（Messeni Petruzzelli，2019），深度挖掘产品和服务的性能、外观设计等特征，进而带来增量的价值创造过程，提升应用式创新绩效提升。同时，企业可以通过设立合作合同、保密协议和知识产权（专利、商标和版权）等形式保护对自身创新成果的获取（Miozzo et al.，2016）。

然而，随着开放程度的不断深化，过度开放导致创新成果价值难以捕获的问题逐渐凸显，价值创造与价值捕获之间的互补性逐渐失衡。一方面，为了优化内部技术和资源，企业不可避免地将核心技术与外部供应商、竞争对手等合作伙伴的知识和技术频繁交互，进而发生知识泄露、创新成果被窃取等事件（Appleyard and Chesbrough, 2017），难以捕获创新价值。另一方面，开放程度的扩大使得企业将面临更多的外部伙伴和复杂的价值网络，进而不可避免地产生机会主义行为和“搭便车”现象，甚至遭到竞争对手的模仿而失去核心竞争优势，难以实现价值共创过程。价值捕获和占有困难导致企业需要付出更多的成本和精力进行关系治理、知识产权保护等（Zhong and Sun, 2020），难以有效优化和部署双元创新所需的资源，进而难以提升探索式和应用式创新绩效。根据上述分析，本书认为，适度的开放式创新将通过创造多元化价值促进双元创新绩效，然而一旦超过阈值，开放过程中价值捕获难问题将逐渐凸显，进而对双元创新绩效产生抑制影响。由此，本书提出以下假设：

假设 1：开放式创新与探索式创新绩效之间呈倒“U”形关系。

假设 2：开放式创新与应用式创新绩效之间呈倒“U”形关系。

6.2.3 数字化能力的调节作用

Lenka 等（2017）根据数字技术的功能特征将数字化能力分为智慧能力、连接能力和分析能力，其中智能能力表示配置硬件组件（嵌入式传感器、微处理器和软件应用程序等），从而在低人为干预的情况下感知和捕获信息的能力；连接能力是指通过无线通信网络（由端口、软件和互联网协议组成）连接数字化产品的能力；分析能力是将现有数据转化为对公司有价值的见解和可执行指令的能力。数字技术所具有的可重新编程性和数据同质性等特征可以创造开放灵活的环境，促进企业信息和资源的分布和交换，对企业在开放式创新过程中与合作伙伴进行价值共创具有重要作用（Yoo et al., 2012）。因此本书认为数字化能力通过价值创造过程将影响开放式创新与双元能力之间的倒“U”形关系。

在适度的开放程度下，数字化能力将通过感知机制和响应机制推动价值共创过程，其中感知机制是指企业利用数字化能力洞察外部有价值资源的潜在机会并整合到公司内部流程中，帮助企业提高使用资产的有效性，为挖掘未开发的附加价值创造机会；响应机制是指在外部环境不断变化过程中结合合作伙伴动态，利用数字化能力进行预测并快速灵活制定战略，进而实现价值共创。因此，数字化能力在对开放式创新和双元创新的关系中起到正向调节作用。具体来说，企业通过智能能力感知外部潜在机会，加速在开放过程中吸收捕获的异质性技术和资源（肖仁桥等，2021），通过分析能力内化为与企业兼容的有价值知识，提升价值创造机会（Sjödin et al.，2021），通过物联网、区块链等连接能力与企业已有的产品和服务结合，并快速响应外部商业环境变化以提升运营效率进而实现价值捕获过程。因此，数字化能力越强，企业在开放过程中价值创造与价值捕获的互补性将进一步优化，对外部资源的感知、整合、匹配和利用进一步激发双元创新，即当开放式创新与双元创新绩效处于正向上升阶段时，数字化能力越强，两者的正向关系越强。

当开放式创新进一步深化，数字化能力将放大企业难以实施价值捕获的问题。一方面，智能能力与分析能力通过自动化和标准化的流程和服务简化了企业的技术和知识，进而增加了竞争对手模仿的可能性。另一方面，连接能力使企业与外部参与者互动更加频繁，企业边界更加模糊，对信息和知识的虚拟化存储增加了知识泄露和转移的风险。因此，当企业超过能力范围的开放阈值后，数字化能力将加剧价值创造和价值捕获的非平衡性，进而抑制双元能力的发展，即当开放式创新与双元创新绩效处于负向下降阶段时，数字化能力越强，两者的负向关系越强。综上所述，企业拥有的数字化能力越强，开放式创新与双元创新绩效之间的倒“U”形关系曲线将越陡峭。由此，本书提出以下假设：

假设3a：智能能力调节开放式创新与探索式创新绩效之间的倒“U”形关系，当智能能力越高时，开放式创新与探索式创新绩效的倒“U”形关系曲线越陡峭；

假设3b：智能能力调节开放式创新与应用式创新能力之间的倒“U”形关系，当智能能力越高时，开放式创新与应用式创新绩效的倒“U”形关系曲线越陡峭。

假设4a：连接能力调节开放式创新与探索式创新能力之间的倒“U”形关系，当连接能力越高时，开放式创新与探索式创新绩效的倒“U”形关系曲线越陡峭；

假设4b：连接能力调节开放式创新与应用式创新能力之间的倒“U”形关系，当连接能力越高时，开放式创新与应用式创新绩效的倒“U”形关系曲线越陡峭。

假设5a：分析能力调节开放式创新与探索式创新能力之间的倒“U”形关系，当分析能力越高时，开放式创新与探索式创新绩效的倒“U”形关系曲线越陡峭；

假设5b：分析能力调节开放式创新与应用式创新能力之间的倒“U”形关系，当分析能力越高时，开放式创新与应用式创新绩效的倒“U”形关系曲线越陡峭。

基于以上理论分析，本章构建的理论模型如图6－1所示。

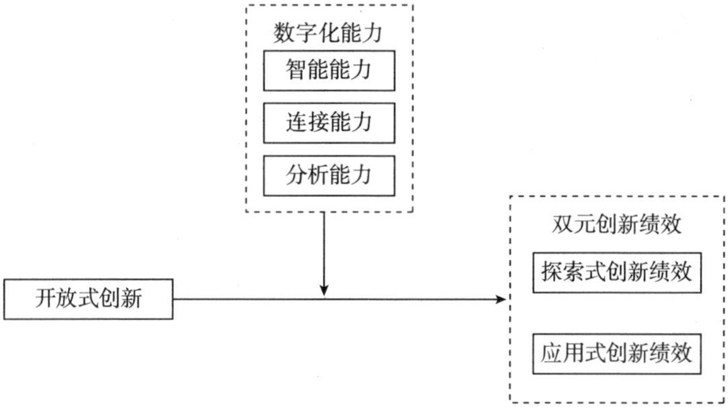

图6－1　本章的理论模型

6.3　研究设计与研究过程

6.3.1　样本选择

党的二十大报告中指出要加快发展物联网，打造数字产业集群，推动产业数字化不断发展，提升物联网产业创新能力，因此研究如何提升物联网企业的双元创新能力具有重要意义。同时，物联网产业链细分为感知层、网络层、平台层和应用层，处在不同层级的企业需要相互联盟合作发挥协同作用，因此是研究开放式创新的合适情境。2015 年“十三五”规划中明确提出要积极推进云计算和物联网发展，推动物联网感知设施规划布局，发展物联网开环应用。因此，本书选取 2016—2021 年物联网产业链企业作为研究对象。在剔除重复企业、删除 ST 和*ST 企业以及数据缺失值后最终确定 37 家企业，222 个样本年度观测值。数据主要来源于 Wind 数据库、天眼查、巨浪资讯、百度资讯和凤凰网等。

6.3.2 变量测量

（1）双元创新绩效

本书将双元创新分为探索式创新和应用式创新，其中，探索式创新绩效使用发明专利申请数量衡量，应用式创新绩效选择实用新型与外观设计专利数量衡量。原因如下：相较于专利授权，专利申请所耗费的时间更短，可以实时反映并根据创新产出考察企业双元创新水平。同时随着中国专利保护制度的完善，越来越多的创新成果申请专利，进而更加准确地反映企业的创新绩效（黎文靖、郑曼妮，2018）。探索式创新专注于开拓新的产品或服务，因此利用发明专利申请数衡量；应用式创新专注于现有产品和服务的渐进式改进，因此选择实用新型和外观设计专利数衡量（Benner and Tushman，2003；阳镇等，2022）。

（2）开放式创新

Laursen 等（2014）提出关于开放式创新测度的观点，即根据企业与外部供应商、竞争对手、客户、大学和研究机构等的交互数量来测度，企业与外部合作联盟数量越多，表示企业开放式创新程度越强。本书在上述研究的基础上，结合汪涛等（2022）的研究，通过计算物联网企业与外部的商业联盟、研发联盟、高校、科研院所和开放平台合作的数量确定开放式创新程度。具体来说，首先，从 Wind 数据库中的“公司舆情”进行关键词查找，主要包括合作、战略、大学、院、所、平台、创新等关键词，同时由于 Wind 数据库中部分网站信息失效，因此辅之百度资讯等进行二次搜索。搜索到关键词后逐条点开页面确认，若标题与内容不符将舍弃。

本书将获得的信息进行一次编码。其次，部分收集到的数据需要进行二次编码，具体来说，战略类型将根据战略协议中的合作类型确定（例如，涉及联合创立研发中心等，编码为研发联盟；涉及开拓市场、消费者等，编码为商业联盟）。合作类型主要包括校企合作、科研院所合作、创立平台等。

（3）数字化能力

为检验开放式创新影响双元创新的边界效应，本书选择数字化能力作为调节变量。首先，本书借鉴吴非等（2021）的研究，根据文本分析法利用 Python 爬取 Wind 数据库中物联网产业链企业的年度报告，关键词主要包括人工智能、区块链、云计算、大数据、物联网、5G、虚拟/增强现实、3D 打印、边缘计算和机器人等，根据上述关键词在年报中出现的频率确定数字化能力指标。其次，为了更深入探究不同功能的数字技术如何影响开放式创新与双元创新能力之间的关系，本书借鉴 Lenka S. 等（2017）的研究，将数字化能力进一步分为智能能力、连接能力和分析能力，智能能力的关键词包括人工智能、虚拟/增强现实、3D 打印和机器人；连接能力的关键词包括物联网、5G 和区块链；分析能力的关键词包括云计算、边缘计算和大数据。

（4）控制变量

参考以往文献，本书控制变量主要包括企业发展能力、企业年龄、企业规模、每股收益增长、总资产收益率和净资产收益率。主要变量定义及说明见表 6－1。

表 6－1　主要变量定义及说明

<table>
<tr><th>变量类型</th><th>变量名称</th><th>变量符号</th><th>变量定义及说明</th></tr>
<tr><td rowspan="2">被解释变量</td><td>探索式创新绩效</td><td>Exploration</td><td>发明专利数量</td></tr>
<tr><td>应用式创新绩效</td><td>Exploitation</td><td>实用新型和外观设计专利数量</td></tr>
<tr><td>解释变量</td><td>开放式创新</td><td>OI</td><td>与其他企业、高校、科研院所合作，以及构建开放平台的情况</td></tr>
<tr><td rowspan="2">调节变量</td><td>智能能力</td><td>Intel</td><td>人工智能、3D 打印和机器人等在年报中出现的频率</td></tr>
<tr><td>连接能力</td><td>Conn</td><td>物联网、5G 和区块链在年报中出现的频率</td></tr>
</table>

续表

变量类型	变量名称	变量符号	变量定义及说明
调节变量	分析能力	*Anal*	云计算、边缘计算和大数据在年报中出现的频率
控制变量	企业发展能力	*Growth*	营业收入增长率
	企业年龄	*Age*	企业成立时间取自然对数
	企业规模	*Size*	企业总资产取自然对数
	每股收益增长	*EPS*	每股收益基本同比增长率
	总资产收益率	*ROA*	净利润/年末总资产
	净资产收益率	*ROE*	净利润/年末净资产

6.3.3 模型构建

本书选择2016—2021年中国物联网产业链企业的面板数据，进行稳健的Hausman检验发现，当探索式创新绩效作为因变量时，相较于随机效应，固定效应模型更适合本书数据的估计（$p<0.001$）；当应用式创新绩效作为因变量时，相较于随机模型，固定效应模型更适合本书数据的估计（$p<0.1$）。因此本书引入双向固定效应模型。同时，考虑到双元创新绩效需要更长的时间才能观测到，且由于探索式创新比应用式创新的滞后时间更久（March J. G.，1991），因此本书将开放式创新滞后二期作为探索式创新绩效的解释变量，将开放式创新滞后一期作为应用式创新绩效的解释变量。基准模型如下所示：

$$Exploration_{i,t} = \beta_0 + \beta_1 OI_{i,t-2} + \beta_2 OI_{i,t-2}^2 + \beta_3 Control_{i,t} + \mu_i + \lambda_t + \varepsilon_{i,t} \tag{6-1}$$

$$Exploitation_{i,t} = \beta_0 + \beta_1 OI_{i,t-1} + \beta_2 OI_{i,t-1}^2 + \beta_3 Control_{i,t} + \mu_i + \lambda_t + \varepsilon_{i,t} \tag{6-2}$$

模型（6-1）和模型（6-2）用于检验开放式创新与双元创新绩效之间是否存在倒“U”形关系。其中，i表示企业，t表示年份；$Exploration_{i,t}$、$Exploitation_{i,t}$分别表示第i家物联网企业在第t年的探索式创新绩效和应用式创新绩效；$OI_{i,t-2}$表示第i家物联网企业第$t-2$年的开放式创新水平；$OI_{i,t-1}$表示第 i 家物联网企业第 $t-1$ 年的开放式创新水平；$OI_{i,t-2}$、$OI_{i,t-1}$表示开放式创新的二次项披露的数据；*Control* 表示控制变量，包含企业发展能力、企业年龄、企业规模、每股收益增长、总资产收益率和净资产收益率；μ_i 表示个体固定效应；λ_t 表示时间固定效应；$\varepsilon_{i,t}$表示随机误差项。根据 Haans 等（2016）的研究，可以将倒“U”形关系分解为函数 A 和函数 B 的相加效应，其中函数 A 表示随着开放式创新程度加强，企业能够通过合作过程中获取的关键技术、资源和市场等影响企业创新绩效的正向反馈，开放式创新与双元创新绩效的正向反馈呈线性关系；函数 B 表示随着开放式创新程度加强，由于知识泄露、独占性等问题导致的负向反馈，且开放式创新与双元创新绩效的负向反馈之间呈斜率不断加强的增量函数。因此，函数 A 的正向反馈减去函数 B 的负向反馈导致开放式创新与双元创新绩效之间呈倒“U”形关系。

$$Exploration_{i,t} = \beta_0 + \beta_1 OI_{i,t-2} + \beta_2 OI^2_{i,t-2} + \beta_3 OI_{i,t-2} \times Intel_{i,t-2} + \beta_4 OI^2_{i,t-2} \times Intel_{i,t-2} + \beta_5 Intel_{i,t-2} + \beta_6 Control_{i,t} + \mu_i + \lambda_t + \varepsilon_{i,t} \tag{6-3}$$

$$Exploration_{i,t} = \beta_0 + \beta_1 OI_{i,t-2} + \beta_2 OI^2_{i,t-2} + \beta_3 OI_{i,t-2} \times Conn_{i,t-2} + \beta_4 OI^2_{i,t-2} \times Conn_{i,t-2} + \beta_5 Conn_{i,t-2} + \beta_6 Control_{i,t} + \mu_i + \lambda_t + \varepsilon_{i,t} \tag{6-4}$$

$$Exploration_{i,t} = \beta_0 + \beta_1 OI_{i,t-2} + \beta_2 OI^2_{i,t-2} + \beta_3 OI_{i,t-2} \times Anal_{i,t-2} + \beta_4 OI^2_{i,t-n} \times Anal_{i,t-n} + \beta_5 Anal_{i,t-n} + \beta_6 Control_{i,t} + \mu_i + \lambda_t + \varepsilon_{i,t} \tag{6-5}$$

$$Exploration_{i,t} = \beta_0 + \beta_1 OI_{i,t-1} + \beta_2 OI^2_{i,t-1} + \beta_3 OI_{i,t-1} \times Intel_{i,t-1} + \beta_4 OI^2_{i,t-1} \times Intel_{i,t-1} + \beta_5 Intel_{i,t-1} + \beta_6 Control_{i,t} + \mu_i + \lambda_t + \varepsilon_{i,t} \tag{6-6}$$

$$Exploration_{i,t} = \beta_0 + \beta_1 OI_{i,t-1} + \beta_2 OI^2_{i,t-1} + \beta_3 OI_{i,t-1} \times Conn_{i,t-1} + \beta_4 OI^2_{i,t-1} \times Conn_{i,t-1} + \beta_5 Conn_{i,t-1} + \beta_6 Control_{i,t} + \mu_i + \lambda_t + \varepsilon_{i,t} \tag{6-7}$$

$$Exploration_{i,t} = \beta_0 + \beta_1 OI_{i,t-1} + \beta_2 OI_{i,t-1}^2 + \beta_3 OI_{i,t-1} \times Anal_{i,t-1} + \beta_4 OI_{i,t-1}^2 \times Anal_{i,t-1} + \beta_5 Anal_{i,t-1} + \beta_6 Control_{i,t} + \mu_i + \lambda_t + \varepsilon_{i,t} \quad (6-8)$$

模型（6－3）至模型（6－8）用于检验数字化能力在开放式创新与双元创新能力之间的倒“U”形关系中是否存在调节效应。*Intel*、*Conn*、*Anal* 分别表示数字化的智能能力、连接能力和分析能力。

6.4 实证分析

6.4.1 描述性统计与相关性分析

研究变量的描述性统计与相关性分析结果如表 6－2 所示。开放式创新与探索式创新绩效有显著的正相关关系，开放式创新与应用式创新绩效有显著的正相关关系，为后续的假设检验奠定基础。同时变量间的相关系数均小于 0.7，方差膨胀因子 *VIF* 值均小于 10，因此本研究变量之间不存在严重的多重共线性问题。

6.4.2 假设检验

运用 Stata17.0 对开放式创新与双元创新绩效之间的倒“U”形关系进行实证检验，结果如表 6－3 所示。从表 6－3 的模型（2）可以看出，加入开放式创新及其平方项后，开放式创新的一次项的回归系数显著为正（$\beta = 60.186$，$p < 0.001$），开放式创新的二次项系数显著为负（$\beta = -0.339$，$p < 0.001$），表明开放式创新与探索式创新绩效之间呈现显著的倒“U”形关系，因此假设 1 得到支持。由模型（4）可以看出，加入开放式创新及其平方项后，开放式创新的一次项的回归系数显著为正（$\beta = 13.479$，$p < 0.01$），开放式创新的二次项系数显著为负（$\beta = -0.076$，$p < 0.01$），表明开放式创新与应用式创新绩效之间呈现显著的倒“U”形关系，因此假设 2 得到支持。上述结果表明，企业开放式创新程度越高将提升双元创新绩效，而过度的开放企业边界则会抑制双元创新绩效产出。开放式创新与双元创新绩效的倒“U”形关系如图 6－2、图 6－3 所示。

表 6－2 描述性统计结果与相关系数

变量	1	2	3	4	5	6	7	8	9	10	11	12
1. *Exploration*	1											
2. *Exploitation*	0.610***	1										
3. *OI*	0.472***	0.212***	1									
4. *Intel*	0.045	0.019	0.085	1								
5. *Conn*	−0.020	−0.093	0.050	0.119*	1							
6. *Anal*	−0.046	−0.054	0.099	0.408***	0.343***	1						
7. *Age*	0.180***	0.148**	0.180***	0.054	0.093	0.294***	1					
8. *Size*	0.553***	0.389***	0.513***	0.183***	−0.068	0.209***	0.432***	1				
9. *EPS*	0.013	0.008	−0.006	0.030	−0.033	−0.059	−0.028	0.059	1			
10. *ROA*	0.017	0.105	0.032	0.103	−0.065	−0.089	−0.267***	0.027	0.286***	1		
11. *ROE*	0.066	0.135**	0.074	0.096	−0.044	−0.195***	−0.231***	0.091	0.305***	0.852***	1	
12. *Growth*	−0.070	−0.040	−0.093	0.095	−0.028	−0.059	−0.187***	0.023	0.141**	0.229***	0.193**	1
均值	231.3	73.08	5.797	10.28	33.17	25.84	2.95	4.255	−6.516	4.671	6.498	24.33
标准差	857.3	315.6	12.68	18.01	35.03	38.12	0.252	1.265	663.7	8.402	18.13	52.65

注：* 代表 $p<0.1$、** 代表 $p<0.05$、*** 代表 $p<0.001$。

表 6-3 开放式创新与双元创新绩效的倒“U”形关系回归结果

变量	探索式创新绩效		应用式创新绩效	
	模型（1）	模型（2）	模型（3）	模型（4）
L. *OI*				13.479 ** (5.534)
L. OI^2				-0.076 ** (0.038)
L2. *OI*		60.186 *** (11.323)		
L2. OI^2		-0.339 *** (0.078)		
Age	-2530.858 (1612.980)	-2682.200 (3298.805)	-1587.231 ** (801.648)	-2004.166 * (1140.961)
Size	197.335 (168.554)	324.517 (230.157)	102.851 (83.771)	130.151 (101.977)
EPS	-0.008 (0.062)	-0.000 (0.063)	-0.012 (0.031)	-0.010 (0.032)
ROA	3.526 (11.633)	-3.427 (13.083)	3.728 (5.782)	5.249 (6.493)
ROE	-2.412 (4.691)	-1.298 (5.061)	-1.066 (2.331)	-1.676 (2.515)
Growth	-0.617 (0.902)	-0.728 (1.231)	-0.412 (0.448)	-0.451 (0.497)
_ cons	6496.213 (4352.175)	6635.851 (9368.434)	4110.360 * (2163.021)	5235.314 (3177.696)
Firm	Yes	Yes	Yes	Yes
Year	Yes	Yes	Yes	Yes
R^2	0.052	0.279	0.059	0.111
调整后 R^2	-0.204	-0.059	-0.195	-0.203

注：*代表 $p<0.1$；**代表 $p<0.05$；***代表 $p<0.001$。括号内为 *t* 值。由于文章篇幅限制，下文的控制变量将省略汇报。L. 表示滞后一期，L2. 表示滞后二期。OI^2 表示开放式创新的二次项。

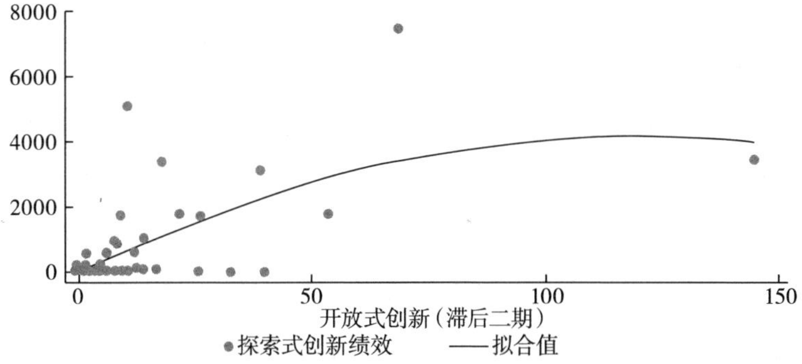

图 6-2　开放式创新与探索式创新绩效的倒“U”形关系

注：横轴为合作数量，纵轴为专利数量。

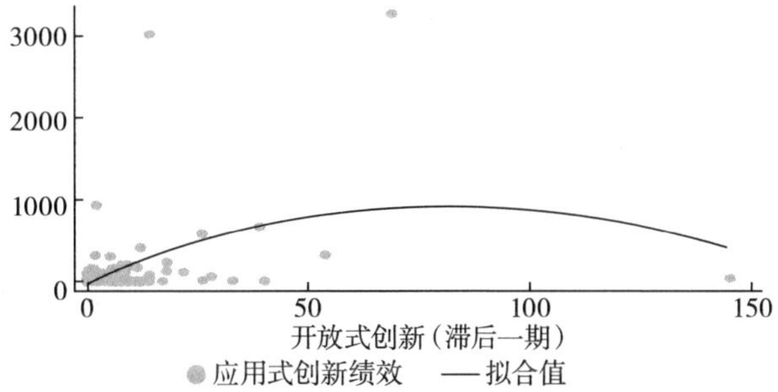

图 6-3　开放式创新与应用式创新绩效的倒“U”形关系

注：横轴为合作数量，纵轴为专利数量。

为检验数字化能力的调节作用，本书加入开放式创新与数字化能力（智能能力、连接能力和分析能力）的交互项，检验结果如表 6-4、表 6-5 所示。

首先，当因变量为探索式创新绩效时，从表 6-4 的模型（5）可以看出，开放式创新的二次项与智能能力的交互项对探索式创新绩效有显著的负向影响（$\beta = -0.206$，$p < 0.001$），因此智能能力对开放式创新与探索式创新绩效之间的倒“U”形关系存在调节作用，且智能能力越强，倒“U”形曲线越陡峭。因此假设 3a 得到支持。从模型（6）可以看出，开放式创新的二次项与连接能力的交互项对探索式创新绩效有显著的负向影响（$\beta = -0.019$，$p < 0.001$），因此连接能力对开放式创新与探索式创新绩效

之间的倒“U”形关系存在调节作用，且连接能力越强，倒“U”形曲线越陡峭。因此假设 4a 得到支持。从模型（7）可以看出，开放式创新的二次项与分析能力的交互项对探索式创新绩效有显著的负向影响（$\beta = -0.048$，$p < 0.001$），因此分析能力对开放式创新与探索式创新绩效之间的倒“U”形关系存在调节作用，且分析能力越强，倒“U”形曲线越陡峭。因此假设 5a 得到支持。

表 6－4 数字化能力的调节效应检验结果（1）

变量	探索式创新绩效		
	模型（5）	模型（6）	模型（7）
L2. *OI*	−17.236 (12.672)	−31.786** (15.290)	48.651*** (15.336)
L2. OI^2	1.468*** (0.180)	1.542*** (0.225)	0.278 (0.223)
L2. *Intel*	−10.077 (6.430)		
L2. *Conn*		1.188 (1.944)	
L2. *Anal*			−0.777 (3.781)
L2. *OI* × L2. *Intel*	5.870*** (0.992)		
L2. *OI* × L2. *Conn*		−0.094 (0.301)	
L2. *OI* × L2. *Anal*			1.512** (0.576)
L2. OI^2 × L2. *Intel*	−0.206*** (0.020)		
L2. OI^2 × L2. *Conn*		−0.019*** (0.004)	
L2. OI^2 × L2. *Anal*			−0.048*** (0.014)

续表

变量	探索式创新绩效		
	模型（5）	模型（6）	模型（7）
_ cons	1973.585 (5651.538)	671.300 (6150.189)	4507.923 (8461.867)
Control	Yes	Yes	Yes
Firm	Yes	Yes	Yes
Year	Yes	Yes	Yes
R^2	0.746	0.704	0.444
调整后 R^2	0.619	0.555	0.167

注：＊＊代表 $p<0.05$；＊＊＊代表 $p<0.001$。括号内为 t 值。L. 表示滞后一期，L2. 表示滞后二期。OI^2 表示开放式创新的二次项。*Control* 表示控制变量 *Age*、*Size*、*EPS*、*ROA*、*ROE*、*Growth* 的集合，Yes 表示加入控制变量，下同。

其次，当因变量为应用式创新绩效时，从表 6－5 的模型（8）可以看出，开放式创新的二次项与智能能力的交互项对应用式创新绩效有显著的负向影响（$\beta=-0.068$，$p<0.001$），因此智能能力对开放式创新与应用式创新绩效之间的倒“U”形关系存在调节作用，且智能能力越强，倒“U”形曲线越陡峭。因此假设 3b 得到支持。从模型（9）可以看出，开放式创新的二次项与连接能力的交互项对应用式创新绩效有显著的负向影响（$\beta=-0.009$，$p<0.001$），因此连接能力对开放式创新与应用式创新绩效之间的倒“U”形关系存在调节作用，且连接能力越强，倒“U”形曲线越陡峭。因此假设 4b 得到支持。从模型（10）可以看出，开放式创新的二次项与分析能力的交互项对应用式创新绩效的影响不显著，因此分析能力对开放式创新与探索式创新绩效之间的倒“U”形关系不存在调节作用，假设 5b 没有得到支持。

表 6－5　数字化能力的调节效应检验结果（2）

变量	应用式创新绩效		
	模型（8）	模型（9）	模型（10）
L. *OI*	－17.056 * (10.143)	－25.054 ** (10.010)	13.310 (8.293)
L. OI^2	0.547 *** (0.138)	0.683 *** (0.147)	0.027 (0.115)
L. *Intel*	－3.307 (4.320)		
L. *Conn*		－0.262 (1.257)	
L. *Anal*			－0.433 (1.964)
L. *OI*× L. *Intel*	1.860 *** (0.699)		
L. *OI*× L. *Conn*		0.169 (0.195)	
L. *OI*× L. *Anal*			0.247 (0.299)
L. OI^2 × L. *Intel*	－0.068 *** (0.015)		
L. OI^2 × L. *Conn*		－0.009 *** (0.002)	
L. OI^2 × L. *Anal*			－0.009 (0.007)
_ cons	8137.529 * (4637.363)	5418.972 * (2830.958)	4650.558 (3189.220)
Control	Yes	Yes	Yes
Firm	Yes	Yes	Yes
Year	Yes	Yes	Yes
R^2	0.302	0.312	0.140

续表

变量	应用式创新绩效		
	模型（8）	模型（9）	模型（10）
调整后 R^2	-0.047	0.055	-0.180

注：* 代表 $p<0.1$；** 代表 $p<0.05$；*** 代表 $p<0.001$。括号内为 t 值。由于文章篇幅限制，下文的控制变量将省略汇报。L. 表示滞后一期，OI^2 表示开放式创新的二次项。

6.4.3 稳健性检验

为了保证在改变样本参数、分析模型等处理后，所得到的结论依然具有稳健性，本书采取以下几种方式进行稳健性检验：第一，替换估计模型。由于双元创新绩效中专利申请数量为非负整数，具有右偏性，因此对原数据加 1 取对数，进而采用 Tobit 模型重新估计，检验结果见表 6-6 中的模型（1）和模型（2），开放式创新的一次项和二次项系数符号与前文一致，因此开放式创新与双元创新绩效之间呈现显著的倒“U”形关系，本书研究结论具有稳健性。第二，为缓解模型中可能存在的异方差问题，借鉴余东华等（2017）的方法，使用“xtscc”命令进行回归，结果如表 6-6 所示。表 6-6 中模型（3）和模型（4）与前文结果一致，开放式创新分别与探索式创新绩效和应用式创新绩效呈现显著的倒“U”形关系。第三，倾向得分匹配（PSM）。为进一步降低其他不可观测因素的干扰，本书用倾向得分匹配法（PSM）对样本进行匹配。首先，将开放式创新按照均值转换为离散的二分变量，将全部样本分为高分组和低分组。其次，用 Logit 模型估计开放式创新的倾向匹配得分。最后，采用一对一最邻近匹配法与原样本进行比较，结果显示，匹配后样本的差异显著降低，因此本书研究结论具有稳健性。

表 6-6　稳健性检验结果

变量	Tobit 模型		替换估计方法	
	探索式创新绩效	应用式创新绩效	探索式创新绩效	应用式创新绩效
	模型（1）	模型（2）	模型（3）	模型（4）
OI	57.717*** (9.635)	30.072*** (5.679)	60.186** (18.199)	26.175*** (4.247)
OI^2	−0.319*** (0.066)	−0.177*** (0.039)	−0.339* (0.143)	−0.154*** (0.024)
Control	Yes	Yes	Yes	Yes
Firm	Yes	Yes	Yes	Yes
Year	Yes	Yes	Yes	Yes

注：＊代表 $p<0.1$；＊＊代表 $p<0.05$；＊＊＊代表 $p<0.001$。括号内为标准误。

6.5　进一步分析

前述分析发现开放式创新分别与探索式创新绩效和应用式创新绩效之间存在倒“U”形关系，但是在组织中探索式创新和应用式创新往往同时开展，并且两者之间存在匹配和互补关系。具体来说，组织需要关注如何在探索和应用过程中进行合理的资源配置，进而提升两者的匹配性，即双元的平衡维度；同时组织也需要关注探索和应用之间的互补效应和相互增强效应，即双元的组合维度。因此，本书试图围绕探索式创新和应用式创新两者之间差异水平和组合效应，进一步探讨开放式创新对双元创新绩效的平衡维度和组合维度会产生何种影响。March（2006）认为由于探索式创新和应用式创新体现不同的组织发展目标，因此可能会导致企业内部资源争夺现象频发，两者的平衡发展对企业来说至关重要。平衡维度强调将企业有限的资源合理配置到两种不同的创新中，通过应用式创新维持现有市场，探索式创新开拓新兴市场进而不断创造和获取价值。Gupta 等（2006）则认为探索式创新和应用式创新是相互独立的，组织可以通过发展双元能力同时追求探索式创新和应用式创新。组合维度强调两者的协同发展和相互促进的关系，具体来说，应用式创新通过开发和维持现有技术、资源和市场促使企业带来短期效益，进而助力探索式创新带来持续的高绩效回报，同时探索式创新通过开拓新兴市场，研发新技术、产品和服务为应用式创新的开展指明方向。

在企业开放过程中，价值创造和价值捕获过程紧密交织。当处在适度开放情境下，企业能够协调好价值创造与价值捕获机制的互补关系，一方面，开放促使企业强化现有合作并促进交流，深度挖掘现有流程、产品和服务的缺口，借助外部技术和资源促使企业更好地识别目前所需要的创新类型，进而在探索式创新和应用式创新中合理分配资源和技术，促进平衡双元发展；另一方面，通过与企业、政府、科研机构和供应商等的合作交流跨行业获取更多知识、技术和人才，进而缓解企业内部由于同时开展探索和应用活动导致的资源紧缺现象，进而促进组合双元发展。然而，随着开放边界越来越模糊，企业与外部参与者的交互越来越频繁和深入，过度开放导致创新成果价值难以捕获的问题逐渐凸显。具体来说，一方面，过度开放使得企业间和行业间边界逐渐模糊，为了更新和发展自身核心技术，企业不可避免地开放自身的技术接口，与外部合作伙伴频繁交互，使得核心知识和技术泄露等事件频繁发生。另一方面，开放程度的扩大使得企业陷入错综复杂的外部价值网络中，有限的时间和精力导致企业无法兼顾对技术和内部信息的保护，进而产生机会主义行为和“搭便车”现象。因此，过度开放和价值捕获难问题导致企业需要付出更多的成本和精力进行关系治理、知识产权保护等，难以有效在探索式创新和应用式创新之间部署所需的资源，进而抑制平衡双元的发展。同时，组合双元必须在资源充裕的情况下才能实现协同发展和相互促进，然而过度开放导致企业需要调动更多的资源和技术去协调与合作伙伴之间的关系，进而难以提升组合双元的发展。根据上述分析，本书认为，适度的开放式创新将通过创造多元化价值促进平衡双元和组合双元发展，然而一旦超过阈值，开放过程中价值捕获难问题逐渐凸显，更多资源需要处理外部关系和获益问题，对企业内部创新关注逐渐减弱，进而对平衡双元和组合双元产生抑制影响。

研究采用“探索式创新绩效 - 应用式创新绩效”测度双元创新绩效的平衡维度，采用“探索式创新绩效 + 应用式创新绩效”测度双元创新绩效的组合维度。运用 Stata17.0 对开放式创新与双元创新的平衡维度之间的非线性关系进行实证检验，回归结果如表 6-7 所示。从表 6-7 的模型（1）可以看出，加入开放式创新及其平方项后，开放式创新的一次项的回归系数显著为正（$\beta=33.165$，$p<0.001$），开放式创新的二次项系数显著为负（$\beta=-0.493$，$p<0.001$），表明开放式创新与双元创新的平衡维度之间呈现显著的倒“U”形关系。由表 6-7 中模型（2）可以看出，加入开放式创新及其平方项后，开放式创新的一次项的回归系数显著为正（$\beta=86.361$，$p<0.001$），开放式创新的二次项系数显著为负（$\beta=-0.179$，$p<0.001$），表明开放式创新与双元创新组合维度之间呈现显著的倒“U”形关系。因此，企业开放程度不仅会对探索式创新绩效和应用式创新绩效的单一创新类型产生影响，还会影响探索式创新和应用式创新两者的差异和互补程度。开放式创新分别与双元创新平衡维度和组合维度的倒“U”形关系如图 6-4、图 6-5 所示。

表 6-7　开放式创新与双元创新平衡维度和组合维度的倒“U”形关系回归结果

变量	平衡维度	组合维度
	模型（1）	模型（2）
L2. *OI*	33.165*** (9.171)	86.361*** (15.155)
L2. OI^2	-0.493*** (0.063)	-0.179*** (0.104)
_ cons	411.253 (7588.446)	13202.175 (12539.332)
Control	Yes	Yes
Firm	Yes	Yes
Year	Yes	Yes
R^2	0.166	0.307
调整后 R^2	-0.225	-0.019

注：＊＊＊代表 $p<0.001$。括号内为标准误。L2. 表示滞后二期。

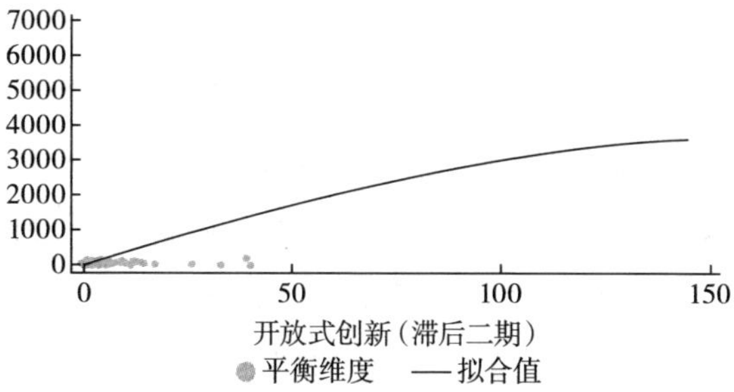

图 6－4　开放式创新与双元创新平衡维度的倒“U”形关系

注：横轴为合作数量，纵轴为专利数量。

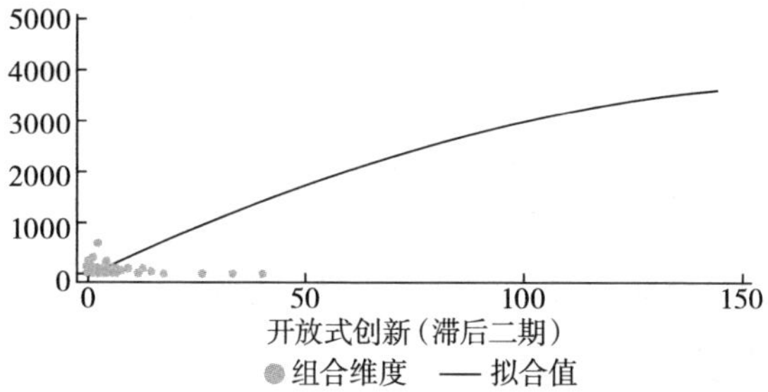

图 6－5　开放式创新与双元创新组合维度的倒“U”形关系

注：横轴为合作数量，纵轴为专利数量。

6.6　结论与启示

6.6.1　研究结论

本书基于开放式创新理论，从开放悖论和数字化悖论出发探讨开放式创新与双元创新绩效之间的复杂影响关系，并检验数字化能力（智能能力、连接能力和分析能力）在不同路径所起的调节作用。研究结论如下：第一，开放式创新与双元创新绩效之间并非简单的线性关系，而是存在更为复杂的影响关系。具体来说，开放式创新与探索式创新绩效呈倒“U”形关系，与应用式创新绩效呈倒“U”形关系。第二，智能能力、连接能力和分析能力分别显著调节开放式创新与探索式创新绩效之间的倒“U”形关系。智能能力、连接能力和分析能力越强，倒“U”形曲线越陡峭。

第三，智能能力和连接能力分别显著调节开放式创新与应用式创新绩效之间的倒“U”形关系。智能能力与连接能力越强，倒“U”形曲线越陡峭。而分析能力在开放式创新与应用式创新绩效之间的倒“U”形关系中不存在调节效应。第四，开放式创新对双元创新的平衡维度和组合维度之间并非简单的线性影响。具体来说，开放式创新与双元创新的平衡维度呈显著的倒“U”形关系，与组合维度呈显著的倒“U”形关系。

6.6.2 理论与实践启示

本书的核心理论贡献包括三个方面：第一，本书实证检验了物联网产业链企业在与上下游联盟伙伴开放过程中获取双元创新绩效的非线性关系，弥补了以往研究对物联网等数字产业链研究的不足，在数字化和开放创新背景下扩展了双元创新的理论情境。第二，本书基于悖论视角，系统剖析了价值创造与价值捕获在企业开放过程中的互补程度，验证了开放式创新与双元创新绩效之间先促进随后转为抑制的复杂关系。本书基于价值视角将开放式创新与双元创新整合在同一框架下，丰富了两者的协同研究。第三，本书从数字化能力（智能能力、连接能力和分析能力）的三个维度出发，认为随着企业开放程度的不同，数字化能力并不是持续发挥积极影响，丰富了在微观层面不同数字技术功能的间接传导机制，响应了庞瑞芝等（2022）提出的“数字化之创新悖论”研究。

本书的实践启示在于：首先，物联网企业要防止“过度开放”现象。相对于传统企业，物联网产业链企业在运营与发展过程中需要更多异质性资源和更高层次的数字技术，同时不同领域（感知层、网络层、平台层和应用层）的企业需要相互配合、协同创新。一方面，管理者应该重视开放创新过程，主动拥抱外部技术和知识，通过强化上下游之间的联盟合作、研发创新提升创新的质量和效率。另一方面，管理者需要把握开放度，警惕开放过程中由于知识泄露、核心技术模仿等造成的创新成果难获益问题，同时积极部署外部联盟网络的治理机制，强化对自身知识产权的保护。其次，物联网企业要防止“过度数字化”现象。由于数字技术具有“双刃剑”效应，企业需要根据所处的开放阶段谨慎进行数字资源编排。

具体来说，若开放程度较低，数字化能力可以助力企业更迅速地从合作中捕获有价值的技术并灵活地与组织当前运营、管理、研发等模块相匹配，促进企业创新发展。当开放程度进一步深化，企业所拥有的数字技术将产生“适得其反”的作用，进一步恶化由于过度开放所导致的资源争夺、人才流失、核心技术模仿等问题。

6.6.3 局限及未来方向

本书探讨了开放式创新对双元创新绩效的非线性影响，并对产生该影响的边界条件进行实证研究，但仍存在一定的局限性。首先，本书的研究对象主要是联盟合作程度较多的物联网产业链企业，研究结论对其他行业是否具有普适性尚未可知。未来可以扩大样本容量，分区域和分行业进行研究。其次，对于开放式创新的测量方式目前并未有定论，主要包括文本挖掘、设置虚拟变量和问卷题项等。不同测量方法可能对结果产生差异化影响，未来可以结合不同开放式创新概念和理论开发更为稳健的测量方式。最后，在调节变量的选择上，本书侧重企业应用不同功能的数字技术对双元创新绩效的影响，未来可以从其他层面进一步探索，关注独占性、网络治理、资源编排等方面的边界影响。

7　双元创新的形成过程（一）

——产业链扩张情境下机会窗口与开放式双元创新演进路径研究

企业在产业链上游扩张期、产业链下游延伸期及产业链跨界扩张期面临着不同的机会窗口，影响企业开展创新战略的选择。通过对隆基绿能在2006—2023年的纵向案例分析发现，在产业链上游扩张期，技术机会窗口和制度机会窗口更加明显，企业从内部应用转向内部探索和外部探索的平衡和组合来实现开放式双元。在产业链下游延伸期，技术机会窗口和需求机会窗口更加明显，企业主要通过内部探索和内部应用的平衡和组合来实现开放式双元。在产业链跨界扩张期，制度机会窗口和技术机会窗口更加明显，企业主要通过内部探索和外部探索的平衡和组合来实现开放式双元。

7.1　研究问题

建设自主可控的现代化产业链是“十四五”时期的重要任务之一。为了强化对全球产业链、供应链的控制，一些发达国家开展技术出口管制，实施高科技对外投资限制。我国企业为了应对外部环境的严峻挑战，并突破资源方面的限制，也需要不断扩张和延伸其在产业链上的业务（杨勇，2023），以增强产业链的可控性和安全性。制造业企业在产业链扩张和延伸阶段，面临的技术不确定性越来越大，企业的创新战略与学习模式需要随着技术变化和市场需求动态演化（彭新敏等，2017），提升与外部环境的契合度。此外，高度密集的创新活动也逐渐成为企业产业链扩张和延伸的关键（杨震宁，2021）。在与多种合作伙伴进行跨组织边界合作进而帮助其整合内外部资源的过程中，企业不可避免地会面临知识整合中大量资源浪费和知识产权泄露等问题（Baker et al.，2016），如何开放以及何种程度的开放式创新成为这一过程中的关键决策（Laursen and Salter，2014）。在产业链扩张的背景下，环境存在高度不确定性，同行竞争异常激烈（应瑛、刘洋，2015），同时也会出现大量的机会窗口。随着产业链动态扩张，企业如何根据机会窗口的变化对开放式创新范式中的双元创新战略进行选择成为理论与实践中亟须解决的关键问题。

现有对双元创新驱动因素的研究主要聚焦在企业层面，包括组织、团队和管理者层面等（Laureiro - Martinez and Brusoni，2018；谭曼庆，2023），从产业层面展开分析的研究相对较少。在产业链扩张中，产业链上下游延伸或者跨界融合过程中，企业面临着顾客、合作伙伴、竞争者、政府等各利益相关方的需求或行为变化导致的不确定性（Koka et al.，2006）。一些学者从机会窗口视角出发，基于行业创新系统的知识与技术体制、需求条件、制度和参与者构建了机会窗口理论框架（Lee and Malerba，2017）。学者们将技术、市场与制度三个要素纳入同一理论框架，并指出企业外部机会窗口是渗透主流市场和掌握主流标准的重要机遇，如果错失机会窗口则会继续陷入落后的状态（吴晓波等，2019）。一些学者聚焦于外部环境变化所带来的创新机会，系统剖析企业外部机会窗口与创新战略之间的关系，以及两者对企业绩效产生何种影响。例如，吴晓波等（2019）通过纵向案例对比分析，探究了机会窗口与企业创新战略的匹配关系对后发企业追赶绩效的作用机制，并提出了机会窗口与创新战略对追赶绩效作用的概念模型。还有一些研究聚焦于行业间的差异特征，认为不同行业之间机会窗口的开启与类型存在较大差异，后发者由于采取了不同的创新战略进入了“追赶周期”的不同阶段（Lee and Malerba，2017；彭新敏、姚丽婷，2019；彭新敏等，2020）。然而，现有研究主要聚焦于后发企业技术追赶情境下不同类型机会窗口对创新战略的影响，并没有考虑产业链扩张过程中，即产业链上下游延伸和跨界融合中，外部不同类型机会窗口对企业开放式双元创新选择的影响。因此，本书将深入探讨以下问题：在产业链扩张情境下，技术机会窗口、制度机会窗口、需求机会窗口如何对企业开放式双元创新的选择产生影响?

为了弥补以上缺口，本书采用典型的纵向单案例研究方法（Yin，2014），通过对全球光伏行业领先企业隆基绿能科技股份有限公司（以下简称“隆基绿能”“隆基”）的单案例分析，聚焦于“企业在产业链扩张过程中如何进行开放式双元创新选择?”这一核心问题，重点关注“开放式双元创新选择”的过程，并通过深入的单案例研究试图打开企业在产业链扩张的情境下，制度机会窗口、技术机会窗口、市场机会窗口如何影响企业开放式双元创新选择的过程“黑箱”。本书的核心理论贡献在于为打开企业在产业链扩张过程中，面对不同类型的机会窗口如何实现开放式双元创新选择这一“黑箱”提供理论框架。

与以往研究相比，本书的主要贡献在于：①在产业链扩张的情境下，丰富了开放式双元创新的影响因素研究。现有研究主要从静态视角切入，关注探索式创新与应用式创新的内涵以及匹配关系，同时考虑影响企业创新战略选择的竞争强度、环境动态性等情境因素，但忽略了企业发展的不同阶段，即产业链上下游以及产业链跨界扩张的动态过程中环境因素对企业开放式双元创新战略的影响。因此，本书在产业链扩张情境下，从动态演化视角出发将企业发展阶段细化为产业链上下游及产业链跨界扩张过程中，外部环境变化对企业开放式双元创新的影响，考察企业在产业链的不同阶段外部环境的不同特征对企业战略选择的影响。研究拓展了影响双元创新的外部环境因素，以及这种影响在产业链不同阶段的差异，丰富了开放式双元创新理论的相关研究。②丰富了机会窗口理论。现有研究主要从国家层面和产业层面揭示后发企业如何利用机会窗口实现追赶超越的路径，忽略了不同机会窗口对企业双元创新的影响。本书以光伏行业的典型案例企业隆基绿能作为研究对象，从技术、需求和制度三个机会窗口出发，探究了外部环境的机会窗口对企业开放式双元创新选择的重要作用，丰富了机会窗口的类型学研究。本书发现：在产业链上游扩张期，技术机会窗口和制度机会窗口更加明显，企业从内部应用转向内部探索和外部探索的平衡和组合来实现开放式双元。在产业链下游延伸期，技术机会窗口和需求机会窗口更加明显，企业主要通过内部探索和内部应用的平衡和组合来实现开放式双元。在产业链跨界扩张期，制度机会窗口和技术机会窗口更加明显，企业主要通过内部探索和外部探索的平衡和组合来实现开放式双元。

7.2 理论基础与文献总结

7.2.1 产业链扩张

近年来，随着大数据、云计算的兴起，以及新兴技术知识的更新，跨学科、跨领域、跨产业的知识深度融合的现象频繁出现（Verhoeven and Bakker，2016），部分学者开始对产业链扩张进行研究。例如，杨震宁（2014）将产业链与数字经济结合，指出新一轮科技竞争中，加快产业链、价值链、供应链、创新链等融合发展是企业获得优势的关键；庞磊等（2023）探讨了数字经济驱动产业链关键环节控制能力提升的实践路径。此外，有部分学者开始研究不同产业之间的融合发展（产业协同集聚），贺正楚等（2023）通过研究制造业和科技服务业的协同集聚对制造业产业链韧性的影响，探讨产业协同集聚如何通过影响技术创新进而作用于制造业产业链韧性的内在机制。由此可见，在经济快速发展的背景下，企业会不断扩张和延伸其在产业链上的业务。

企业在价值链扩张的过程中也不可避免地面临环境高度不确定性，以及同行竞争异常激烈（应瑛、刘洋，2015）等状况，这都对企业的战略选择产生一定的影响。因此，部分学者开始将产业链扩张与企业战略选择结合进行研究。例如，部分学者通过案例分析的方法从生态系统的角度出发，探索如何平衡战略促进企业生态系统的构建（王水莲、张培，2021），以及在开放战略演化过程中商业生态系统的商业模式发生了怎样的变化（卫武、解济美，2020），还有少数文献系统地揭示了平台企业国际化战略的动因、路径和生命周期持续性的客观规律（易靖韬、何金秋，2023）。此外，也有部分学者从价值链跃迁的角度出发，探讨中国制造业企业在价值链攀升和技术跃迁过程中的企业战略选择。还有一些研究试图将企业发展的不同阶段、产业生命周期与企业战略选择结合进行研究，指出在不同的发展阶段，不同类型的企业所面临的环境压力的强度和来源都是不同的（Su et al.，2023），由于其背景和发展阶段的不同，模糊的边界和分歧的结果会限制企业有效的战略选择（Ching，2019；Zhao et al.，2018）；邢斐（2022）指出跨产业经营的企业集团在产业周期不同阶段的战略决策影响企业集团自身的发展和转型。

虽然已经有研究开始探讨产业链扩张及企业不同生命周期的战略选择，但很少有研究将以上两种观点结合起来，即将产业链扩张的不同时期与企业战略选择结合起来进行研究，忽略了产业链扩张过程中的不同时期，外部环境变化对企业创新战略选择的影响。

7.2.2 开放式双元创新

March（1991）在组织学习领域首次提出双元理论，随后 Danneels（2006）将双元思维模式引入创新领域，提出双元创新的概念。根据技术创新程度，双元创新分为渐进性创新和突破性创新（Henderson and Clark，1990），这也是一种常见并被广泛接受的分类方法（刘兰剑，2010）。渐进性创新是企业对现有技术、产品（服务）等进行改进，以维持原有技术渐进性和持续性的创新。突破性创新是打破企业原有技术、产品（服务）轨道，在一定时期内引起产业结构变化的根本性创新（Chandyrk and Tellis，1998）。部分学者从组织绩效、企业盈利能力的角度出发，指出探索式创新对组织绩效有显著的长期促进作用，而应用式创新能以较低的成本为组织带来短期效益（吴晓波等，2015）；章正、汪琦（2019）对我国制造业盈利能力的分析发现，相较于应用式创新，探索式创新对制造业的盈利能力的影响强度更大。也有学者通过案例研究的方法，对企业的双元创新的实现模式和路径进行分析，闫佳祺等（2023）基于两家军民融合企业的案例，探究在追求自主创新道路上，对于差异化的创新实现路径做何选择，又因何做出选择，提出了军民融合企业双元创新的实现路径；林筠等（2017）以西北有色金属研究院为研究对象，对其在转制过程中兼顾探索式创新与应用式创新的路径进行研究；颉茂华等（2022）采用双案例对比研究方法，探讨处在不同的混改整合阶段下创新方式对战略绩效的影响路径与机理。此外，有学者从探索和应用平衡的角度出发，指出应用式创新与探索式创新之间并不是简单的对立或统一的关系，具体需要看企业的创新战略更倾向于重复式的应用式创新还是渐进式的应用式创新，其中，重复式的应用式创新会遏制企业的探索式创新行为，而渐进式的应用式创新会对探索式创新产生积极的推动作用（刘凤朝等，2020）。此外，Rothaermel 和 Alexandre（2009）认为企业在进行技术搜索时需要考虑两种平衡：一种是内部和外部技术搜寻的平衡；另一种是探索和应用的平衡。其中，组织边界分为组织内部和组织外部两个类别，组织内部指企业独立新建部门或事业部等方式，组织外部包括战略联盟、并购等方式。技术边界是针对企业自身而言，其所搜寻的技术是已有的技术还是新颖的技术。如果搜寻的技术对企业来说是新颖的，则为探索；如果企业搜寻的技术是在企业已有技术范围内的，则为应用。

此外，随着国内外行业竞争的日益激烈，企业从过去主要依赖内部研发转向采用“开放式创新”模式来弥补内部知识资源的不足（Arora and Gambardella，2010）。开放式创新使企业能够超越组织界限，主动利用外部的新技术和知识进行探索，并通过与外部合作伙伴建立商业化途径，将这些技术应用于实际业务中（Randhawa et al.，2016；杨震宁等，2021）。该概念最早由 Chesbrough 在开源软件运行模式的启发下提出，开放式创新是一项系统地搜寻企业内外部资源，并通过多种渠道广泛地利用这些资源进行创新的活动（Chesbrough et al.，2014）。开放式创新为企业有效开展双元创新提供了良好基础和必要条件，因此，同时考虑开放式创新和双元创新对企业的成长至关重要。在开放式创新环境下，企业可以通过社会关系网络将外部资源内在化，并将自身资源或技术外部商业化，以助推双元创新开展。Rothaermel 和 Alexandre（2009）及 Stettner 和 Lavie（2014）等按照组织界限与知识类型将组织活动划分为四种类型，即内部探索，如发明；内部应用，利用内部力量进行知识应用，如产品改进；外部探索，从外部获取新技术，如探索式联盟与探索式并购；外部应用，如应用式联盟与应用式并购（Lin et al.，2007）。理论上，开放式双元是四种类型活动的组合与平衡。张洁等（2018）通过双案例对比的方法，探索了开放式创新下双元内涵的演进，揭示了制度多重性对开放式双元创新演进路径的作用机制，提出了随着企业开放性程度的不断提高，双元内涵也在拓展，企业从进行内部探索与应用权衡的双元，到在组织内部和外部分别进行探索与应用的权衡的开放式双元。杨晓娜等（2018）在理论分析基础上，通过相关分析、逐步回归分析等实证研究方法，揭示了开放式创新对企业双元创新能力的影响及企业外部社会资本的调节作用。高良谋等（2014）指出，开放式创新是双元创新中的渐进性创新的必要条件，即开放式创新对渐进性创新至关重要。综上所述，现有文献已将开放式创新和双元创新整合在同一理论框架下，并指出开放式双元创新是一个交织过程，同时也是一个分阶段交替进行的螺旋上升过程。

基于以上分析，现有文献更多关注双元创新中某种创新的影响因素或其与创新绩效之间的关系，较少将双元创新（探索式创新与应用式创新）纳入同一框架开展研究，把开放式创新和双元创新同时纳入研究框架的更是屈指可数。因此，本章在已有研究的基础上，通过单案例研究，将开放式创新和双元创新同时纳入研究，探索企业在产业扩张过程中的开放式双元创新的演进路径。

7.2.3 机会窗口理论

Perez 和 Soete（1998）首先提出了技术机会窗口概念。Lee 和 Malerba（2017）将机会窗口概念引入行业层面，从行业创新系统角度完善了机会窗口的概念，并将其划分为技术、需求和制度三种类型。机会窗口的产生机理已得到广泛关注，之后，学者们对于不同类型机会窗口的相对重要程度、发生顺序以及共演机制做了深入研究（Giachetti and Marchi，2017；Lee and Malerba，2017）。关于机会窗口理论，部分研究将机会窗口与企业内部资源结合，指出后发企业对于机会窗口的有效把握需要企业内部资源与能力的配合（徐雨森等，2014）。郭磊等（2016）以中国智能手机产业为例指出产业追赶前期主要依赖于外部知识和互补性资产，追赶后期则需要内部创新能力的支撑。近几年来，也有部分研究将机会窗口与企业创新战略的选择结合，揭示出后发企业从初始追赶到超越追赶过程中通过构建不同双元战略进而实现技术追赶（彭新敏等，2020）。吴晓波等（2019）探究了后发企业在追赶阶段与超越追赶阶段，不同机会窗口类型与企业创新战略的匹配对追赶绩效的不同影响。

通过上述讨论可以发现，现有研究还存在两个主要不足：首先，部分研究已经指出为了应对外部环境的严峻挑战，并突破资源方面的限制，企业需要不断扩张和延伸其在产业链上的业务（杨勇，2023），企业在产业链的扩张和延伸阶段，面对的技术不确定性越来越大，企业的创新战略与学习模式会随着环境的变化而动态演化（彭新敏等，2017），但是较少研究从产业链扩张视角出发，探究外部环境变化对企业创新战略的影响。其次，关于企业双元创新，已有研究主要从企业内部的单一视角来讨论探索和应用之间的转换，或者通过案例研究的方法探索企业双元创新的实现路径，较少从企业外部环境变化的视角出发来讨论企业探索和应用的选择。因此，本书在产业链扩张情境下，采用典型的纵向单案例研究方法（Yin，2014），通过对全球光伏排行第一的隆基绿能的单案例分析，探讨“企业在产业链扩张过程中如何进行开放式双元创新选择？”

7.3　研究方法

7.3.1　方法选择

针对研究问题，本书选取纵向单案例的研究方法，具体有如下四个理由：首先，本书研究问题具有解释性特征，探讨机会窗口对产业链扩张企业开放式双元创新的作用机制，而案例研究适合解决“怎么样”和“为什么”类型的研究问题（Yin，2014）。其次，纵向案例设计以时间顺序构建因果证据链，有利于清晰呈现中国特定情境下产业链扩张企业的全过程作用机制，可以提高研究的内部效度（Yin，2014）。再次，单案例设计允许观察到不同类型的机会窗口与不同开放式双元创新的匹配，有利于更好地识别因果关系和匹配关系，提高研究的外部效度，得到更准确和普适性的理论（Yin，2014）。最后，单案例分析强调案例数据、涌现理论和现有文献的递归循环（Eisenhardt and Graebner，2007），有利于获取数据中所蕴含的理论新洞见，构建根植于案例数据的可验证的理论命题，从而建立或扩展产业链扩张企业开放式双元创新理论。

7.3.2 案例选择

研究的案例企业选定在光伏行业，原因主要有以下三点：①技术创新和动态变化：光伏行业属于高度技术创新和不断变化的领域；该行业的技术和市场条件经常发生变化，因此研究该行业有助于揭示企业如何在快速变化的环境中实现双元性，平衡探索和应用活动。②产业生态系统的影响：光伏行业涵盖了材料供应商、设备制造商、系统集成商等多个领域，构建了一个复杂的产业生态系统；选择这个行业作为研究对象有助于我们理解企业如何在产业生态系统中协调不同合作伙伴之间的关系，实现双元性。③可持续发展和市场竞争：光伏行业在可持续发展和清洁能源市场中扮演着重要角色；由于市场竞争激烈，企业需要不断创新并灵活应对市场需求的变化；在这个背景下，研究案例企业可以揭示企业如何在可持续发展的背景下实现双元性，保持竞争优势。因此，通过选择光伏行业作为研究案例，研究人员可以深入了解企业如何在这个特定的行业背景下实现结构分离，以及采取何种策略来平衡创新和稳定性。

本书选取光伏行业的隆基绿能作为案例，案例的选取主要遵循如下标准。

（1）典型性原则（Pettigrew，1990）

本书案例企业 2000 年成立于陕西省西安市，2012 年 4 月在上海证券交易所主板正式挂牌上市，主营业务为单晶硅棒、硅片、电池和组件的研发、生产和销售，为光伏集中式地面电站和分布式屋顶开发提供产品和系统解决方案。目前，隆基绿能已经成为光伏行业的领军企业，经历了机会窗口并实现了后发者向领导者的跨越。

（2）数据充足原则

本书充分考虑案例企业信息的可信度和充裕度，企业为上市公司，因此公开信息充足，而且本研究小组与案例企业长期保持良好合作关系，同一城市的地理位置便利性更易实地考察和获取调研信息。

隆基绿能的基本信息如表 7－1 所示。

表 7－1　隆基绿能的基本信息

隆基绿能	
成立时间	2000 年
上市时间	2012 年 4 月
员工人数（2023 年）	60601 人
营业收入（2023 年）	1289.98 亿元
专利（2023 年）	2132 件
全球市场份额（2022 年）	全球第一
总部	陕西西安
主营业务	单晶硅棒、硅片、电池和组件的研发、生产和销售
主要市场	国内外市场

7.3.3　数据收集

本书遵循案例数据收集的“三角验证”原则，通过多来源数据的交叉验证来提高研究的信度和效度（彭新敏等，2019）。本书的数据来源主要有三种：①访谈资料，主要是针对隆基绿能中高层管理人员的半结构化访谈；②档案资料，包括隆基绿能的年度项目报告、公司介绍 PPT、公司介绍视频、募集资金用途、招股说明书等档案文件；③文献资料，包括公司官网信息、高管演讲、刊物和电视节目、文章和杂志、隆基绿能相关媒体报道等。此外，本书还与一些与隆基绿能有长期合作关系的第三方进行了互动，这些第三方以某种方式参与了隆基绿能的战略调整过程。例如，行业专家和外部顾问提供了有关隆基绿能行业地位和竞争优势的额外信息。通过反复询问、回顾和三方评估，本书可以减少受访者主观陈述中的一些故意偏见，使第一手访谈数据更加客观和真实。关于实地观察、档案资料和访谈数据的详细情况见表 7－2。

表 7－2　实地观察、档案资料和访谈数据

实地观察	内部档案	公共信息	访谈对象及数据
· 企业文化展厅 · 商品展示 · 企业参观	· 公司介绍 PPT · 公司介绍视频 · 年度项目报告（近十年） · 组织结构 · 募集资金用途 · 招股说明书	· 公司官方网站 · 高管演讲（15 个相关视频） · 产品发布新闻（52 个） · 刊物和电视节目 · 文章和杂志	· 隆基营销中心相关人员 · 隆基供应链管理中心人员 · 隆基产品管理负责人 · 隆基战略管理中心相关人员

7.3.4　阶段划分

在纵向案例研究中，首先要进行阶段的划分（彭新敏等，2011），主要依据是导致研究构念发生剧变的关键事件和转折点（江诗松等，2011）。本书的研究主题是技术窗口和开放式双元创新，根据隆基绿能不同年份主要经营业务，我们总结出企业在产业链扩张期的关键事件如下：2000 年 2 月 14 日，32 岁的李振国创办西安新盟电子科技有限公司（隆基绿能的前身），成立之初主营半导体级单晶硅材料的开发、制造与销售，尚未真正进入光伏行业。2005 年，西安新盟更名为西安隆基。2006 年，隆基绿能从半导体行业进入光伏行业，主营产品为单晶硅片。2014 年，隆基绿能收购浙江乐叶光伏科技有限公司 85% 的股权，开始向下游延伸。2020 年，隆基绿能提出了“光伏 +”的新发展模式，其中“BIPV”（光伏 + 建筑）和“光伏 + 氢能”成为行业走向成熟的起点。因此，本书考察期选择从 2006 年开始，其中 2006—2013 年为产业链上游扩张期，2014—2019 年为产业链下游延伸期，2020 年以后为产业链跨界扩张期（见表 7－3）。

表 7－3　隆基绿能阶段划分

阶段	产业链上游扩张期	产业链下游延伸期	产业链跨界扩张期
时间范围	2006—2013 年	2014—2019 年	2020 年以后
主营业务	· 单晶硅片	· 单晶硅片 · 单晶电池 · 单晶组件	· 单晶硅片 · 单晶电池 · 单晶组件 · 绿氢、绿电

续表

阶段	产业链上游扩张期	产业链下游延伸期	产业链跨界扩张期
时间范围	2006—2013 年	2014—2019 年	2020 年以后
关键事件	2006 年，隆基绿能从半导体行业进入光伏行业，主营产品为单晶硅片	2014 年，隆基绿能收购浙江乐叶光伏科技有限公司 85% 的股权，开始向下游延伸	2020 年，隆基绿能提出了“光伏 +”的新发展模式，其中“BIPV”（光伏 + 建筑）和“光伏 + 氢能”成为行业走向成熟的起点
代表性技术	· 金刚线切割技术	· PERC 技术 · HJT 技术 · TOPCon 技术 · Hi – MO 系列	· BIPV · 碱性水电解制氢

7.3.5 构念测度

在变量的测度过程中，研究人员一方面对所收集的数据做初步分析，另一方面参考现有文献明确变量含义。表 7 – 4 是变量测度的特征表达，本书选取了学术领域的经典文献且被学者广泛引用、与案例数据最匹配的测度含义，测度产业链扩张、机会窗口、开放式双元创新变量，为文本资料编码提供了可靠依据。

表 7 – 4　变量测度

变量	测度	特征表达
机会窗口	技术机会窗口	新技术或突破式创新的出现
	需求机会窗口	本地或国外市场用户新需求
	制度机会窗口	公共政策或者制度条件的变化
开放式双元创新	内部探索	在内部进行新产品开发，组织内部力量进入新的技术领域
	外部探索	从外部获取新知识和新技术，外部探索包括合作探索及探索式并购
	内部应用	将知识与技术在组织内部进行应用，改进现有产品和服务，开拓现有技术的应用
	外部应用	对内部知识的外部转移，通过外部力量扩大现有产品和技术应用，包括合作应用及应用式并购

（1）机会窗口。Lee 和 Malerba（2017）从行业创新系统角度将机会窗口划分为技术机会窗口（technological window of opportunity）、需求机会窗口（demand window of opportunity）和制度机会窗口（institutional window of opportunity）。本书研究的产业链扩张企业属于跨行业发展的情境中，中国企业的跨行业发展是在转型的“所有制制度”、多样的“技术体制”、多层次的“市场空间”以及新兴的“全球网络”“四位一体”的中国情境下开展的（吴东、吴晓波，2013）。因此，本书从技术、需求和制度三个方面衡量机会窗口，为研究方便，本书测度的机会窗口相对于案例企业都是外生的。

（2）开放式双元创新。探索是创造新知识和新技术，进一步划分为内部探索，即在内部进行新产品开发，组织内部力量进入新的技术领域；外部探索，即从外部获取新知识和新技术，外部探索包括合作探索及探索式并购（Lavie et al.，2014）。应用包括改进现有技术，内部应用是将知识与技术在组织内部进行应用，改进现有产品和服务，开拓现有技术的应用；外部应用是对内部知识的外部转移，通过外部力量扩大现有产品和技术应用，包括合作应用及应用式并购（Lavie et al.，2014）。开放式双元创新是分别在内部探索、内部应用、外部探索与外部应用四种方式之间开展组合与平衡。

7.3.6 数据分析

在数据分析方面，本研究团队首先将访谈录音在 24 小时内无差别转成文字，并按照时间顺序整理；其次，对收集的二手资料进行整理，同样按照时间顺序罗列成文档；再次，对这些通过多渠道获得的文档进行“三角检验”，并选用其中通过验证的素材作为案例分析的材料；最后，对经过确认的材料按照构念进行分类和编码，提炼出关键词，对关键词进行充分讨论，并通过图表形式呈现，关键词如表 7－5 所示。具体而言，本书主要采用归纳分析法（Gioia et al.，2013），研究人员可以在数据和理论之间进行迭代，本书进行了三步数据分析。首先，研究团队根据时间轴对定性数据（如访谈文件和二手数据）进行整理，并确定企业的不同发展阶段。其次，应用先前机会窗口和开放式创新的关键词，在数据和理论之间反复迭代，以确定一阶概念的理论解释。相关的二阶主题通过分组、概念化的方式出现（Van Maanen，1979）。最后，本书从归纳研究过渡到溯因研究（Gioia et al.，2013），并将二阶主题结合到总体维度中（Pan and Tan，2011）。通过这种不断发展和集中的数据结构，本书实现了理论饱和没有新的主题和新的数据出现（Yin，2014）。

表7-5 构念、测度变量和关键词列表

构念	测度变量	关键词
机会窗口	技术机会窗口	技术路线、技术改进、技术发展方向、技术领先、新兴技术、技术投资、布局新技术、技术积累、技术突破
	需求机会窗口	产品需求、需求特色、市场占比、新市场需求、爆发式增长
	制度机会窗口	公共政策推动、国家政策、重要活动、政策颁布、政府支持、政策修订
开放式双元创新	内部探索	技术突破、新产品发布、自主研发、首次推出、首次发布、进入新的市场、技术有所积累
	外部探索	收购、技术购买、技术合作研发、全新应用和服务、合作研发、战略合作、拓宽技术市场、技术战略合作
	内部应用	升级、进一步优化、进一步发展、技术改进
	外部应用	合作、拓展市场

7.4 案例分析与主要发现

本书首先对案例原始编码文档数据做初步整理，基于产业链发展的三个阶段，根据确定的编码方案识别出企业的机会窗口、双元创新战略，得到确定的结构化数据，便于后续构念间关系的分析。

7.4.1 机会窗口

在对隆基绿能机会窗口典型事件和驱动因素的梳理过程中我们发现（见表7-6），中国光伏行业的快速成长与机会窗口的大量出现密不可分，案例企业在产业链扩张的不同阶段，同时经历了技术、需求和制度三种类型的机会窗口，引起不同类型窗口开启的驱动因素不同，且相对于企业来说都是外生的，并没有受到企业战略的影响。其中，在产业链上游扩张期，技术机会窗口的出现是行业本身技术范式转变驱动的，企业处于光伏行业的技术路线主要包括多晶硅技术路线和单晶硅技术路线；需求机会窗口在产业链上游扩张期由全球市场对光伏产品的需求骤然增加开启，光伏发电逐渐从小众市场变成主流市场，即从航标灯、铁路信号灯、黑光灯、电围栏、小型通信机等特殊领域，到金太阳示范工程、光伏领跑者基地，再到工商业分布式、家庭屋顶光伏……我国光伏产业经历了从“云端”到“飞入寻常百姓家”的转变；制度机会窗口的主要驱动因素为公共政策，国内外《可再生能源法》的颁布为光伏行业带来了巨大的市场容量。在产业链下游延伸期，技术机会窗口由行业新的技术范式出现开启，光伏行业的技术路线包括单晶电池的 PERC、TOPCon、HJT 技术，单晶组件的 Hi-MO 系列技术以及分布式电站的 BIPV 技术；需求机会窗口随着分布式太阳能光伏系统的普及持续开启，越来越多的家庭、商业建筑和工业园区安装太阳能光伏发电系统，实现自给自足和售电的目标；制度机会窗口依旧由公共政策驱动，为完善光伏行业价格和竞争体系，确保市场运行，我国陆续颁布几十项政策，保证了光伏产业的健康发展。在产业链跨界扩张期，技术机会窗口由不同领域的技术融合开启，越来越多的企业开始用光伏制氢，这个阶段的技术路线主要包括电解水制氢装备技术；需求机会窗口由行业快速发展的特色需求催生了新一轮市场需求开启，多家上市公司进入光伏制氢领域，制得的氢气可以应用于多个领域，如交通运输、工业用途和能源存储等；制度机会窗口由我国“双碳”目标的提出开启，“双碳”目标的提出为光伏行业提供了新的发展方向，拓宽了光伏行业的市场。

表 7-6 案例企业的机会窗口

<table>
<tr><th>阶段</th><th>典型证据</th><th>关键词</th><th>编码结果</th><th>机会窗口影响强弱</th></tr>
<tr><td rowspan="3">产业链上游扩张期（2006—2013 年）</td><td>2004 年，我们调研了薄膜硅、单晶硅、多晶硅、物理硅等多种技术路线的转化效率，做了极致推演。发现单晶硅电池的转换效率最高，并且成本还有较大的下降空间。
2013 年，据专业机构测算，在采用金刚线切片后，国内整个光伏产业每年可节省成本约 120 亿元。并且，随着规模的扩大，未来会节约更多成本</td><td>技术发展方向</td><td>技术机会窗口</td><td>+ + +</td></tr>
<tr><td>2005 年之后全球的光伏产业在政策引导下迎来了爆发式增长，市场潜力属实诱人</td><td>爆发式增长</td><td>需求机会窗口</td><td>+</td></tr>
<tr><td>2004 年，德国修订《可再生能源法》，欧洲、美国、日本等发达国家和地区的太阳能光伏市场开始启动。
2005 年，国内的《可再生能源法》颁布</td><td>政策修订、政策颁布</td><td>制度机会窗口</td><td>+ +</td></tr>
<tr><td rowspan="3">产业链下游延伸期（2014—2019 年）</td><td>2013 年，李振国告诉他们，“未来两三年，单晶硅片的度电成本将会快速下降，你们应该往单晶去转”。让他们没有想到的是，单晶产品的成本竟真在短时间内快速下降。
2015 年，单晶、多晶产品之间的竞争已逐渐从主流市场蔓延到高效技术。PERC 可用于多晶与单晶电池片，但单晶的效率提升较为显著；而黑硅若搭配多晶硅片转换为金刚线切，形成降本兼提效双赢的局面也将带动 P 型多晶持续向更高效发展</td><td>技术领先</td><td>技术机会窗口</td><td>+ + +</td></tr>
<tr><td>2013 年，国内光伏市场仍以多晶产品为主，单晶产品的市场份额不足 10%。其背后原因是，对单晶硅推广至关重要的电池、组件生产商习惯性应用多晶硅，对单晶硅产品的推广动力不足。
因欧洲市场萎缩，使 2015 年成为近年来全球单晶产品市场占有率最低的一年。不仅高性价比的单晶 PERC 电池量产不如预期，一般单晶产品也因为 2015 年上半年与多晶产品之间的价差过高，导致整年度需求低迷</td><td>市场占比</td><td>需求机会窗口</td><td>+ +</td></tr>
<tr><td>自 2013 年起，我国陆续发布了《国务院关于促进光伏产业健康发展的若干意见》《国家发改委关于发挥价格杠杆作用促进光伏产业健康发展的通知》等产业政策，完善了光伏行业价格及竞争体系，确保市场的完善运行；美国、印度和亚太等国家及地区也纷纷出台行业鼓励政策</td><td>公共政策推动</td><td>制度机会窗口</td><td>+</td></tr>
</table>

续表

阶段	典型证据	关键词	编码结果	机会窗口影响强弱
产业链跨界扩张期（2020年以后）	2021年，光伏发电不再是单一的能源形式，而是需要融合其他产业协同发展，助力我国早日实现减碳目标	技术突破	技术机会窗口	＋＋
	2021年，在碳达峰碳中和目标下，我国正积极构建以新能源为主体的新型电力系统	新市场需求	需求机会窗口	＋
	2020年9月，中国在联合国大会上提出了碳达峰和碳中和目标，并努力争取在2030年前达到二氧化碳排放峰值，2060年前实现碳中和	政策颁布	制度机会窗口	＋＋＋

7.4.2 开放式双元创新

面对技术机会窗口，在产业链上游扩张期案例企业倾向于在内部探索和外部探索之间进行平衡，在产业链下游延伸期案例企业倾向于在内部探索和应用之间进行平衡，在产业链跨界扩张期案例企业倾向于采用内部探索的方式；面对制度机会窗口，案例企业在产业链的不同阶段主要采取探索式的创新战略。需求机会窗口开启时，在产业链上游扩张期以及产业链下游延伸期，案例企业均采取了内部探索式创新活动，在产业链跨界扩张期，案例企业采取了外部探索式创新活动。案例企业的开放式双元创新战略见表7－7。

表7－7　案例企业的开放式双元创新战略

阶段	机会窗口	典型证据	关键词	编码结果
产业链上游扩张期（2006—2013年）	技术	2006年，隆基绿能从半导体行业进入光伏行业，并坚持单晶硅技术路线	自主研发	内部应用
		2009年，隆基绿能计划扩充切片领域，开始新建产能，购买砂浆切割设备	技术购买	外部探索
		隆基绿能与连城数控合作，并在2008年推出我国第一代自主知识产权的单晶硅多线切方机	技术合作研发	外部探索

续表

阶段	机会窗口	典型证据	关键词	编码结果
产业链上游扩张期（2006—2013 年）	技术	2013 年，隆基绿能通过与外部企业合作，引入金刚线切割技术	技术战略合作	外部探索
		2013 年，隆基绿能开始培育国内金刚线供应商，联合国内供应商、合作伙伴打通了金刚线技术路线	技术合作研发	外部探索
		2015 年，隆基绿能培育的供应商——杨凌美畅，主要产品研发为电镀金刚线和其他金刚石超硬工具	技术合作研发	外部探索
		2014 年，隆基绿能通过自主研发，率先攻克直拉单晶技术（RCz）产业难题并投入大规模产业化应用	技术突破	内部探索
		实际 2014—2016 年隆基绿能就开始 RCz 的一炉多棒技术，并且开展了 CCZ 技术的研发	自主研发	内部探索
		2018 年，隆基绿能与爱旭太阳能高层管理人员就光伏产业现状及未来发展进行深入探讨并签署 CCZ 高效单晶合作协议	技术战略合作	外部探索
	需求	2000 年，隆基绿能在西安成立。在半导体领域积累了 5 年后，于 2006 年初选定单晶技术路线正式进入太阳能光伏领域，自此迈开了一家太阳能科技公司的征程	进入新的行业	内部探索
	制度	2005 年，西安新盟在半导体行业积累有单晶硅技术与制造能力，凭借对光伏产业大量的研究和经验性认知，隆基绿能确定了单晶硅电池是未来技术成本最低的技术路线	技术有所积累	内部应用
产业链下游延伸期（2014—2019 年）	技术	2016 年，隆基绿能单晶 PERC 电池转换效率达到 22.71%	自主研发	内部探索
		2017 年，单晶 PERC 电池转换效率最高水平达到 23.26%；2018 年，隆基绿能宣布单晶 PERC 光伏电池转化效率达到 23.6%；2019 年，单晶双面 PERC 电池经国家光伏质检中心（CPVT）测试，正面转换效率达到 24.06%	进一步优化、进一步发展	内部应用
		隆基绿能此前接受机构调研时回应称，“以公司将在鄂尔多斯投产的 N 型 TOPCon 为例，早在 2016 年公司就开始了相关技术的研究工作，并搭建了中试线”	自主研发	内部探索

续表

阶段	机会窗口	典型证据	关键词	编码结果
产业链下游延伸期（2014—2019年）	技术	2021年4月，隆基绿能宣布N型TOPCon电池转换效率创造25.09%的新世界纪录；2021年5月，隆基绿能电池研发中心单晶双面N型TOPCon电池研发实现高达25.21%的转换效率；2021年6月，隆基绿能宣布P型TOPCon电池转换效率为25.02%；2021年7月，隆基绿能电池研发中心单晶P型TOP-Con电池研发实现高达25.19%的转换效率	进一步优化、进一步发展	内部应用
		2021年，隆基绿能新技术研发中心商业化尺寸单晶HJT电池转换效率达到创纪录的25.26%	自主研发	内部探索
		2021年10月，隆基绿能的商业尺寸HJT太阳能电池经德国哈梅林太阳能研究所测试，转换效率达25.82%；隆基绿能硅异质结电池（HJT）研发再次取得重大突破，转换效率高达26.30%；2022年6月，隆基绿能硅异质结电池研发再次取得重大突破，电池光电转换效率达26.50%；2022年11月，隆基绿能自主研发的硅异质结电池转换效率达到26.81%	进一步优化、进一步发展	内部应用
		2016年5月，乐叶光伏发布新品——低衰减高效率单晶组（Hi-MO 1）；2017年4月，隆基总裁李振国与隆基绿能乐叶总裁李文学共同开启了重量级新品——Hi-MO 2	发布新产品	内部探索
		2018年，隆基绿能乐叶又重磅推出双面半片PERC组件（Hi-MO 3）；2019年，推出（Hi-MO 4）半片双面PERC组件	技术改进	内部应用
		2020年，隆基绿能正式发布“无隐裂智能焊接”技术白皮书，详细介绍了其新一代高功率组件产品（Hi-MO 5）（182毫米）所独有的“无隐裂智能焊接”技术以及对此技术进行的各项可靠性验证	发布新产品	内部探索
		2021年，发布首款TOPCon双面组件（Hi-MO N）	首次发布	内部探索
		2022年，全球发布全新一代光伏组件产品——Hi-MO 6	发布新产品	内部探索
		2023年，隆基绿能面向全球重磅发布了基于HPDC技术的组件新品——Hi-MO 7	发布新产品	内部探索
		2023年10月，隆基绿能发布了全球首款防积灰组件产品——Hi-MO X6	发布新产品	内部探索

续表

阶段	机会窗口	典型证据	关键词	编码结果
产业链下游延伸期（2014—2019年）	技术	2020年之后，隆基绿能陆续发布了“隆顶”产品、“隆锦”产品、“隆易”产品和“隆行”产品	发布新产品	内部探索
	需求	2014年，10月12日，隆基绿能收购浙江乐叶光伏科技有限公司85%的股权，公司业务向太阳能电池、组件的研发、制造和销售拓展。 2021年，企业通过收购森特股份，开启BIPV光伏增量市场。 2023年，隆基绿能与东方雨虹正式签署战略合作协议，全面布局“光伏+防水”市场	进入新的市场	内部探索
	制度	2014年，公司业务向太阳能电池、组件的研发、制造和销售拓展。 2021年，公司通开启BIPV光伏增量市场	进一步发展	内部应用
产业链跨界扩张期（2020年以后）	技术	自2018年起，隆基绿能开始对氢能产业链进行战略研究，与国内外科研机构合作研发电解水制氢装备技术，并于2021年3月31日正式成立隆基氢能科技有限公司，积极布局绿氢装备业务	合作研发	外部探索
		2023年4月，隆基氢能面向全球发布了LONGi ALK Hi1系列产品	自主研发	内部探索
	需求	2023年，“绿电+绿氢”点亮绿色澳大利亚。 2023年6月，隆基绿能氢能和Vision Grid Energy将汇集双方的专业知识、先进技术和市场洞察，在西班牙开发绿色制氢项目。 2023年10月，隆基绿能“绿电+绿氢”将助力埃及加速实现能源转型	拓宽技术市场	外部探索
	制度	2021年，中国化学华陆工程科技有限责任公司与隆基绿能科技股份有限公司在华陆大厦签署战略合作框架协议。 2021年，中国石化与隆基绿能科技股份有限公司签署战略合作框架协议。 2022年，隆基绿能科技股份有限公司与万华化学集团股份有限公司签署战略合作协议	技术战略合作	外部探索
		2023年，隆基氢能牵手中国石化新星公司，全方位推进“绿电+绿氢”合作	技术战略合作	外部探索

7.4.3 案例分析和主要发现

在对每个案例企业关键构念编码结果的基础上，本书将案例企业数据汇总，见表7－8，本研究小组的两名研究者独立汇总，对出现不一致的情况经协商确定最终结果。以下通过分析案例企业，从理论及实际出发解释原因并提出若干命题。

表7－8 案例企业机会窗口、开放式双元创新编码汇总

阶段	机会窗口	开放式双元创新
产业链上游扩张期（2006—2013年）	技术	内部应用、内部探索、外部探索
	需求	内部探索
	制度	内部应用
产业链下游延伸期（2014—2019年）	技术	内部探索、内部应用
	需求	内部探索
	制度	内部应用
产业链跨界扩张期（2020年以后）	技术	内部探索、外部探索
	需求	外部探索
	制度	外部探索

机会窗口的存在有利于企业发展，开放式双元创新战略的有效实施则有助于及时抓住机会窗口实现企业的快速发展。通过对案例企业隆基绿能的分析，本书发现企业在产业链发展的不同时期，面对不同的机会窗口采取的创新战略有所差异。根据机会窗口的驱动因素不同可将机会窗口划分为技术、需求、制度三种类型，根据开放式双元创新的相关研究可将创新战略划分为内部探索、内部应用、外部探索和外部应用四种类型。具体分析内容如下。

7.4.4 产业链上游扩张期

技术机会窗口。这个时期光伏行业的技术路线主要包括单晶硅技术路线和多晶硅技术路线，但是通过大量的研究和经验性认知，案例企业发现单晶硅电池是未来技术成本最低的技术路线，从降本增效的第一原则出发，案例企业选择采用与当时绝大多数企业不同的技术路线——单晶硅技

术路线，并通过一系列探索活动来顺应当时的发展浪潮。为了抓住机会窗口进入光伏行业，隆基绿能一开始采取了内部应用的创新活动从半导体行业进入了光伏行业，后又采取了一系列探索式活动在光伏行业深挖。2006年，隆基绿能从半导体行业进入光伏行业并坚持单晶硅技术路线，主要业务为单晶硅棒和单晶硅片。在单晶硅棒的拉棒技术路线上，2014年，隆基绿能通过自主研发，率先攻克直拉单晶技术（RCz）产业难题并投入大规模产业化应用，实现了拉棒技术从CZ到RCz的技术跃迁；同时隆基绿能也开展了CCZ技术的研发，并且在2018年，隆基绿能与爱旭太阳能高层管理人员就光伏产业现状及未来发展进行深入探讨并签署CCZ高效单晶合作协议。在单晶硅片的切割技术路线上，2009年，金刚线切割很贵，切一片的成本远高于砂浆机，在选择设备时，为了能快速扩充切片领域、扩大产能，隆基绿能选择了切割成本更低的砂浆切割设备。即便是采用砂浆切割技术，隆基绿能依然寻求一条不同的技术路线，倡导全回收的概念。经过两三年的研发，到2012年，隆基绿能的砂浆回收再生系统已趋于成熟，使其耗材的成本比同行低30%，但是从长远来看砂浆切割技术的成本已经没有较大的下降空间。从降本增效的第一原则出发，金刚线是未来的发展方向，在采用金刚线切片后，国内整个光伏产业每年可节省成本约120亿元，并且，随着规模的扩大，未来会节约更多成本。但是2013年，金刚线切割技术还仅掌握在少数日本厂商手中，并未应用于光伏行业，国内金刚线的整个产业链，从金刚线到切割液、切割机均处于空白状态，产业链极其不完整，这导致金刚线切割的成本极高。为了引进金刚线切割技术，隆基绿能开始培育国内金刚线供应商，其联合国内供应商、合作伙伴打通了金刚线技术路线，同年，隆基绿能培育的供应商——连城数控，在国内首次推出金刚线切片机。

制度机会窗口。隆基绿能面临着国内外《可再生能源法》的颁布为光伏行业带来的巨大市场容量。德国对《可再生能源法》进行了修正，规定给予不同的太阳能发电形式为期20年的0.457~0.624欧元/千瓦·时的补贴，每年递减5%~6.5%，光伏上网电价下降比率增加到8%~9%，极大地刺激了德国光伏市场的发展。此后，西班牙等光照条件较好的国家相继颁布鼓励政策，欧洲光伏市场被点燃；中国政府也加入此列，2005 年，国内的《可再生能源法》通过，鼓励太阳能的开发与利用，并明确规定对于可再生能源电价的补贴与分摊。面对这股浪潮，隆基绿能做出了一个重要抉择，2004 年，西安新盟（隆基绿能的前身）以半导体行业积累的单晶硅技术与制造能力进入太阳能光伏行业，开始进行光伏市场的探索。2005 年，凭借对光伏产业大量的研究和经验性认知，隆基绿能确定了单晶硅电池是未来技术成本最低的技术路线。2011 年，隆基绿能成为全球最大的光伏级单晶硅片生产制造企业。截至 2013 年，隆基绿能在光伏市场的业务范围主要集中在单晶硅棒和单晶硅片上。

需求机会窗口。案例企业面临着全球市场在政策引导下迎来了光伏行业市场需求爆发式增长。从国内市场来看，太阳能光伏从航标灯、铁路信号灯、黑光灯、电围栏、小型通信机等特殊领域，到金太阳示范工程、光伏领跑者基地，再到工商业分布式、家庭屋顶光伏……我国光伏产业经历了从“云端”到“飞入寻常百姓家”的转变。从国际市场来看，自 2004 年以来欧洲国家对光伏系统的需求强劲增长，在这个阶段中国的光伏生产也经历了非常强劲的增长。2000 年，隆基在西安成立。此时，隆基绿能主要采取内部探索式的创新活动。在半导体领域积累了 5 年后，于 2006 年初选定单晶技术路线正式进入太阳能光伏领域，自此迈开了一家太阳能科技公司的征程。隆基绿能专注于单晶硅棒、单晶硅片的生产、研发和销售，充分利用了隆基绿能在半导体行业所积累的技术，专注擅长的领域，在点上形成突破以构建竞争力。

通过以上案例内容分析可知，在产业链上游扩张期，面对技术机会窗口，企业选择实施内部探索式创新活动和外部探索式创新活动。技术机会窗口通常要求开发显著不同于在位企业的技术，也可称为能力的毁灭技术（Tushman and Anderson，1986）。新技术范式不仅颠覆了原有技术范式的核心构念，而且改变了核心构念与组件之间的联系，需要探索新的核心技术与互补技术（Taylor and Helfat，2009）。企业在产业链上游扩张期资源基础薄弱，探索式创新活动可获取更多的技术知识，弥补自身资源劣势从而创造竞争优势。制度机会窗口通常是由国家政策变化带来的发展机遇，通过创造巨大的市场容量为企业发展提供了机会（魏江等，2016）。制度机会窗口要求企业有快速响应的能力，产业链上游扩张期的企业资源数量有限，面对需要快速响应的机会窗口，聚焦现有业务是资源高效合理配置的有效方式，有利于提高对有限资源的利用效率，改善自身资源不足的劣势（Lavie et al.，2010），因此快速响应的内部探索式活动是企业关注的重点。需求机会窗口通常由本地或国外市场用户新需求拉动（Lee and Malerba，2017），为了抓住新兴的市场机遇，案例企业主要采取了内部探索式创新活动。

通过以上理论及案例分析，本书提出以下命题：

命题 1：在产业链上游扩张期，技术机会窗口和制度机会窗口更加明显，企业从内部应用转向内部探索和外部探索的平衡和组合。

7.4.5 产业链下游延伸期

技术机会窗口。案例企业面临着新的技术范式的出现，此时，光伏行业的技术路线包括单晶电池的 PERC、TOPCon、HJT 技术，以及单晶组件的 Hi－MO 系列技术和分布式电站的 BIPV 技术。这些技术的出现，为光伏产业链带来了新的发展方向和机遇，案例企业不断在内部探索和内部应用之间迭代来调整自身的技术和业务模式，并加速了电池环节单晶硅 PERC、TOPCon、HJT 技术以及组件环节的双面发电技术的发展。在太阳能电池的技术路线上，隆基绿能一直以提高太阳能电池的转换效率为目标，并在 PERC、TOPCon、HJT 等技术领域进行技术选择。它们通过内部自主研发的方式推动技术创新，从最早的 PERC 技术到后来的 N 型 TOPCon、P 型 TOPCon、HJT 等技术的电池转化率不断刷新世界纪录，一次次成为新世界纪录的创造者。例如，2016 年，隆基绿能开始大规模量产 PERC 电池与组件，引领了单晶 PERC 的产业革命，并推动整个光伏行业向 PERC 电池生产转型。2021 年 6 月初，他们刷新了 N 型 TOPCon 电池、P 型 TOPCon 电池和 HJT 电池三项世界效率纪录。2022 年，隆基绿能在单晶电池领域取得了重大突破，创造了硅异质结光伏电池转换效率的最高纪录；此外，隆基绿能与澳大利亚新南威尔士大学等合作伙伴进行深入研究，成功应用并向业界开放了LIR技术，解决了单晶PERC初始光衰高的难题，实现了每瓦发电量约3%的提高。在太阳能组件的技术路线上，隆基绿能在太阳能组件领域采用了双面发电技术，推出了基于双面PERC电池的双面双玻组件，如Hi－MO 2、Hi－MO 3和Hi－MO 4。这些组件可以为客户带来8%~25%的发电增益。隆基绿能还不断进行技术改进和创新，推出了采用独有的“无隐裂智能焊接技术”的Hi－MO 5产品。此后，他们又自主研发并推出了全新一代光伏组件产品Hi－MO 6，以及基于HPDC技术的组件新品Hi－MO 7。2023年10月，隆基绿能发布了全球首款防积灰组件产品——Hi－MO X6。在太阳能光伏电站的技术路线上，隆基绿能于2020年推出了自主研发的首款产品“隆顶”，该产品实现了工商业建筑屋顶与光伏发电的高效融合，是一种兼具优异建材性能和稳定发电表现的绿色建材。“隆顶”具备良好的防火、防水、抗风等特点，拥有双A级防火认证和四重防水处理，远优于一般彩钢屋顶建材。随后，隆基绿能又陆续推出了自主研发的产品“隆锦”“隆易”“隆行”。

制度机会窗口。从国内政策来看，自2013年起，我国陆续发布了《国务院关于促进光伏产业健康发展的若干意见》《国家发改委关于发挥价格杠杆作用促进光伏产业健康发展的通知》等产业政策，完善了光伏行业价格及竞争体系，确保市场的完善运行；但是，在国际上，2011年，美国率先掀起对中国光伏企业的“双反”（反倾销、反补贴）调查，随后，欧盟、加拿大、澳大利亚等国家和地区的“双反”调查也相继启动，对中国的光伏产业带来巨大的冲击。此时，隆基在单晶硅市场持续发力，且单晶硅产品的度电成本已逐渐占据优势，但国内光伏市场仍以多晶产品为主，单晶产品的市场份额不足10%。其背后原因，是对单晶硅推广至关重要的电池、组件生产商习惯性应用多晶硅，对单晶硅产品的推广动力不足。面对这种情况，隆基绿能选择了内部应用式创新活动。2014年10月，隆基绿能公司的业务开始向太阳能电池、组件的研发、制造和销售拓展。2021

年，公司开启 BIPV 光伏增量市场。

需求机会窗口。案例企业面临着光伏行业市场需求持续增长，但是国内光伏市场仍以多晶产品为主，单晶产品的市场份额不足 10%。2011 年以后，一些国家相继出台了“双反”政策，对光伏市场进行保护和限制。在这种政策的影响下，因为单晶硅成本较高，而多晶硅片具有更低的成本，许多至关重要的电池、组件下游生产商都选择多晶硅技术路线，单晶硅片技术路线被逐渐边缘化，对单晶硅产品的推广动力不足。面对这种市场现象，在劝说下游厂商使用单晶硅无果的情况下，2014 年，隆基绿能开始采取内部探索式创新活动，将业务延伸到产业链下游（单晶电池、单晶组件、分布式电站）来推动单晶硅产品的普及。2014 年 10 月，隆基收购浙江乐叶光伏科技有限公司 85% 的股权，公司业务向太阳能电池、组件的研发、制造和销售市场拓展。2021 年，公司通过收购森特股份，开启 BIPV 光伏增量市场。2023 年 5 月，为了响应国家“双碳”目标，发挥双方在绿色能源与建筑建材等方面的优势，共同推进建筑光伏一体化解决方案、工商业分布式项目开发等业务，在第十六届（2023）国际太阳能光伏与智慧能源（上海）大会暨博览会上，隆基绿能与东方雨虹正式签署战略合作协议，全面布局“光伏 + 防水”市场。

通过以上案例内容分析可知，面对技术机会窗口，企业在产业链下游延伸期虽然积累了上一范式的技术，但是新范式的兴起颠覆了上一范式的核心技术，企业通过内部探索式创新活动和内部应用式创新活动较早进入技术生命周期，抢占主导设计的“话语权”（应瑛等，2018），动态地适应范式转变的混沌期，以免出现路径依赖性问题（Klochikhin，2012）。面对制度机会窗口，产业链下游延伸期的企业已积累部分技术资源，由于国家政策带动的市场通常对产品具有及时上新、大量上市的要求，但重新研发新产品周期较长，生产工艺与流程工艺的探索以及市场的试错反馈同样耗费大量时间（Rerup and Feldman，2011）。此外，现有完善的组织流程也会阻碍探索式活动的快速实施（Raisch et al.，2009），因此企业只能调动资源储备采取应用式创新活动快速响应制度机会窗口。面对需求机会窗口，产业链下游延伸期的企业已具有完善的营销体系与组织流程（Greve，2007），通过对新市场进行探索有利于提高组织运营效率，避免对组织资源的浪费。

通过以上理论及案例分析，本书提出以下命题：

命题2：在产业链下游延伸期，技术机会窗口和需求机会窗口更加明显，企业主要实现内部探索和内部应用的平衡和组合。

7.4.6 产业链跨界扩张期

技术机会窗口。案例企业处于国家积极构建以新能源为主体的新型电力系统，并将光伏发电与其他产业进行融合，以助力早日实现减碳目标的时期。在这样的背景下，越来越多的企业开始用光伏制氢，这个阶段的技术路线主要包括电解水制氢装备技术，案例企业主要通过外部探索的方式来抓住技术方面的新机遇。隆基绿能于2021年正式布局氢能业务，此时隆基绿能的业务范围主要包括单晶硅棒、单晶硅片、单晶电池、单晶组件、分布式电站、绿氢和绿电。在绿氢和绿电的技术方面，自2018年起，隆基绿能开始对氢能产业链进行战略研究，并与国内外科研机构合作研发电解水制氢装备技术。2023年，隆基绿能面向全球发布了LONGi ALK Hi1系列产品，该系列产品具有高效率、高收益的特点，可以降低10%以上的直流电耗。

制度机会窗口。案例企业面临着国家“双碳”目标的提出。2020年9月，中国在联合国大会上提出了碳达峰和碳中和的目标，并努力争取在2030年前达到二氧化碳排放峰值，2060年前实现碳中和。为了响应国家的“双碳”政策，隆基绿能主要选择了与外部企业签署战略合作，致力于成为全球领先的大型绿氢装备与方案提供商，持续不断地为全球客户创造价值，隆基绿能形成了支撑全球零碳发展的“绿电+绿氢”产品和解决方案，将通过光伏发电和电解水制氢技术的最佳组合，实现“绿氢”生产的最佳标准化成本。李文学认为，“当前，隆基积极探索绿氢解决方案，始终坚信大力发展可再生能源，推广‘绿电+绿氢’，是实现碳中和及应对气候变化的有力武器”。例如，2021年4月，中国石化与隆基绿能签署战略合作框架协议。根据协议，双方将在新能源领域开展合作，实现共赢。2021 年 8 月，中国化学华陆工程科技有限责任公司与隆基绿能在华陆大厦签署战略合作框架协议，双方围绕绿色氢能技术和科技成果转化建立战略伙伴关系，加强在绿氢与煤化工耦合场景应用、新能源相关产业、高端设备研发采购等方面的战略合作。2022 年 12 月，隆基绿能与万华化学集团股份有限公司（以下简称“万华化学”）签署战略合作协议，未来双方将以国家“2030 年前碳达峰、2060 年前碳中和”目标为指引，发挥各自优势，通过全方位协同，在光伏、氢能、建筑光伏一体化、新材料等多领域形成深度合作，共同开拓清洁能源应用市场。2023 年 9 月，隆基氢能与中国石化新星石油有限责任公司在 2023 年世界地热大会现场签署战略框架合作协议，未来双方将充分发挥各自在风、光、氢能等项目建设、运营方面的经验和优质设备产品供应方面的优势，推进新能源项目的开发建设，相互补充提供全方位的技术及研发支持。

需求机会窗口。案例企业面临着行业快速发展的特色需求催生了新一轮市场需求的情况，多家上市公司进入光伏制氢领域，制氢后的氢气可以应用于多个领域，如交通运输、工业用途和能源存储等。为了抓住新的市场机遇，隆基绿能在市场战略方面进行了大量探索。由于澳大利亚、西班牙、埃及等地区自然资源禀赋得天独厚，相较于世界其他地区，拥有更加丰富的光资源和风资源，为了充分利用该资源优势，加速推动地区能源结构绿色转型，隆基绿能开始探索澳大利亚、埃及、西班牙市场。2022 年澳大利亚国际能源展（All – Energy Australia 2022）在墨尔本会议展览中心盛大开幕，作为全球领先的太阳能科技公司，隆基绿能光伏组件及隆基氢能制氢装备精彩亮相本届盛会，为了拓展澳大利亚市场，隆基绿能为参展者带来安全可靠、高效增值的制氢产品及“绿电 + 绿氢”的解决方案，助力澳大利亚客户实现低碳转型，走向绿色未来。此外，在德国慕尼黑举办的 Intersolar Europe 2023 展会现场，隆基氢能与行业领先的创新能源技术公司 Vision Grid Energy 签署战略合作协议，隆基氢能和 Vision Grid Energy 将汇集双方的专业知识、先进技术和市场洞察，在西班牙开发绿色制氢项目，并持续提供可满足工业、交通和社区各类能源需求的技术解决方案。隆基绿能参加了2023年在北京召开的全球能源互联网大会，大会期间，李振国与埃及可再生能源电力部部长Dr Mohamed Shaker进行了深入交流，隆基绿能“绿电+绿氢”将助力埃及加速实现能源转型。

通过以上案例内容分析可知，面对技术机会窗口，随着科技的迅速发展和创新的推动，新的技术突破和应用不断涌现，这些新技术可能彻底改变产业链末端的格局，产业链需要跨界整合并与现有业务融合，企业面临新的技术机遇和挑战（Verhoeven and Bakker，2016）。企业在产业链跨界扩张期，需要将新的技术范式与企业现有的技术范式结合（Zobel et al.，2017），内部探索式创新活动和外部探索式创新活动可以帮助企业灵活抓住新出现的技术机遇。面对需求机会窗口，企业将自身所在的产业链延伸到其他相关产业链上，以获得更多的商机和利润，企业通过开辟新的技术渠道突破特定经济发展阶段的核心技术束缚（曾繁华、王飞，2014），企业需要在市场战略方面进行大量探索，拓展更多的新市场。面对制度机会窗口，国家政策的提出，为企业提供了新的发展方向，对企业的技术提出了新的要求（刘守英、杨继东，2019）。企业需要通过与其他行业的合作伙伴建立战略合作关系，共同开发新产品或提供新的解决方案。

通过以上理论及案例分析，本书提出以下命题：

命题3：在产业链跨界扩张期，技术机会窗口和制度机会窗口更加明显，企业注重内部探索和外部探索的平衡和组合。

7.5 结论和启示

本书运用单案例分析方法，对隆基绿能2006—2023年在光伏领域的技术范式转变进行纵向案例分析，依据企业在产业链上的关键事件将发展阶段划分为产业链上游扩张期、产业链下游延伸期、产业链跨界扩张期，对企业在产业链不同时期中双元性学习模式演化及其驱动机制进行了系统分析和归纳。

通过对案例进行分析，识别出关键研究构念及构念间关系，并得出概念模型（见图7-1）和相关命题。本书主要研究结论和贡献如下。

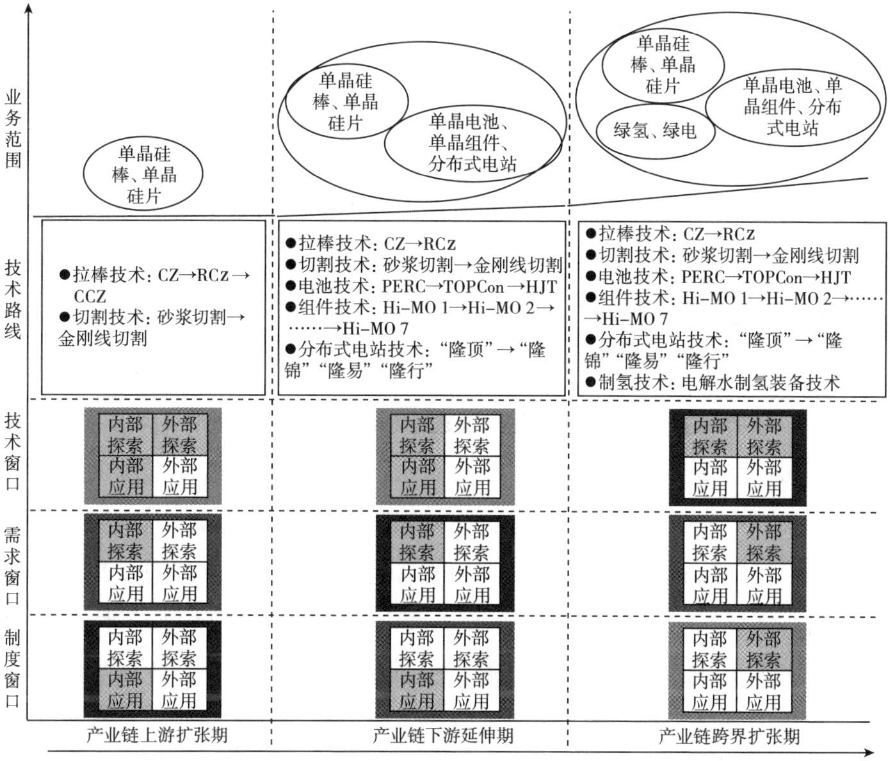

图7-1 技术机会窗口与开放式双元创新

注：外框颜色越深表示该机会窗口越明显；内框深色表示不同阶段面临不同机会窗口所选择的双元创新。

首先，对开放式双元创新选择研究的贡献。现有研究主要关注探索式创新与应用式创新的内涵及平衡模式（Kollmann and Stockmann，2014），以及影响创新战略选择的竞争强度、环境动态性等情境因素（Laursen and Salter，2014；彭新敏等，2017）。也有文献从组织外部情境和组织内部情境研究双元的前因，指出外向型开放式创新可以帮助企业将闲置的资源以及未充分利用的知识产权进行商业化以提高创新资源利用率，降低企业运营成本，支持企业双元创新活动（王钰、胡海青，2021），企业可以通过与其他组织或用户合作提升知识基础、改变知识结构以平衡探索与应用之间的张力，实现创新的二元性（张小娣等，2021）。从组织内部情境研究双元前因的文献指出，基于企业内部资源和战略视角考察企业竞争优势，认为异质性资源与关系是企业形成竞争优势的核心，可以帮助公司迅速响应外部环境变化，重新配置资源，支持企业二元创新战略（吴镇等，2022）。动态能力理论认为在动态情境下，企业的创新能力、组织管理能力和战略柔性是企业克服路径依赖的关键要素，可以促使企业不断发掘、积累与消费者、市场有关的信息和资源，在满足顾客需求的同时与顾客形成良好互动，提高探索式创新和应用式创新效益（刘贵文等，2019；王灿昊、段宇峰，2019）。环境中存在高度不确定性，企业的创新战略与学习模式会随着环境的变化而动态演化（彭新敏等，2017），而现有研究忽略了影响双元创新的外部情境要素。由此，本书整合开放式创新理论和双元创新理论，探究不同类型机会窗口对企业开放式双元创新选择的影响，以及未考虑企业开放式双元创新与不同类型机会窗口之间的匹配机制。研究表明，企业开放式双元创新的选择与所处阶段和窗口类型有关，企业在选择开放式双元创新时需要结合所处阶段和窗口类型进行调整。本书探究了技术、需求、制度机会窗口对企业内部探索、外部探索、内部应用、外部应用的影响，弥补了现有文献对这一作用机制研究的不足。具体而言，在产业链上游扩张期，企业的技术能力通常比较有限，此时企业通常选择内外部探索的方式，一方面，企业可以借助探索式创新活动，加速自身技术的积累和提高自身的技术实力，为未来的发展奠定基础；另一方面，企业可以整合各方的资源和优势，共同开发新的技术和产品，以满足市场需求和提升自身的创新能力。在产业链下游延伸期，企业的技术能力通常有所积累，但市场需求和竞争也更加激烈，企业需要进一步加强内部创新和技术引进，同时继续与产业链上游的合作伙伴进行开放式双元创新，以保持技术领先地位，打造差异化竞争优势。在产业链跨界扩张期，对企业的技术发展提出了新的挑战，企业需要面对新的市场需求和技术要求，同时需要与其他行业的合作伙伴展开合作，共同开发新的技术和产品，企业需要采取内外部探索的方式，积极开展技术引进、技术交流、技术研发等工作，提高自身的技术创新能力，并不断优化自身的产业布局和市场定位，以适应新环境下的挑战和机遇。因此，企业在不同的产业链阶段就意味着能力的差异。不同类型的机会窗口差异较大，对企业的技术、市场能力有不同的要求。本书研究发现：在产业链上游扩张期，技术机会窗口和制度机会窗口更加明显，企业从内部应用转向内部探索和外部探索的平衡和组合来实现开放式双元。在产业链下游延伸期，技术机会窗口和需求机会窗口更加明显，企业主要通过内部探索和内部应用的平衡和组合来实现开放式双元。在产业链跨界扩张期，技术机会窗口和制度机会窗口更加明显，企业主要通过内部探索和外部探索的平衡和组合来实现开放式双元。

其次，对企业在产业链扩张和机会窗口理论的研究贡献。已有研究表明，我国企业为了应对外部环境的严峻挑战，突破资源方面的限制，不断扩张和延伸其在产业链上的业务（杨勇，2023），在产业链的扩张和延伸阶段，面对的技术不确定性越来越大，企业的创新战略与学习模式会随着环境的变化而动态演化（彭新敏等，2017）。虽然已经有研究将企业不同的发展阶段和企业战略选择结合，指出在不同的发展阶段、不同类型的企业所面临的环境压力的强度和来源都是不同的（Su et al.，2023），但是很少有研究将产业链上下游不同阶段，以及产业链跨界扩张纳入研究，同时考虑产业链上游扩张期、产业链下游延伸期，以及产业链跨界扩张期企业开放式双元创新选择的差异，而机会窗口的研究起源于1988年，兴起于2017年，但现有研究主要利用机会窗口解释国家层面和产业层面的追赶（Morrison and Rabellotti，2017；Kang and Song，2017；Giachetti and Marchi，2017；彭新敏等，2020；吴晓波，2019），鲜有研究从动态演化视角切入，探究机会窗口与企业开放式双元创新选择的关系。本书以光伏行业的典型案例企业作为研究对象，融合技术、需求和制度视角，探究外部环境的机会窗口对企业开放式双元创新选择的重要作用，丰富了机会窗口的类型学研究。此外，本书还对同一行业内不同类型的窗口进行了识别和分类。这一研究不仅填补了现有文献对窗口类型研究的不足，而且回答了是否能够抓住不同类型机会窗口对企业发展具有重要影响的问题，为我们理解企业在产业链上游扩张期、产业链下游延伸期，以及产业链跨界扩张期中面对不同机会窗口时的行为和选择提供了丰富的理论和实证研究。

本书对企业在产业链上下游、产业链跨界扩张的开放式双元创新选择具有重要的实践意义。首先，企业在成长过程中需要重视技术机会窗口、需求机会窗口和制度机会窗口所带来的发展机遇，并分析不同窗口类型的驱动因素和特点。这将有助于企业抓住机会，获得持续的竞争优势。其次，企业应该从动态的角度分析内外部环境，避免战略上的路径依赖。企业需要根据窗口类型和所拥有的资源和能力，在不同阶段选择适合的创新战略。例如，当技术机会窗口出现时，企业应采取内外部探索活动来获取新的技术资源；当需求机会窗口出现时，内部探索可以帮助企业形成长期的最优稳定状态；而制度机会窗口则要求企业采取快速响应的内部应用式创新战略，以确保能够及时适应制度变化。最后，对于企业而言，理解不同类型机会窗口对开放式双元创新选择的影响，能够帮助它们制定更明智的战略决策，并在竞争激烈的市场中获取持续的竞争优势。这对于企业的发展和创新能力具有重要的实践意义。

7.6 研究局限和未来展望

本书通过案例分析提出了企业在产业链上下游，以及产业链跨界扩张中，不同类型的机会窗口与开放式双元创新选择的若干命题。虽然本书尽可能选择了光伏行业具有代表性和典型性的企业，但仍然缺乏多案例研究的可复制性与不同行业的可比性，未来可展开多案例研究和大样本实证来验证本书相关研究结论。此外，本书主要关注了技术、需求和制度三种类型的机会窗口，并提出了内部探索、内部应用、外部探索和外部应用四种创新选择。然而，本书发现在产业链上游扩张期，技术机会窗口更为明显，企业会平衡组合内外部探索活动；在产业链下游延伸期，制度机会窗口和技术机会窗口更明显，企业会平衡组合内部探索和应用活动；在产业链跨界扩张期，技术机会窗口更明显，企业会再次平衡组合内外部探索活动。未来可以通过更多的案例研究其他关系存在的可能性，探究产业链上下游其他机会窗口对企业开放式双元创新选择的影响，也需要通过大样本数据验证本书提出的命题。

8 双元创新的形成过程（二）

——竞争强度、业务相关度与开放式双元创新演进路径

面临外部环境竞争与内部业务扩展，企业需要在不同成长阶段通过外部与内部探索式与应用式创新不断迭代发展。基于双元创新理论，本章采取双案例研究方法，深入探讨美的与海信的不同业务演进过程。研究发现：①外部竞争强度会影响业务开放式双元的演进路径。当企业面临竞争激烈的环境，在业务成长期更易形成内部探索或内部双元。②在业务发展初期，当外部的竞争强度较高时，企业更倾向于采用外部探索。当外部的竞争强度较低时，企业更倾向于采用内部探索。③在企业开展多业务拓展过程中，新业务与现有主要业务之间相关性程度影响双元演进的路径。当业务相关度较高时，业务的双元演进路径与原有业务相似，并且内部双元更明显。当业务相关度较低时，企业主要通过合作联盟、合资与并购等形式开展外部双元。④当业务相关度低时，随着业务的发展，企业将实现外部探索和外部应用的平衡，并且外部探索的形式也从前期的并购、合资向联盟、生态圈演变。由此，本书基于业务相关度和外部竞争强度构建起动态双元模型，在业务层面扩展了外部竞争环境和双元演进关系的融合研究，在开放情景下为企业有效应对外部环境进而构建开放式双元动态能力提供启发和参考。

8.1 研究问题

制造业是立国之本、强国之基，是实体经济的重要基础。党的二十大报告指出，加快建设制造强国，推动制造业高端化、智能化、绿色化发

展。在此背景下，如何提升企业创新能力成为中国制造业高质量发展面临的关键问题。此外，伴随着人工智能、物联网、大模型等新一代技术革命的兴起，组织边界和企业交互方式正在被重新定义。为了应对复杂动荡的外部环境，企业更加关注以协同化、开放式的战略创新模式获取外部技术资源和商业信息，与分散但相互依存的利益相关者合作，依靠彼此能力创造和获取价值（Chesbrough，2018）。随着经济全球化的不断推进和互联网技术的持续发展，企业利用外部资源开展创新的渠道逐渐增多，并将供应商、客户、研究型大学等多方主体都纳入创新体系中，呈现出创新主体多元化态势，涌现出越来越多的创新机会。在组织管理领域，有学者将探索式和应用式的双元理论框架引入创新领域。具体来说，双元创新是企业应对变化环境的重要策略，并且较为全面地涵盖了企业所开展的不同类型的创新活动（Lavie et al. ，2010）。其中，探索式创新活动主要是指内部技术的自主研发和外部的并购合资等活动；应用式创新活动主要是对内部技术的改良和外部技术的引进等活动。开放式创新范式为双元创新理论提供了全新视角，通过感知、搜寻和获取新的知识结构为企业开展双元创新活动提供了必要条件。由此，研究提出“开放式双元”构念，将双元内涵从传统的组织边界内部延伸至组织外部，进一步深化了双元创新理论的相关研究，拓展了双元的应用范围。以往研究也初步关注到开放式创新与双元创新的融合。例如，Rothaermel 等（2009）和 Stettner 等（2014）从组织内外部情境与双元类型两个维度出发，将组织活动划分为四种类型：内部探索，如自主研发（王钰等，2023）；内部应用，如技术的改进（何向武，2020）；外部探索，如探索式联盟与探索式并购（贡文伟等，2020）；外部应用，如应用式联盟与应用式并购（胡潇婷等，2020）。

然而，虽然开放式双元能够有效促进企业创新活动开展，但是在实施过程中仍存在一定的问题与挑战。例如，March（1991）指出，企业想要在相当长的时间内保持竞争优势，需要从柔性视角出发开展双元创新活动，进而使组织行为与外部动态环境相匹配，即有效平衡探索式创新和应用式创新。由此，学者们针对探索与应用之间的平衡展开了一系列的研究。例如，Siggelkow 等（2003）与 Gupta（2006）提出了间断型平衡，即通过探索式创新与应用式创新之间的转换来实现平衡，强调应用式创新和探索式创新无法同时进行，两者存在时间差异；Benner 和 Tushman（2003）提出了双元型平衡，即通过不同的子部门或单元分别开展应用和探索这两类学习活动，两类活动可以同时进行；彭新敏等（2011，2017）通过纵向案例研究分析了后发企业追赶过程的双元平衡，发现后发企业在动态追赶的过程中，组织学习会相应地由间断型平衡向双元型平衡演化，并且从技术追赶到创新前沿转型过程中双元类型由“分隔型双元”向“过渡型双元”再向“自洽型双元”演化。还有一些研究关注探索与应用在内外部组织中的安排。例如，张洁（2018）采用制度多重性理论分析领先企业开放式双元创新演进路径的相似性与差异性的原因。因此，如何在动态环境中有效平衡开放式双元是现有研究需要解决的关键问题。

聚焦于开放式双元，现有研究大多从企业层面出发，认为企业在开放式创新战略实施中，往往会扩大经营业务范围，通过生产异质性新产品开辟新的产业领域，寻找新的利润增长点并实现产业扩张。在企业进行战略扩张的过程中，业务也逐渐多元化，不同业务的开放式双元演进路径也存在差异。然而，现有研究大多关注企业如何通过外部业务扩展推进开放式双元演进，忽略了组织内部的业务发展，以及开放式双元在组织内部的差异性机制。本书认为，业务相关度影响开放式双元路径的选择。业务相关度（business relatedness）是描述两个业务之间相互依赖的程度（赵月皎等，2016；Mo C. et al.，2018）。现有研究将新业务分为相关业务和不相关业务，若新增业务与原有业务能够共享的知识和技术越多，则企业的新增业务与原有业务的关联程度越高，反之则越低。赵月皎等（2016）分析了业务相关度对企业研发的影响；王晓静等（2011）基于业务相关性程度分析母子公司文化控制对子公司绩效的影响，指出母子公司的业务相关度会进一步促进该影响。因此，本书融合组织层面与战略层面，深入探讨了业务相关度对业务双元演进路径的影响。

现有文献还对探索和应用双元的驱动因素展开了大量研究。具体来说，在组织因素方面，Pertusa - Ortega（2018）从有机和机械混合结构出发，探讨组织结构对双元的驱动作用；Yang 等（2021）认为组织文化在培养双元能力的过程中起着重要作用；Lee 等（2012）和 Chen 等（2022）从知识存量和知识的深度与广度等方面出发，研究组织资源对双元的影响。在战略因素方面，有学者研究了开放式创新战略（Ardito et al.，2020；Hwang et al.，2021）、信息技术和数字技术战略（Boži and Dimovski，2019；Wang et al.，2020）等对实施组织双元的影响。此外，外部环境也是影响双元演进路径选择的重要因素。现有研究从环境动态性（焦豪，2011；Soto - Acosta，2018）、环境竞争性（Cai et al.，2014；Liu，2013）、制度多重性（张洁等，2018）等多种环境特征出发研究对企业双元性的影响。其中，环境竞争性主要表现为企业所面临的竞争对手威胁程度和竞争强度。与外界竞争给企业带来的危机感会迫使企业对新技术知识、新市场知识具有较高的探索意愿与接受程度（吴晓波等，2014），促使企业增加创新投入，为企业创新提供契机（Cai et al.，2014）。彭灿等（2020）认为高环境动态性与竞争性有利于突破性创新绩效提升，但不利于渐进性创新绩效提升。面对动态复杂的竞争环境，企业通过构建双元能力克服路径依赖，避免陷入刚性陷阱，提升应对环境变化的敏感性与灵活性，实现了新技术的开发和原有技术的更新迭代，促进实现规模增长，加速了开放式技术创新。然而，现有研究缺乏从竞争强度角度研究其对开放式双元路径的选择及影响。因此，本书进一步深入分析竞争强度对开放式双元演进过程的影响。

综上所述，现有研究大多运用实证方法静态研究组织双元，缺乏从纵向视角和过程视角动态化地研究开放式双元的演进过程。虽然已有研究从动态视角分析开放式双元的演变过程，但关于“开放式双元”如何随着时间的推移而演变的过程仍知之甚少。此外，现有文献主要从企业层面出发，关注内外部环境对开放式双元的影响，而业务单元作为企业的独立部分，研究其双元创新的演进过程同样具有很大的研究价值和意义，能够为企业选择新业务及业务的后续发展方面提供借鉴参考。综上所述，本章提出以下研究问题：企业如何根据业务面临的外部竞争环境，以及新业务与现有业务的关系，在不同业务单元中选择内部与外部的探索与应用活动？即，外部竞争强度和业务相关度如何影响不同业务开放式双元创新动态演进的过程？

围绕上述问题，本书采取双案例研究，尝试解释企业发展业务时双元路径选择存在差异的原因。美的集团（以下简称美的）和海信集团（以下简称海信）作为中国的两个典型技术领先型企业，业务呈现多元化，并且实现了内外部双元的平衡。研究通过对比美的和海信从成立到现在关键业务的内外部双元的变化，结合双元创新理论，探讨业务相关度、竞争强度与业务双元路径的演进之间的规律，为企业新业务展开后的创新路线决策提供建议。研究发现，不仅企业之间的双元演进过程存在差异，企业内部不同业务部门之间的双元演进过程也存在差异。研究将外部因素和内部因素结合探讨了不同类型业务双元创新演进过程差异背后的原因。

8.2 理论基础与文献总结

8.2.1 开放情境下双元创新演进

在开放式创新下，企业主要通过构建联盟、并购等方式利用外部力量进行探索和应用（Lin et al.，2007；Lavie et al.，2011；Rothaermel and Alexandre，2009）。现有研究认为企业可通过搭建联盟共享和交换资源，共同利用现有知识或探索新的机会，开发技术产品和服务（Gulati，1998；Koza and Lewin，1998）。从双元性角度可将联盟进一步分为探索式联盟和应用式联盟（Park et al.，2002；Rothaermel，2001；Rothaemel and Deeds，2004；舒成利等，2015；孙彪，2017），探索式联盟可以帮助企业不断发现新的机会，为持续创新提供了可能，为联盟企业获取长期竞争优势提供了保障（Dussauge et al.，2000）；应用式联盟促使企业之间相互学习、资源互补，将合作伙伴的竞争优势转化成自身的竞争优势，从而在短期内通过联盟活动获得商业成功（Yang et al.，2014；March，1991；He et al.，2004）。然而，在联盟中持续选择应用式学习行为可能导致企业陷入“成功陷阱”（孙彪，2017），选择较小的创新与改进规避风险的同时，也错失了外部环境中的机会（Lavie，2010）。探索式活动前期具有投入大、风险高、收益回报期较长等特点，其成功率可能远低于应用式学习（孙彪，2017）。因此，在诸多制衡因素约束下，企业在动态过程中平衡好探索与应用这对悖论的关系非常重要。

技术并购是一种非常常见的企业获取技术的方式（王宛秋等，2017），成为企业突破技术“瓶颈”、克服路径依赖、增强自身技术实力的重要途径。企业实施并购战略克服路径依赖主要有两种方式：一是选择并购与自己具有相似技术资源的企业，为实现资源协同，促进原有研发体系更加完善，迭代相关技术做更充足的准备。二是并购具有互补性技术的企业，意在打破原有的技术路径依赖，跨越两个领域之间的技术壁垒（Makri，2010；李自杰、高璆崚，2016）。有研究表明，技术相似性与并购后创新绩效之间呈倒“U”形关系（Cloodt，2006；严焰、池仁勇，2020），并购后能否对目标知识有效吸收决定了技术并购的成功与否。随着环境愈加复杂难以预测，企业的技术获取速度也在不断提高，以技术为核心的并购活动日渐活跃，近期研究越来越多地倾向于将双元创新与技术并购联系在一起。Phene（2012）等研究发现技术并购后企业以应用式创新为主；Choi（2018）等进一步对并购前的创新倾向如何影响并购后的知识应用行为及效果进行了探索，发现了并购前创新倾向对并购后吸收行为的延续性影响。

8.2.2 竞争强度和开放式双元

外部环境是影响企业战略制定和采取行动的关键因素，能否有效地适应外部活动决定了企业能否继续生存和发展。随着技术的不断进步，环境的不确定性与复杂性日益增加，企业面临的竞争压力也在不断增大。为了适应环境的变化，克服路径依赖，维持自己在市场上的地位，不被其他竞争对手超越追赶，企业必须通过加强组织学习，开展创新活动，增强其内部实力，获取可持续性的竞争优势（Barnett，1996）。外部竞争的强度是指企业内部员工与外部其他企业接触时所遭遇的竞争压力（Grewal，

2001）。Su 等（2023）将外部竞争压力分为来自类别密度（竞争者数量）、品类异质性（产品同质化）和消费者偏好多样性的压力，其中类别密度主要指竞争者数量，品类异质性主要指产品同质化程度。激烈的外部竞争必然会对企业的稳定发展造成威胁，对企业员工产生压迫感，促使员工在内部分享和利用拥有的知识。有研究表明，在动态与竞争环境下，探索式创新对企业可持续发展的影响更为显著；环境动态性和竞争性均正向调节探索式创新与企业可持续发展的关系；环境动态性负向调节双元创新协同性与企业可持续发展的关系（彭灿等，2020）。在低强度竞争环境下，企业可以采用低成本、低风险的应用式创新提升企业绩效，维持基本业务不变。但在高度竞争的环境中，企业面临较大的威胁与挑战，应用式创新已经不能满足企业发展的需求，探索式创新可能为企业带来冲破强竞争环境的契机（李德强，2017）。方肖燕（2023）等研究了数字化转型与双元创新之间的关系，发现动态竞争环境在此过程中呈现出“先增强，后抑制”的倒“U”形调节关系。

8.2.3 业务相关度和开放式双元

探索式和应用式活动可以在任何组织级别同时发生。现有研究大多从企业层面展开，只有少量从业务单元层面研究（Mom et al.，2009）。Yan（2017）认为为了实现动态双元性，企业需要在企业层面支持结构双元性，在业务单元层面支持环境双元性，在项目层面支持顺序双元性。Hansen（2019）从人力资源层面出发，研究了人力资源架构如何结合基于承诺、生产力、遵从性和协作的不同人力资源管理系统，以促进开发、探索两重性应对不同的动态环境。业务相关度是衡量业务之间关系的一个重要指标，它是指多元化企业不同业务单元活动互相支持、互相补充的程度（Davis et al.，1992；Davis and Thomas，1993）。有学者认为业务的相关性是以技术相关性（Robins and Wiersema，1995；Wiersema and Stewens，2003）和知识资源相关性（Tanriverdi and Venkatraman，2005）为基准进行测量。随着外部环境逐渐复杂，企业开始开放企业边界，通过开放式双元获取外界的知识技术和资源，促进企业以及业务的持续健康发展。

开放式双元要求企业在开放搜寻外部资源知识的同时，还要充分利用现有的资源和知识，使内部能力得到充分发挥。对不同业务来说，知识在业务之间是流动的，业务之间的知识传播和流动可以帮助业务获得协同发展优势，从而会被其他业务的探索和应用活动影响，进而影响业务双元演进的过程。外部竞争强度和业务相关度的测量方式如表 8－1 所示。

表 8－1　外部竞争强度和业务相关度的测量方式

变量	二级指标	参考文献
外部竞争强度	类别密度	Su 等（2023）
	品类异质性	
	消费者偏好多样性	
业务相关度	技术相关性	Robins 和 Wiersema（1995）；Wiersema 和 Stewens（2003）
	知识资源相关性	Tanriverdi 和 Venkatraman（2005）

现有开放式双元的文献中，虽有一部分文献讨论了外部环境和开放式双元的关系，但是从业务角度展开分析的文献较少，因此本书以外部竞争强度和业务相关度为变量，分析在业务层面两者对开放式双元的影响。

8.3　研究方法

8.3.1　方法选择

本书采用双案例研究方法，方法选择理由主要有两个方面：第一，本书研究的问题适合采用案例研究方法。本书试图探讨技术企业不同业务之间业务双元演进路径是否有差异，新增业务与原有业务的相关程度是否会影响业务双元演进路径的选择，属于业务双元内在机理的探讨问题，选择案例研究方法可以更深入地揭示二者的关联并提炼命题，发现规律。第二，双案例研究方法规避了单案例研究方法的“故事描述”的局限，降低了企业个性化特征的干扰（Eisenhardt，1991；Eisenhardt，2007），使发现的规律更具有普适性。

8.3.2　案例选择

本书选择美的和海信两家企业作为研究对象，选取原因从案例典型性和可获得性两方面考虑。表8－2是两家企业的基本信息描述，图8－1是海信与美的2001—2022年营业收入的变化对比情况。本书样本选择遵循以下三大原则：第一，符合研究问题的需要。本书旨在总结出多元化业务之间的双元演进路径有何差别以及业务间相关度对双元变化有何影响的理论，通过案例分析归纳企业的经验，找出规律性结论，因而样本的选择需要满足业务多元化及技术典型性。美的不仅生产空调、家电，其业务领域还涉及楼宇及机器人与自动化，海信除了扎根视像领域外，还涉及交通、光通信、医疗等各领域。同时，两家企业都是技术型企业的代表。第二，契合共性规律的需要。本书旨在探索“殊途同归”背后的普适性规律，要尽量规避由于两个样本本身相关导致结论出现以偏概全的可能，因此两个样本需要有明显的差异。美的和海信开展的业务小部分是重叠的，但大部分业务是不相同的，而且美的和海信实现技术型企业的路径是完全不同的，这种差异为我们分析差异、寻找共性提供了机会。第三，满足资料可获性的需要。美的与海信均为上市企业，在发展过程中受到广泛的关注，可获得充足的公开信息资料，为本书研究提供丰富的证据支撑。综上所述，本书选择美的和海信作为研究对象，符合本书研究问题的需要。

表8－2　美的和海信的基本信息

指标	美的	海信
成立时间	1968年	1969年
上市时间	2013年	1996年（海信家电）； 1997年（海信视像）
所属行业	家电制造行业	电子制造业
营业收入	3439.2亿元	1199亿元
归属于上市公司的净利润	29.8亿元	35.9亿元
总资产	4225亿元	911.1亿元
员工人数	16万人	6.5万人

8.3.3　数据收集

本书使用多种数据来源，主要通过搜索工具搜集美的和海信从成立之初到现在的新闻报道和新闻评论资料，尽可能全面地覆盖企业发展过程中

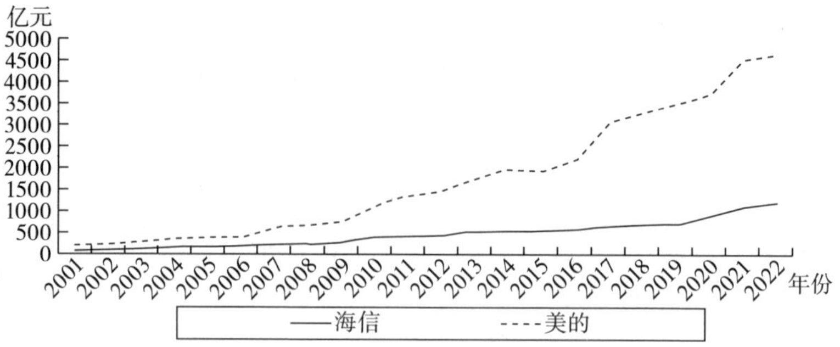

图 8-1 海信、美的 2001—2022 年营业收入

技术内外部的探索与应用活动，具体数据来源包括：①档案资料：包括企业年报。②公开数据资料：包括企业相关书籍、文献资料、媒体报道及评论资料。③半结构化访谈资料：本书对美的和海信的中高层管理者及研发技术人员进行访谈，并搜集公开的访谈对话对现有资料进行详细补充。通过档案资料、公开数据资料与访谈资料确保“三角检验”的实现，增加数据可信度。

为保证数据的信度与效度，本书主要从以下三点出发：①资料的充足完备。通过档案资料、公开数据资料的相互印证，构成“三角检验”，提高资料的准确可信性。②证据链的构建。依据研究问题，搜集相关的信息证据，排除不相关信息的干扰，在现有文献基础上提出命题与假设，确保效度的构架。③资料与理论和假设的匹配。为了提高案例的可重复性研究，方便后续对研究过程进行审核与复盘，在研究过程中，详细记录案例研究的步骤，保证研究的可信度。

8.3.4 数据分析过程

本书从业务分类与时间两个维度出发，对美的和海信编写了比较完整的案例故事（Eisenhardt，2007；Garg，2017），叙述了每种业务技术演变的整个过程。案例主要包括两个部分：①企业的基本信息；②业务分阶段的发展过程。数据的分析过程主要经历了以下两个阶段：第一阶段，对原始数据进行筛选与精练，将冗长的文字资料转换成简练易识别的编码，分析其中的关键词，每组两个人，编码一致进入编码数据库，对于意见不一致的，由全体成员讨论确定进入数据库或者删除。第二阶段，将数据按照业务进行分类，依据时间线整理成表格。

8.4　案例分析

本书对美的和海信从初创期开始到如今的技术活动展开分析，研究发现两者虽然在成长扩张的过程中达成技术领先型企业的路径不同，但在其开展新业务时双元的路径选择上有一定的相关性和规律性。本书基于双元创新理论对两个案例企业的内外部探索和应用的演进过程进行详细描述，从业务相关度和竞争环境角度探索对企业内外部探索和应用平衡组合的影响。

8.4.1　美的双元创新的演进路径

美的2022年年报指出，截至2022年底，美的专利授权维持量超过8万件，仅当年美的就在全球范围内获得发明专利授权超过4000件，是公认的科技领先型企业。从风扇起家，到如今成长为拥有智能家居、楼宇科技、机器人与自动化、工业技术和数字化创新五大业务板块，市值已接近4000亿元的国际家电集团领先企业之一，并购在美的的发展史上有着浓墨重彩的一笔。本书主要选择美的的智能家居（原有业务）、楼宇科技（相关度较高的业务）、机器人与自动化业务板块（相关度较低的业务）作为研究对象，将业务按时间线分成不同阶段。本书对美的不同业务的变化活动提取关键词，并进行编码分类，按照类型归纳划分。表8－3是美的三项业务的关键活动和对应编码，表8－4是美的三项业务双元演进的特征总结。

表 8-3　美的三项业务的关键活动和对应编码

美的业务板块	阶段	探索与应用活动	关键词	对应编码
智能家居	第一阶段：初始期（1980—2002 年）	1980 年，引进一条国外先进的空调生产线，获取新技术	引进新技术	外部应用
		1993 年美的与东芝合作，引进交流变频技术	合作；引进	外部应用
		1996 年美的利用引进交流变频技术成功发布了第一台交流变频空调	利用；发布第一台	内部应用
		1999 年，引进东芝开利变频一拖多空调技术，并进行了全面消化和吸收	引进；消化；吸收	外部应用
		1998 年，收购东芝万家乐进入空调压缩机领域	收购公司	外部探索
		2000 年与艾默生环境优化技术公司建立了战略合作伙伴关系，应用艾默生提供的数码涡旋技术，研发和生产数码涡旋多联机	利用；研发和生产	内部应用
		2001 年，收购日本三洋的磁控管工厂	收购工厂	外部探索
	第二阶段：成长期（2003—2010 年）	2003 年，收购云南、湖南客车企业，正式进军汽车业，多元化发展	收购企业	外部探索
		2004 年成立美的东芝开利合资公司，在资本、技术、研发、生产等领域展开全面合作	合资；全面合作	外部探索
		2004 年美的先后收购合肥荣事达、重庆通用、东芝开利、广州华凌，提升制冷产业的实力	收购企业	外部探索
		2008 年美的电器与开利亚洲有限公司合资组建佛山美的开利制冷设备有限公司	合资	外部探索
		2009 年，与联想建立战略伙伴关系，整合资源和技术优势，共同推动智能家居的发展	战略合作伙伴	外部应用
		2004 年，美的首台 180 度正弦波直流变频空调问世	首台；直流变频	内部应用
		2005 年公司大量吸收海内外优秀人才，通过自主创新，成功推出第三代智能变频中央空调（VⅢ）与第三代数码涡旋中央空调（DⅢ）	自主创新	内部探索
		2008 年，美的为加速产品更新换代，一举推出五大系列 10 多款 180 度正弦波直流变频空调	产品更新换代	内部应用

续表

美的业务板块	阶段	探索与应用活动	关键词	对应编码
智能家居	第二阶段：成长期（2001—2010年）	2010年，收购了埃及Miraco公司，建立埃及空调生产基地，以此辐射非洲、中东以及南欧	收购公司，获取新技术	外部探索
	第三阶段：飞跃期（2011年至今）	2011年先后收购了全球最大暖通空调和冷冻设备供应商开利公司在巴西、阿根廷的3家工厂，布局商用空调	收购工厂，获取新技术	外部探索
		美的与开利公司共同投资拓展印度空调市场	拓展市场	外部应用
		2012年推出的八大系列24款全直流变频空调，性能和节能性能提高	性能提高	内部应用
		美的印度尼西亚商用空调合资公司成立，扩展印度尼西亚市场	扩展市场；合资	外部应用
		研发“新节能”系列空调中，一晚只需一度电	研发	内部探索
		与京东签署战略合作协议	合作协议	外部应用
		高频速冷、全封闭室内机、物联网控制等业内领先的新功能新技术空调也同步上市	新功能新技术	内部探索
		收购东芝家电，进入日本市场及东南亚市场	收购	外部探索
		收购国内洗衣机龙头——无锡小天鹅	收购	外部探索
		收购意大利中央空调企业Clivet 80%的股权	收购	外部探索
		与英特尔公司建立战略伙伴关系，通过合作共同推动智能家居和物联网的发展	战略伙伴；推动发展	外部探索
		推动M－Smart大平台生态圈的建设，与中国移动、华为、国家电网、中粮等公司建立战略合作伙伴关系	生态圈建设；战略合作伙伴	外部探索、外部应用
		自主研发物联网WF安全芯片	自主研发	内部探索
		与阿里合作构建基于云平台的物联网智慧系统	合作	外部探索
		斥资2亿元成立芯片企业美垦半导体技术有限公司	成立公司	内部探索
		美的升级用户智慧生活方式，建立全屋智能解决方案C2M数字平台	升级	内部应用

续表

美的业务板块	阶段	探索与应用活动	关键词	对应编码
智能家居	第三阶段：飞跃期（2011年至今）	美的自主研发的减振降噪技术，研发吸尘器Z7	自主研发	内部探索
		发布多款搭载除菌等健康功能的空调产品	新产品	内部探索
		美的与京东达成深度合作，携手拓展企业级客户市场、推进数字化工程项目、加强区域合作与核心工程商合作	合作；拓展市场	外部应用
		美的与华为深度合作，搭载华为鸿蒙系统	合作	外部应用
		与腾讯小微在智能家居领域达成战略合作，实现对美的主流智能家电的AI语音操控	合作；AI语音操控	外部应用
		进一步深化与谷歌、亚马逊、苹果等海外公司合作，持续优化产品语音交互体验，实现智能设备场景联动	合作；语音交互	外部应用
		美的将航空涡轮对旋技术应用到家用空调，潜艇导弹发射的微穿孔技术用在电饭煲	技术应用	外部应用
楼宇科技	第一阶段：初始期（2017—2020年）	对外发布自主研发的“M-BMS智慧楼宇管理系统”，开启了“智慧楼宇”的新时代	自主研发	内部探索
		人脸识别平台已孵化多人识别无感知门禁、关键岗位识别、智能会议室、人脸支付等多项个性化应用，为美的楼宇等领域创新赋能	应用	内部应用
		美的收购民族品牌菱王电梯正式切入电梯市场	收购	外部探索
	第二阶段：成长期（2021年至今）	积极构建生态联盟，与行业伙伴共同协作，发掘并解决行业的真正所需	生态联盟；发掘	外部探索、外部应用
		在欧洲投资新建的生产研发基地在意大利东北部费尔特雷正式开工奠基，深耕欧洲中央空调市场	生产研发基地；深耕市场	内部探索、外部应用
		与中国联通签订战略合作协议，在5G+智慧家庭、智慧楼宇以及信息通信服务等领域开展深度合作	合作	外部应用
		楼宇科技研究院与memerary research、LMG和vanti合作研发智慧楼宇项目画布	合作研发	外部探索

续表

美的业务板块	阶段	探索与应用活动	关键词	对应编码
楼宇科技	第二阶段：成长期（2021 年至今）	2021 年，美的楼宇科技重磅首发了国内首个智慧建筑数字化平台——iBUILDING	首发	内部探索
		凭借过硬的自主核心技术推出 LINVOL 数智电梯	自主核心技术	内部探索
机器人与自动化	第一阶段：初始期（2014—2016 年）	2014 年投入大量机器人	投入	外部应用
		与全球机器人巨头日本安川电机设立合资公司，希望得到来自安川的技术支持	合资公司；技术支持	外部探索
		参股安徽埃夫特智能装备有限公司 17.8% 的股权	参股	外部探索
		增持德国 KUKA 股份	增持股份	外部探索
		2016 年，美的以 0.54 亿元收购了安徽埃夫特智能装备有限公司 17.8% 的股权，布局工业机器人	收购	外部探索
	第二阶段：成长期（2017 年至今）	收购德国库卡机器人公司 94.55% 的股份，让美的在智能制造领域的能力空前提升，同时顺利开辟“难啃”的欧洲市场	收购	外部探索
		收购以色列高创公司 79.37% 的股份	收购	外部探索
		2019 年推出世界上第一款具有数字运动模式的工业机器人 KRQUANTEC－2	世界第一款	内部探索
		利用机器人技术搭建智能仓库	利用	内部应用
		美的库卡二期开工，未来规划机器人产能 8 万～10 万台/年，将全面推动机器人供应本地化和支持制造业自动化、智能化、数字化转型升级	升级	内部应用
		不断深化和国内上下游企业、高等院校和研究机构的合作，构建机器人全产业链生态集群	合作；生态集群	外部探索
		推出了第一款水站扫地机器人——美的智能扫地机器人 W11	第一款	内部探索
		自主研发的类人家庭服务机器人“小惟”	自主研发	内部探索

表 8-4　美的三项业务双元演进的特征总结

业务	初始期	成长期	飞跃期
原有业务：智能家居	时期：1980—2002 年 重心：外部 外部探索形式：收购 内部探索应用低→外部双元内部应用：外部探索（2）、外部应用（3）、内部应用（2）	时期：2003—2010 年 重心：外部 外部探索形式：收购 内部双元外部探索：外部探索（5）、内部应用（2）、内部探索（1）、外部应用（1）	时期：2011 年至今 重心：内外部 外部探索形式：收购、联盟 开放式双元：外部应用（9）、外部探索（7）、内部探索（6）、内部应用（2）
相关度高的业务：楼宇科技	时期：2017—2020 年 重心：内部 内部双元：内部探索（1）、内部应用（1）	时期：2021 年至今 重心：内外部 外部探索形式：收购、联盟 外部双元内部探索：内部探索（3）、外部探索（2）、外部应用（3）	—
相关度低的业务：机器人与自动化	时期：2014—2016 年 重心：外部 外部探索形式：收购 内部探索应用低→外部双元：外部探索（4）、外部应用（1）	时期：2017 年至今 重心：内外部 外部探索形式：收购、联盟 内部双元外部探索：内部探索（3）、内部应用（2）、外部探索（3）	—

（1）原有业务

①初始期（1980—2002 年）

智能家居业务在美的的业务结构中具有基础性地位。在美的成立初期，风扇是公司主要产品，然而由于当时的美的缺乏核心技术，发展陷入瓶颈期，因此公司从外部请专家来美的进行技术指导，这才帮助美的摆脱了发展困境，获得了技术方面的竞争优势。与此同时，20 世纪 80 年代，美的敏锐地捕捉到发达国家开始向中国转移落后空调生产线的机遇，成功进入了空调行业的前沿，成为这一高科技产业的关键参与者。在该阶段，美的大力丰富产品种类，拓宽利润获取来源。随着产品种类的日益丰富，美的开始学习日本东芝以产品为核心实行事业部制，截至 2001 年美的共拥有 19 个事业部。本研究对美的的智能家居业务进行了关键词分析，发现在

1980—2002 年，外部活动的数量超过内部活动的数量，外部探索和外部应用活动成为该阶段的主要特征。这一现象的根本原因在于，美的在初始发展阶段内部缺乏相应的知识、核心技术和人才支持，在通过内部探索和应用活动发展空调业务时面临极大的困难和高昂的成本。因此，美的主要依靠“引进、收购—消化、吸收”的外部双元和内部应用的方式，以掌握核心技术，并实现知识和技术的积累。在 20 世纪 80 年代，空调仍被视为奢侈品，外部环境相对稳定，竞争程度较低。

②成长期（2003—2010 年）

随着行业竞争的日益激烈，美的采取了一系列措施来应对外部竞争的压力，并开始逐步从终端产品向整个价值链方向延伸。为了加快外部探索和并购的速度，美的组建了一支强大的并购团队和专业化的管理队伍。通过一系列外部活动，美的成为国内空调领域除格力之外技术实力最强的家电企业。为了推动企业快速增长，2002 年，美的高级管理层制定了扩张战略，计划通过大量的收购、合资和相关多元化发展来迅速拓展市场。根据编码结果，2003—2005 年，美的完成了三次并购和两次合资，快速进入冰箱、中央空调、洗衣机和吸尘器等家电细分市场，优化了总体市场布局。从 2007 年开始，美的开始在海外布局，2010 年美的的并购重点从国内转向国外，有力地推动了美的中央空调技术发展迈向世界先进水平的进程。2009 年，美的中央空调成为国内空气能热水机销量唯一过亿的品牌，2010 年销量翻倍增长，占据国内市场近 1/4 的份额。

在这一阶段，美的通过前期的收购和合资活动实现了技术和经验的原始积累，具备了一定的实力基础，并具备了自主创新和推陈出新的能力。美的的发展重心有向内部转移的趋势，内部转换利用和吸收的效率有所提高，并开始通过自主创新快速推出新产品并进行技术迭代更新。为了在市场推广变频空调，2008 年，美的推出了五大系列 10 多款 180 度正弦波直流变频空调，成为变频空调的首选企业。美的的扩张战略在这一阶段取得了良好的成效，从 2001 年的 100 亿元做到 2010 年的 1000 亿元，进入了快速增长阶段。

③飞跃期（2011 年至今）

随着激励政策效应逐渐消退，美的在前期通过大量资金扩张的劣势逐渐显现，其技术落后和核心竞争力不足等问题导致市场增长停滞，面临着巨大挑战。为解决内生动力不足问题，美的在 2011 年转变经营思路，将产品放在核心位置，加大研发核心技术的力度，并于 2012 年提出三大战略主轴，即“产品领先、效率驱动、全球经营”三大战略变革，其中产品领先主要是以智能家居为代表，效率驱动就是通过智能工厂载体实现智能制造，全球经营就是通过在海外建厂规避国与国之间的摩擦，扩大美的在国际市场上的竞争力。在该背景下，美的在引进、消化和吸收的同时，也在增加资源投入进行内部技术研发探索，加快研发成果转化。在 2012 年，美的开始了“632”变革，即将六大 IT 系统、三大权力（人权、财权及事权）、两大门户系统（mip、mdp）全部建立起来，实现了整个的流程统一和数据统一。并且在 2013 年，美的开始做全渠道效率驱动，从下单、采购、生产制造、发货渠道各方面提升效率，并且拥有了属于自己的物流渠道——安德物流。虽然美的员工总人数不断减少，但美的通过效率驱动实现了规模的持续增长。在新战略指导下，美的坚持并购发展，并加快全球化并购的进程，开拓新市场。在 2020 年，美的开始第二次战略转型，开启了全面数字化和全面智能化新篇章。经过美的这两次重要的战略变革，编码结果显示，美的内部探索比重较上一阶段显著增加。截至 2021 年，美的已设立 35 个研发中心，并成立了美仁、美垦半导体公司，专注于芯片相关研发，以摆脱外国在芯片领域的垄断。此外，美的还建立了数科园、创科园和美的库卡二期三大园区，为产品创新提供持续动力。编码结果还显示，美的外部应用活动明显增加，表明其致力于拓展全球化市场，并与合作伙伴合作推动产品创新和发展。此外，美的还增加了建立生态圈和联盟的外部探索，促进智能家居和物联网的协同发展，从做大向做强迈进。

综上所述，美的的内外部活动逐渐趋于平衡，实现了内外部双元发展。美的智能家居业务板块经历了“内部探索低、内部应用低→外部双元高、内部双元低→内部双元高、外部探索高→开放式双元”的演进过程。

（2）相关度高的业务

①初始期（2017—2020 年）

楼宇科技是在美的中央空调业务基础上发展起来的新业务，与原有业务具有高度相关性。随着美的空调产品不断成熟，企业开始将关注点从中央空调市场扩展至楼宇市场。传统楼宇存在能耗高、能效低的问题，但具备巨大的发展潜力，被视为新的蓝海市场。美的凭借在暖通与空调领域数十年的经验与技术优势，于 2017 年正式宣布进军楼宇领域。目前，楼宇行业市场规模庞大，正处于起步发展阶段，竞争强度较低。

由于长期的技术和知识积累，美的具备足够的实力，主要通过内部探索和少量的外部活动（如并购）来发展新的业务板块。在内部探索和应用方面，美的进行了大量的数据调研和需求分析，以解决用户对传统智能家居系统的不满意。为响应碳达峰碳中和的呼吁，美的致力于将其自己的园区打造成碳中和标杆，并不断提供更多的碳中和技术、产品和系统解决方案，力争成为行业中的零碳先锋。2018 年，美的通过自主创新推出了M－BMS 智慧楼宇管理系统，并荣获中国节能协会的节能减排科技进步奖二等奖，有效推动了传统楼宇的整体升级，成为美的进军智慧楼宇市场的基石，有效实现了节能降耗。同时，企业积极推动人工智能在楼宇中的个性化应用场景。在外部探索方面，美的通过收购等方式完善了楼宇业务的整体布局，如收购了菱王电梯进入电梯市场。2020 年，美的中央空调事业部正式更名为暖通与楼宇事业部。

②成长期（2021 年至今）

随着业务的不断完善系统化，美的在楼宇板块的沉淀逐渐深厚，2021 年，美的已成为行业解决方案提供商及全套产品和服务集成商，加大内部探索和内部应用强度，结合先进数字技术推进智能化进程，从数智低碳、数智轨交、智慧医院、智慧园区四大方面推出一系列解决方案，将内部知识开始对外输出。同时，美的注重平台建设，发布了国内首个智慧建筑数字化平台——iBUILDING，作为美的楼宇数字化服务平台，用数字眼光建筑世界。在外部探索与应用方面，美的积极与国内外高校、科研机构和行业伙伴构建生态联盟，实现合作伙伴间资源共享、互利共赢，推进智慧楼宇的不断升级，奠定了楼宇行业领导者的地位。

综上所述，美的楼宇科技的双元路径经历了“内部双元—外部双元、内部探索”的演进过程。美的楼宇科技业务作为美的在2017年扩展出的新业务，是基于其在暖通领域多年来积累的雄厚技术发展起来的。该业务的核心技术仍然是暖通与空调技术。因此，在美的楼宇科技业务的诞生初期，其内部探索与内部应用的能力就已相对较强，足以支撑智慧楼宇技术的创新与研发。这一点主要得益于相关业务之间的知识与技术共享。当企业将知识内部转移，同时填充了两个相关业务的技术、知识和资源池，新增业务可以与原有业务协同发展。由于新增业务受益于原有业务的长期积累，已经具备了一定的基础和能力，能够支持企业进行内部探索和内部应用，所以实现内部的双元更加容易。当业务进入成长期，只靠内部技术研发无法全面地支撑业务的持续发展，与外界合作能够使产品更符合市场需求，因此在保持内部研发的同时，提高了外部探索与外部应用的频率，预期未来企业在注重内部研发的同时，与外界共创实现开放式双元。据此，本书提出了以下命题：

命题1：在企业业务拓展过程中，新增业务与现有主营业务之间的相关程度会影响双元演进的路径。当业务之间的相关度较高时，新增业务开展基于现有业务的技术积累，与原有业务协同发展，因此在发展初期发展内部探索，形成内部双元；当业务进入成长期时，外部探索增加，形成外部双元；当业务进入飞跃期时，关注内外部创新的互补，形成开放式双元。

（3）相关度低的业务

①初始期（2014—2016年）

自2003年起，美的就开始引入机器人提高生产效率。2011年，美的进行了战略转型，并进军机器人业务。为了控制人工成本并提高效率，美的在生产环节陆续投入近千台机器人，以建立智能化的空调工厂。通过这种方式，美的提高了设备的自动化和智能化水平，提升了智能制造的水平。2014年，美的还成立了机器人研究所，正式展开了对机器人的研发工作。进军机器人领域对于美的来说是一项重大决策，吸引了广泛关注。

由于机器人领域与美的主营的家电业务相关度较低，并且机器人领域作为一个以核心技术为关键成功因素的行业，高技术壁垒使得美的的机器人业务发展进展缓慢。同时，机器人行业当时呈现出零散的状态，竞争激烈。为了迅速获得关键的核心技术，并突破机器人市场进入的结构性障碍，美的不得不采用外部探索的方式，通过与全球机器人巨头日本安川电机设立合资公司、参股安徽埃夫特智能装备有限公司并增持德国 KUKA 股份，来布局机器人领域，获得了大量相关的核心技术。

②成长期（2017 年至今）

在该时期，根据编码结果，外部探索（3）＝内部探索（3）＞内部应用（2）。尽管机器人行业存在技术壁垒，但美的通过引入和获取外部技术成功完成了内部探索和应用的能力资源积累。美的机器人业务的巨大突破主要归功于一次历时 5 年的收购，即对世界领先的工业机器人制造商之一——库卡机器人公司的收购。这一举措使得美的在智能制造领域的实力大幅提升，并成功突破了欧洲市场的高进入壁垒，展示了美的在机器人领域扎根的决心，推动了美的全球化进程。

与此同时，美的不止步于纯粹的机器人制造，还向上游进行探索，收购了以色列高创公司 79.37% 的股份，使其成为运动控制驱动器和电机开发厂商。2019 年，美的通过自主研发推出了世界上第一款具有数字运动模式的工业机器人 KRQUANTEC－2，进一步提升了美的的内部探索和应用能力。2020 年，美的集团的战略主轴再次升级，将“科技优先、用户直达、数智驱动、全球突破”作为新的指导方向。美的借助自动化促进人与设备之间、设备与设备之间、系统与系统之间等各要素间的互联，构建企业运作的底层逻辑。在全面数字化和全面智能化背景下，美的通过智能分析、智能预警、智能管控、智能预测和智能决策（“五智”）在企划、研发、制造、营销和服务（“五数”）上实现全面打通、全球用户共创、全球平台开发、全价值链的 T＋3 运营以及全球联合管理（“五全”），搭建了一条美的独属的数字化护城河。

在前期进行的外部探索和内部应用的学习积累之后，美的内部已经取得了连续的技术突破。2020 年，美的启动了库卡二期建设，推进了国内机器人产业的本土化发展，并全面推动机器人供应向智能化转型。截至 2021 年，美的已经在中美两国建立了 AI 技术研发网络的 AI 创新中心，拥有超过 200 人的研发团队，不断进行人工智能核心技术的创新，并推动这些技术顺利应用于产品中。2021 年，美的推出了其第一款水站扫地机器人 W11，随后在 2022 年，又通过自主研发推出了类人家庭服务机器人“小惟”。

综上所述，美的机器人与自动化业务经历了从内部探索和应用较低到外部双元，最后演变为内部双元、外部探索的过程。美的机器人与自动化业务与原有业务的相关性较低，双元演进路径也与原有业务有较大差异，主要依赖于外部探索，通过建立合作联盟、合资和并购等方式提高竞争优势。经过分析，本书认为相关度较低的业务无法借助原有业务所积累的技术优势，因此在发展过程中更倾向于通过借助外部力量推动业务发展。在业务初始阶段，主要通过外部探索或外部双元进行创新，探索形式以并购为主，随着业务的不断发展，业务创新重心开始向内部转移，且外部探索和外部应用的方式转变为更多地依靠合作联盟、合资和并购等形式。本书分析，这是由于企业规模逐渐变大，只通过外界实现创新不确定性更大、风险更高，为了提高自身竞争优势，实现技术可控，企业开始注重内部技术的研发。然而依靠企业自身很难创造更大的价值空间，为了与外部环境更好地互动创造更多的利润，组织通过扩大与外界的交互范围，如搭建合作联盟、创办合资企业以及并购的形式来实现经济上的目标。这样的行为不仅能形成规模经济，还可以帮助企业减少经营投资风险，交换互补性技术和专利，促进知识的流通。因此，本书提出如下命题：

命题 2：当新增业务与现有业务相关度较低时，新增业务无法获得协同优势，因此在发展初期以外部探索或以外部双元为主，通过合作联盟、合资和并购等形式进行外部探索和外部应用；当业务进入成长阶段时，在外部探索应用基础上，加强内部探索，重视内部双元，最终实现开放式双元。

命题 3：随着新业务成长，在相关度较低的业务进入成长期和飞跃期时，外部探索的形式从以并购为主转变为更多地构建外部合作联盟。

8.4.2 海信的业务双元演进路径

本书主要选择海信的视像、家电、交通三项业务为研究对象，将业务按时间线分成不同阶段，分析三种业务的双元演进路径。本书对海信业务变化活动提取关键词，并进行编码分类，按照类型归纳划分。表8－5是海信三项业务的关键活动和对应编码，表8－6是海信三项业务双元演进的特征总结。

表8－5 海信三项业务的关键活动和对应编码

海信业务板块	阶段	探索与应用活动	关键词	对应编码
视像	第一阶段：初始期（1970—2000年）	海信引进当时最先进的松下生产线	引进	外部应用
		1970年，海信利用天津712厂提供的配件组装了山东省第一台14英寸黑白电子管电视机	利用	外部应用
		1976年，电子电视机升级，推出9英寸全塑机壳晶体管黑白电视机	升级	内部应用
	第二阶段：成长期（2001—2010年）	1983年，花重金引进世界最领先代表的电子技术生产线，进入了彩电领域	引进	外部应用
		与日本三菱电机株式会社于2006年建立战略伙伴关系，共享研发成果和市场资源	战略伙伴关系；共享研发成果和市场资源	外部应用
		海信完全自主研发全球最薄的42寸LED液晶电视批量上市	完全自主研发	内部探索
		全球首款可播放1080P全高清视频档的蓝光电视	全球首款	内部探索
	第三阶段：飞跃期（2011年至今）	与雅虎合作互联网电视项目	开拓美国、欧洲市场	外部应用
		2011年，海信历时3年自主研发ULED技术打破日韩企业OLED技术的垄断，在全球彩电业竖起画质新标杆	自主研发	内部探索
		与联想集团建立战略伙伴关系，共享技术和渠道资源	战略伙伴关系；共享技术和渠道资源	外部应用
		2013年推出了首款ULED电视	首款	内部探索
		海信制造出世界上第一台100英寸激光显示电视机	世界上第一台	内部探索

续表

海信业务板块	阶段	探索与应用活动	关键词	对应编码
视像	第三阶段：飞跃期（2011 年至今）	对美国两家激光芯片设计公司 Archcom、Multiplex 进行技术收购	技术收购	外部探索
		快速进行产品迭代更新，每年推出一代激光电视新品，从 2K 进入 8K，从单色进入三色。	产品迭代更新	内部应用
		海信电视与未来电视、爱奇艺、腾讯视频、优酷土豆等 11 家视频网站达成战略合作，共建智能电视生态圈。	战略合作，智能电视生态圈	外部应用 外部探索
		ULED 升级，ULED X，U8H 是海信基于 ULED X 全新显示技术平台的首款产品	升级	内部应用
		收购夏普墨西哥工厂全部股权及资产	收购	外部探索
		全球首台叠屏电视	全球首台	内部探索
		2021 年，推出 75 英寸到 100 英寸的全系全色激光电视产品，其在亮度、色域以及沉浸感体验上都有明显提升。	明显提升	内部应用
		与谷歌公司 2016 年建立战略伙伴关系，通过合作共同推动智能电视和智能家居技术的创新和发展。	战略伙伴，创新和发展	外部探索
		与中国移动通信集团、腾讯集团建立战略合作伙伴，共享技术和资源	战略合作，共享技术和资源	外部应用
		海信与微软达成生态合作，双方将借助各自优势推出 HiTeams 应用。	生态合作，推出 HiTeams 应用	外部探索
		海信推出首款游戏电视 E75F	首款游戏电视	内部探索
家电	第一阶段：初始期（1996—2003 年）	1996 年，海信引入变频技术，成立空调公司	引入	外部应用
		1997 年，海信利用引进技术推出中国第一台变频空调	第一台	内部应用
		2001 年并购北京雪花冰箱厂	并购	外部探索
		2002 年，与日本日立合资成立公司，开始涉足大型商用空调市场	合资	外部探索

续表

海信业务板块	阶段	探索与应用活动	关键词	对应编码
家电	第二阶段：成长期（2004—2009年）	2004年推出中国第一台能效比达7.01的180度（正弦波）直流变频空调	第一台	内部探索
		2005年，收购科龙	收购	外部探索
		2008年公司与全球最大的白色家电制造商美国惠而浦公司签约，成立合资公司，主要研发和制造高端洗衣机和冰箱产品	合资	外部探索
		2009年，推出360度全直流变频空调和超级节能双模空调（180度直流变频空调的升级）	升级	内部应用
	第三阶段：飞跃期（2010年至今）	2010年，海信科龙与DigiPower Technology INC、日本株式会社RYOSAN（菱三）签订协议，共享优势技术成果和经验，联合打造全球尖端变频技术研发平台	签订协议；研发平台	外部探索
		2011年海信科龙召开全球核心供应商大会，缔结了战略同盟	战略同盟	外部应用、外部探索
		2012年全球首创Hi－Smart压缩机在线参数自适应技术，提高变频空调能效和舒适性	首创	内部探索
		2013年联手艾默生电气，首次向全球正式发布“喷射变频涡旋增焓”技术	联手	外部探索
		2013年海信空调苹果派A8等系列产品应用的自主创新的“RDI转子式压缩机制冷剂喷射增焓”技术，处于国际领先水平	自主创新	内部探索
		2015年基于移动互联、云数据、传感等技术，推出海信第二代智能化空调	第二代	内部应用
		2015年，科龙空调发布基于腾讯微信硬件平台开发的QC系列和QV系列智能空调	基于平台	外部应用
		2016年，基于人感技术和湿度控制技术自主研发旋转空调、珍珠女神空调等高端产品再次发力	自主研发	内部探索

续表

海信业务板块	阶段	探索与应用活动	关键词	对应编码
家电	第三阶段：飞跃期（2010 年至今）	2021 年，成立日本研发中心家电研发部（后更名为先端技术综合研究所家电研究所）	研发中心	内部探索
		2021 年，成立了美国亚特兰大研发中心家电研发部	研发部	内部探索
		2023 年，海信中央空调签约“CHPC · 中国热泵”全球高级战略合作伙伴	战略伙伴	外部探索
		2023 年，容声冰箱与苏宁易购宣布双方正式达成战略合作，通过资源共享，加速市场渗透	战略合作；市场渗透	外部应用
交通	第一阶段：初始期（1998—2006 年）	2002 年，自主研发海信交通信号机	自主研发	内部探索
		2006 年，海信和同济合作成立智能交通系统联合实验室，签署关于智能交通系统战略联盟框架合作协议书	合作；战略联盟	外部探索
	第二阶段：成长期（2007—2019 年）	2007 年，海信推出快速公交智能化交通解决方案，使用了完全自主研发的海信智能交通信号控制系统	自主研发	内部探索
		2008 年，海信与 IBM 公司在签署了智能交通领域涉及技术、营销、服务等多项内容的战略合作协议，大步进军国际市场	战略合作协议；国际市场	外部探索、外部应用
		2009 年，海信网络科技与北京都会新干线签署合作协议	合作协议	外部应用
		2009 年，潍坊市道路交通智能管理系统顺利通过验收，拓展了市场	市场拓展	外部应用
		2011 年，国家智能交通产业技术创新战略联盟成立	战略联盟	外部探索、外部应用
		2011 年，海信与 Altasens 和 Apical 合作推出了一款基于创新宽动态解决方案的安防摄像机	合作推出	外部探索
		2014 年，海信网络科技股份有限公司成立国家城市道路交通装备智能化工程技术研究中心	成立研究中心	内部探索

续表

海信业务板块	阶段	探索与应用活动	关键词	对应编码
交通	第二阶段：成长期（2007—2019年）	2015年，海信与青岛公交集团签署战略合作框架协议，双方将共同组建“国家城市道路交通装备智能化工程技术研究中心公共交通信息技术研究所”	战略合作	外部探索
		2016年，海信交通综合管控平台、海信交通信号控制系统、海信交通枢纽智能化系统及海信智能交通运维云平台均由海信网络科技自主研发	自主研发	内部探索
		2018年，青岛市交通运输委员会、青岛海信网络科技股份有限公司强强联合，共同成立“青岛市综合交通管理与服务大数据实验室”	成立实验室	外部探索
		2018年，中国首个AI联盟智能交通推进组成立，首任组长是海信	联盟	外部探索
		2019年，海信集团与哈尔滨工业大学正式签署战略合作协议，双方将围绕智能科技领域的人才与技术研发，展开深度交流合作	人才和技术研发	外部探索、外部应用
		2019年，海信网络科技股份有限公司与阿里巴巴集团旗下的高德软件公司强强联手展开合作，借助海信开放的信号平台，在国内首次开发了“会说话的”物联网信号灯	合作；首次开发	外部探索
		2019年发布了海信交管云脑，及国内首个基于自主AI技术的信号灯故障检测平台	首个	内部探索
		2019年，海信交管云脑全面升级，支撑百余种业务应用同时上线	升级	内部应用
		2019年，海信网络科技股份有限公司与北京交大微联成立轨道信号合资公司，以求在无人驾驶技术方面有新突破	合资	外部探索
	第三阶段：飞跃期（2020年至今）	2020年，海信智慧高速指挥调度系统解决方案正式发布	解决方案	内部探索、内部应用
		2020年，成立“车路协同产业生态圈”	生态圈	外部探索、外部应用

续表

海信业务板块	阶段	探索与应用活动	关键词	对应编码
交通	第三阶段：飞跃期（2020年至今）	2020年，海信轨道交通事业部正式推出了业内首个基于云平台的“线网级乘客信息系统（PIS）”	首个；基于云平台	内部探索、内部应用
		2020年，海信与百度Apollo合作共同发力智能网联+自动驾驶	合作	外部探索
		2021年，智慧云脑生态创新联盟成立	联盟	外部探索、外部应用
		2022年，海信承建埃塞俄比亚项目	项目	外部应用（市场开拓）
		2023年，海信网络科技股份有限公司与长春净月高新区签约围绕轨道交通、智慧城市等展开合作	合作	外部探索、外部应用
		2023年，构建包含300+个生态伙伴的生态圈	生态	外部探索、外部应用

表8-6　海信三项业务双元演进的特征总结

业务	初始期	成长期	飞跃期
原有业务：视像	时期：1970—2000年 重心：外部 外部探索形式：— 内部探索应用低→外部双元内部利用：外部应用（1）、内部应用（1）	时期：2001—2010年 重心：内部 外部探索形式：— 内部探索外部利用：内部探索（2）、外部应用（1）	时期：2011年至今 重心：内外部 外部探索形式：收购、联盟 开放式双元：内部探索（5）、外部探索（5）、内部应用（3）、外部应用（4）
相关度高的业务：家电	时期：1996—2003年 重心：外部 外部探索形式：收购、合资 内部探索应用低→外部双元内部探索：外部探索（2）、外部应用（1）、内部应用（1）（2）、内部探索	时期：2004—2009年 重心：外部 外部探索形式：收购、合资 内部双元外部探索：内部探索（1）、内部应用（1）、外部探索（2）	时期：2010年至今 重心：内外部 外部探索形式：平台、联盟 开放式双元：内部探索（5）、内部应用（1）、外部探索（4）、外部应用（3）

续表

业务	初始期	成长期	飞跃期
相关度低的业务：交通	时期：1998—2006 年 重心：外部 外部探索形式：联盟 内部探索应用低→外部探索和内部探索：外部探索（1）、内部探索（1）	时期：2007—2019 年 重心：外部 外部探索形式：联盟、合资 外部双元和内部探索：外部探索（9）、外部应用（5）、内部探索（4）、内部利用（1）	时期：2020 年至今 重心：内外部 外部探索形式：平台、联盟 开放式双元：内部探索（2）、内部应用（2）、外部探索（5）、外部应用（5）

（1）原有业务

①初始期（1970—2000 年）

在电视研发制造领域，海信最初缺乏核心技术和创新能力，因此外部探索和应用活动对业务的兴起至关重要。面对这一情况，海信时任厂长李德珍坚持以高成本引进了当时最先进的松下生产线，而不是同行采用的香港康力生产线，从而极大地提升了企业的竞争优势。受到具备技术背景的周厚健的影响，海信更加确定技术是企业发展进步的核心。在 1992 年担任青岛电视机厂厂长时，周厚健正式确立了“技术立企、稳健经营”的经营理念。正是这一经营理念在很大程度上帮助海信在 20 世纪 90 年代的国产电视市场激烈竞争中成为北方地区唯一幸存的电视机品牌。在这一阶段，电视机开始逐渐普及，而 90 年代行业内的价格战使竞争达到了白热化阶段。

②成长期（2001—2010 年）

在 2001 年之后，随着外部环境的竞争日益激烈，海信决定通过内部探索与应用来突破外部企业的封锁，并加强对产品和市场的了解。为了提高技术实力，海信建立了内部探索单元。例如，在 2002 年在青岛建立了第一个研发中心，下设有 11 个专业研究所，拥有 1500 名研发人员，专注攻克核心技术问题，扩大技术应用。在中国彩电行业，日韩企业对中国市场的控制不断加强，成为海信在中国市场生存的障碍。海信采取了对抗策略，投资 7 亿元，经过两年的研究后，建成了中国第一条电视液晶模块生产线。

接下来，经过 7 年的探索，海信成功将这项技术转化为可量产的产品，并于 2014 年推出了全球首台自主研发的 100 英寸超短焦激光电视，成功突破了日韩技术壁垒，引领了全球研发激光电视的热潮。

在外部竞争激烈的情况下，企业会感受到一种压迫感，促使企业提高探索能力。此外，如果竞争非常激烈或者面临技术封锁，外部活动可能无法带来差异化的竞争优势，而企业可以依靠内部探索来增强自身实力，培养独特的核心竞争力，突破外部竞争圈，促进业务不断发展。因此，本书提出以下命题：

命题 4：外部竞争的强度影响企业选择开放式双元的演进路径。在竞争激烈的环境中成长起来的业务在成长期更加重视内部探索，通过内部双元提升内部实力，并促进企业的持续发展。

③飞跃期（2011 年至今）

在这一时期，从编码表可以看出，海信的内部探索、内部应用、外部探索和外部应用四个活动基本处于平衡状态。随着外部环境的动荡性和不确定性不断提高，海信进一步增加了外部探索和外部应用的比重，将开放式创新作为重要的成长战略。

海信的内部探索活动主要集中于 ULED 和激光电视的自主研发和显示用途的扩张。视像应用场景也从电视领域拓展到游戏显示、医疗显示、教育显示等领域。内部应用活动主要用于对 ULED 和激光电视性能的不断更新和迭代。激光电视在技术上完成了从 2K 到 8K、单色到三色的华丽转变，亮度、色域以及沉浸感体验都有显著提高。

随着开放式创新程度的加深，海信将发展重点从内部向外部扩散，加大了外部探索和应用的力度。这表现在通过收购和合作向产业上下游延伸，如收购激光芯片设计公司、建立智能电视生态圈，并发展战略合作伙伴关系等。相较于液晶电视，激光电视具有色彩鲜明、亮度高、保护眼睛和寿命长等独特特点，备受市场欢迎。

海信电视的高频更新换代增强了对市场原有产品的替代效应，同时将激光电视从一个产品发展成了一个产业，并对整个电视行业产生了影响。

海信在激光电视领域确立了王者地位，同时促使其他几十家企业纷纷进入激光电视行业。

综上所述，海信视像经历了从“内部探索低、内部应用低—外部双元内部应用—内部探索、外部应用—开放式双元”的演进过程。

（2）相关度高的业务

①初始期（1996—2003 年）

在改革开放初期，海信家电面临着计划经济时代物资供应紧缺的局面。由于缺乏内部探索能力，海信家电技术水平非常落后，生产力低下。为了弥补自身技术劣势，海信主要依赖于并购其他家电企业和成立合资公司来推动自身内部创新能力的提高。在 1986—1989 年，海信家电完成了三次扩能改造，实现了生产线的产能从原先的单班年产 2 万台增加到年产 30 万台的巨大飞跃，生产能力大幅提高。20 世纪 90 年代，家电市场竞争进入了白热化阶段，随着产能的扩大，市场供应供过于求，在 1997 年海尔推出了中国第一台变频空调。

②成长期（2004—2009 年）

随着时间的推移，市场竞争不断加剧，海信家电逐渐认识到仅靠外部技术引进是不可持续的，发展才是关键。因此，海信家电开始加强内部探索和应用，增加对研发和创新的投入，建立了自己的研发团队，并积极进行自主创新，进入了快速发展阶段。海信家电的内部探索主要集中在变频空调领域，通过推出一系列的变频空调产品，进一步提升了海信家电的竞争力，扩大了市场份额。

在专注于内部探索的同时，海信家电也注重内外部探索的结合，通过与全球最大的白色家电制造商美国惠而浦公司签约成立合资公司、收购容声以及与其他尖端企业签约，深入发展高端洗衣机和冰箱领域，融合各自的技术和经验，共同打造全球尖端变频技术研发平台。海信通过内部探索与外部探索相结合，填补了技术上的缺陷。海信家电的成长期也可以为命题 4 提供材料支撑，即激烈的竞争环境将影响企业的战略方向，内部研发的重要性融入了海信的血液，成为海信不可或缺的一部分。

③飞跃期（2010 年至今）

从编码结果来看，内部探索（5）>外部探索（4）>外部应用（3）>内部应用（1）。随着技术的进步和市场的变化，海信家电进入了内外部探索和应用并重的阶段。

在内部方面，海信通过在国内和国外广泛寻找资源和技术，并建立了多个研发中心来支持创新研发，如日本研发中心家电研发部和美国亚特兰大研发中心家电研发部。通过自主研发，海信达到了多项技术在国际处于领先水平。

同时，在外部方面，海信通过建立供应商联盟和签约战略伙伴，加强上下游的合作关系，以加快技术商业化转化和市场渗透。海信与利益相关者合作，共同实现价值共创。

综上所述，海信家电的技术发展经历了从“外部双元、内部探索—内部双元、外部应用—开放式双元”的演进路径。通过引进外部技术和设备，海信提高了产品的质量和生产效率。通过内部探索和创新，海信成功地开发了一系列具有自主知识产权的新产品和技术。通过与其他企业和机构的合作，海信不断推出具有创新性和竞争力的产品。这些变化使得海信家电保持了持续的竞争优势，成为家电行业的领军企业之一。此外，随着家电产品的升级，与海信视像业务的技术交叉程度也在不断加深。家电的发展也开始基于一定的视像技术之上，与视像业务的关联程度不断提高，为命题 1 提供了新的证据支撑。

（3）相关度低的业务

多年来，海信的业务呈现多元化趋势，已涉及视像、家电、光通信、智慧交通、智慧城市、医疗等众多领域。本书选择智慧交通这一与海信视像业务相关度较低的业务作为研究样本，下面介绍海信交通的发展过程：

①初始期（1998—2006 年）

1998 年，海信网络科技股份有限公司作为海信集团的子公司，在视像领域之外启动了智慧交通业务，并承担了该业务的推进和发展任务。智慧交通业务在国家的发展中具有重要地位和基础。在进入这一行业之前，海信经过大量的市场调研，发现该市场有着巨大的发展潜力，同时国内还没有形成具有领导地位和充分竞争格局的企业，全国的基础设施也相对薄弱，这进一步坚定了海信进军交通领域的决心。

尽管海信的视像业务与智慧交通业务之间的联系并不密切，无法直接依靠原有业务的积累，但由于海信实施了“技术驱动企业”战略决策，在智慧交通业务的发展初期，海信坚持自主研发。自2001年智能交通研究所成立以来，海信通过自主研发，推出了行业中第一台海信交通信号机。从公交车自动报站系统、交通信号机控制系统到交通管理综合调度系统，海信在提供交通疏导、建设畅通交通环境方面取得了一定的成功，并因此提升了在市场上的影响力。2005年，海信成功击败西门子、泰克等国外交通信号机制造商，中标了北京数字奥运工程中的智慧交通项目，这使海信赢得了声誉，并迎来了智慧交通领域发展的重大机遇。以海信为代表的中国国产交通信号机开始逐渐替代国外品牌在国内市场占有一席之地。从表8－5中可以看出，海信在交通信号机推出后，将精力投入到与外部合作进行技术探索和市场开发上，继续深耕交通领域，并成功打入青岛、呼和浩特等多个市场。海信在交通领域的竞争强度相对较低，外部竞争对海信的压力较小，使得企业有足够的时间进行内部研发和探索。因此，结合海信家电初始期的发展，本书提出以下命题：

命题5：当外部竞争的强度较高时，在企业业务发展初期，企业更倾向于通过与外部合作获取外部技术和资源，平衡外部探索与外部应用以提升企业的竞争优势。而在外部竞争强度较低时，企业更倾向于进行内部探索。

②成长期（2007—2019年）

根据外部探索（9）＞外部应用（5）＞内部探索（4）＞内部应用（1）的编码结果，海信在该阶段的外部探索和应用发生了重大转变。与上一阶段不同，海信在该阶段通过成立研究所、联盟、合资等外部探索活动来进行开放式创新。特别是海信在北京数字奥运工程智能交通项目的中标使其备受关注，进而迅速成长。此阶段，海信更加注重研发和探索相关技术，扩大行业影响力和领导力。海信与IBM签署了智能交通领域的战略合作协议，标志着海信进军国际市场。海信还与北京都会新干线、阿里巴巴旗下的高德等公司签署战略合作协议，并与哈尔滨工业大学等知名高校加强人才输送和技术研发交流。海信还与青岛公交集团、青岛市交通运输委员会、青岛海信网络科技股份有限公司共同成立实验室或研究所，共同探索研发交通管理技术。在内部探索方面，海信使用了自主研发的智能交通信号控制系统，推出智能化快速公交交通解决方案，并成立国家城市道路交通装备智能化工程技术研究中心。海信在 2016 年推出了 4 款新产品，并在 2019 年推出了海信交管云脑和基于自主 AI 技术的信号灯路障监测平台，这证明了海信研发实力的强大。在数字化时代的 2019 年，海信发布了以海信云脑引领 AI 交通的新战略，提供全领域的智能决策支持，用云计算、大数据、人工智能等尖端科技打造全球领先的产品系统架构，突破了交通管理智能化、自动化发展“瓶颈”。这些发展证明了海信交通业务的成长。

③飞跃期（2020 年至今）

在 2021 年，智慧城市成为区域竞争中的关键词，北京、深圳、上海、南京、苏州、武汉等地相继发布了相关政策。随着大数据和人工智能等新技术的兴起，智能交通行业受到了多家互联网巨头的关注，如百度、阿里巴巴、腾讯等。然而，海信作为一个在智能交通领域已经深耕超过 20 年的企业，凭借其长期的技术研发和经验积累，以实现持续的快速发展，在市场份额上连续多年位居第一。

近年来，海信利用海信云脑的显著优势，通过建立生态圈和创新联盟，与多家合作伙伴合作，推动智慧交通和智慧城市发展。海信基于云平台和智慧交通系统的研发，不断推出适用于各种应用场景的解决方案，帮助全国各地解决传统交通问题，如交通拥堵。截至 2023 年，海信的产品和解决方案已经在全国超过 170 个城市得到应用，并且应用城市数量还将继续增加。与此同时，海信交通也在加快“出海”步伐，将目标市场扩展到国外。在 2022 年，海信承接了埃塞俄比亚项目，成为海信交通国际化发展中的重要里程碑。

海信已经形成了“1 + 3 + N”的智慧交通发展战略，通过构建交通云脑，发展大数据、视频人工智能和场景化积累的能力，推动城市大交通产业升级。综上所述，海信交通经历了从内部探索到外部双元的演进路径。海信交通和海信视像之间的关联度较低，海信内部没有相关基础，只能从外部寻找技术来源或自主研发。而外部探索和应用的方式主要是通过合作联盟、合资和并购，为命题2提供了更多的证据支持。表8－7为美的和海信不同业务在不同阶段竞争强度对比。

表8－7　美的和海信不同业务在不同阶段竞争强度对比

业务	不同阶段竞争强度（种类密度、同质化、消费者）			双元演进路径
	初始期	成长期	飞跃期	
美的智能家居	较低：家居行业起步较晚，竞争者较少	较高：竞争者逐渐增加，包括海尔、小米、华为、Google、Amazon、Apple等国内国际科技巨头产品异质性较低	较高：消费者需求个性化，各公司都在不断推出智能家居产品和解决方案	外部双元内部应用—内部双元外部探索—开放式双元
美的楼宇科技	较低：在暖通领域有一定的技术积累，竞争力较强且市场需求大，供小于求	较高：竞争者逐渐增多，主要竞争者包括海康威视、华为、松下以及传统的建筑工程公司	—	内部双元—外部双元、内部探索
美的机器人与自动化	较高：竞争者众多，美的缺乏相关技术	较低：收购世界领先工业机器人制造商库卡，竞争力空前增强	—	外部双元—内部双元、外部探索
海信视像	较高：电视发展普及较早，产品同质化，竞争对手多（长虹、康佳、TCL等，以及国外竞争对手），频频发生价格战，外部竞争强	较高：日韩等外国企业对中国的技术封锁	较高：激光电视引领了视像行业的新潮流，众多企业进入视像行业	外部双元内部应用—内部探索、外部应用—开放式双元
海信家电	较高：市场供应供过于求	较高：竞争者数量增多，包括三星、LG、索尼、TCL格力、美的、海尔等在产品质量、功能创新、售后服务等方面的竞争	较高：竞争者数量增多，市场供过于求	内部探索外部双元—内部双元、外部探索—开放式双元

续表

业务	不同阶段竞争强度（种类密度、同质化、消费者）			双元演进路径
	初始期	成长期	飞跃期	
海信交通	较低：国内还未形成具有领导地位和充分竞争格局的企业，全国的基础设施也相对薄弱，市场有着巨大的发展潜力	较高：竞争者数量较多，如西门子、泰克等国外交通信号机制造商	较高：智慧交通行业引来多家互联网巨头，如百度、阿里巴巴、腾讯等的关注，竞争者现已有5000多家企业	外部探索和内部探索—外部双元和内部探索—开放式双元

本书根据上述美的和海信的6项业务的双元演进路径，结合外部竞争强度和与主营业务相关度两个变量，提出以下命题：

命题6：当业务发展从初始期进入成长期时，相较于业务相关性，外部竞争强度对开放式双元路径选择起主导作用，外部竞争强度的提高使得企业更关注内部探索以增强自身的竞争优势；当业务处于飞跃期时，不论竞争强度和业务相关度高低，企业都会平衡和组合内部探索、内部应用、外部探索与外部应用多种方式实现开放式双元创新。

8.5 案例讨论

综上所述，本书提出了6个命题，将业务相关度和外部竞争强度变量结合起来进行综合分析，探究在不同情况下业务双元演进的差异，为企业开展业务的双元选择提供借鉴价值。本书将外部竞争强度和业务相关度具体分为高、低两个维度。研究发现，企业在业务拓展过程中，新增业务与原有业务相关度较高，且面临的外部竞争强度较低时，该业务发展可借助一部分企业已经积累和获得的技术、知识和资源，减少了业务在前期的大量投入。在企业已有的基础之上利用内部双元推动业务更上一层。并且由于该业务与原有业务具有相似的技术及资源基础，在企业进行双元学习时往往会同时促进两个业务协同发展、融合攀升。

若该业务与原有业务较为相似但却面临激烈的外部竞争时，新增业务的发展不仅由于利用了原有业务的部分技术而具备了一定的内部探索和内部应用能力及实力基础，并且在外部环境的影响下，企业仍将部分注意力放在企业外部，通过探索外部，把握行业发展走向和趋势，在复杂激烈的环境中不断提高自身实力和获得竞争优势，寻找机会与突破口。

若该业务与原有业务相关度较低且面临高外部竞争强度时，企业内部缺乏支持新增业务发展的探索能力和应用能力，企业通常会将目光聚焦于企业外部，通过外部探索和外部应用积攒相应的技术和能力，主要依靠并购、搭建合作联盟以及合资的形式从外部向内部输送技术养分，使其顺利生根发芽，给予新业务一个基础的生存能力。图 8 -2 是业务相关度和外部竞争强度矩阵。

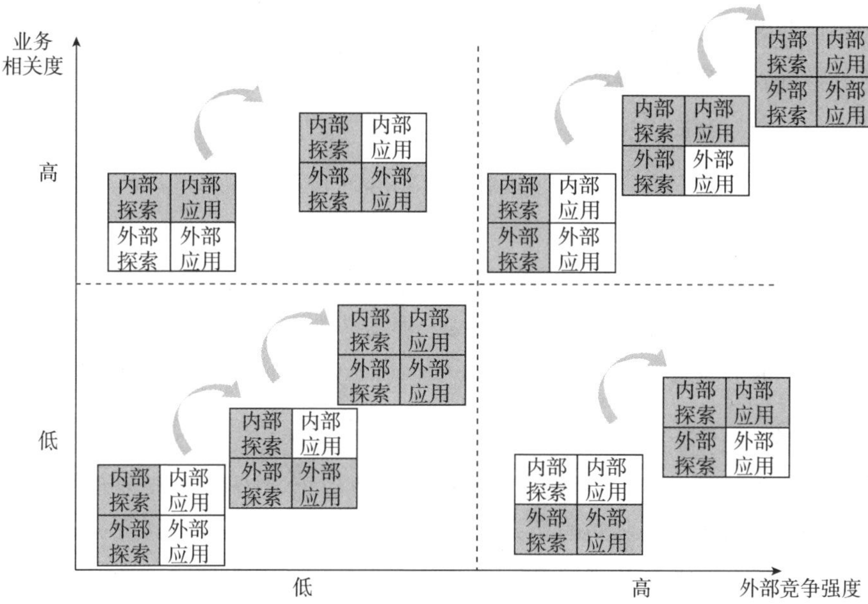

图 8 -2　业务相关度和外部竞争强度矩阵

注：本图阶段划分数量的依据为案例中业务发展阶段划分情况，因此第二象限（美的楼宇科技）和第四象限（美的机器人与自动化）有两阶段（初始期与成长期），而第一象限（海信家电）和第三象限（海信交通）有三个阶段（初始期，成长期和飞跃期）。深色方块代表本期内该活动较多，白色方块代表本期内该活动较少。

8.6 结论与展望

8.6.1 研究结论

聚焦于业务发展情境，本章从动态视角对比美的和海信的探索及应用活动的双元演进过程，丰富了传统实证研究的结论。通过案例研究，可以从动态的角度，分析业务的演进，并提出更全面的解释。采用双案例对比研究双元，将多种因素和变量纳入研究范围，从而增加了研究的严谨性和可靠性。通过对比多个案例，我们可以更好地理解和分析业务的演进规律，发现其中的共性和差异性。

研究融合内部和外部双重视角，从外部视角利用竞争环境、行业动态等外部因素来解读业务演进，从内部视角探讨组织具体业务单元之间的交互，对企业双元演进过程进行全方位的分析。运用双案例对比研究，本章提出了6个命题，外部竞争强度和业务相关度会影响企业开放式双元的演进路径。

在企业业务发展初期，当外部的竞争强度较高时，企业更倾向于采用外部探索的方式获得外部技术和资源，提高企业竞争优势；当外部的竞争强度较低时，企业更倾向于采用内部探索，提高企业自身的科研实力。在企业业务发展成长期的双元模式选择中，在竞争激烈的环境中成长起来的企业在成长期时，更易形成内部双元，提高内部实力，促进企业持续发展；本书还提出业务之间的相关度会影响双元演进的路径。当业务相关度较高时，企业新业务的开展可以基于现有业务的技术积累之上，与原有业务协同发展，内部探索与内部应用程度更高；当业务相关度较低时，新业务无法获得协同优势，主要通过外部双元，以合作联盟、合资与并购形式进行外部探索和外部应用。在业务相关度低，并且业务发展进入成长期，外部探索的形式从以并购为主到增加外部合作联盟构建为主。本书分析了外部竞争和业务相关度共同作用下的组织业务演进过程，清晰明了地展示了在两个因素影响下业务双元随时间演进的过程。

通过综合外部和内部的分析，我们可以更全面地理解和解释业务的演进规律，为现实决策提供更加准确和全面的信息。

8.6.2 理论贡献

基于双元创新理论和开放式创新理论，研究融合外部和内部双重视角分析企业业务层面的开放式双元创新演进过程，丰富了双元创新理论。本书为全面理解和解释复杂的现实问题提供了新的视角和方法。本书的理论贡献主要有以下几点：

（1）基于动态演进视角丰富了开放式双元创新的过程机制研究。开放式双元创新理论是一种将内部创新和外部创新相结合的创新模式，而现有研究大多通过定量方法研究双元创新，从动态视角定性探究双元创新演进过程的研究较少。并且在这些少量分析双元创新动态演进过程的文献中，主要从企业层面出发，关注双元创新的影响因素以及演化过程，缺乏从业务角度分析开放式双元创新的演化。因此本章运用双案例对比分析方法，通过纵向和横向对比，以业务为基础单位深度剖析海信和美的在不同竞争强度下的业务双元演进过程。

（2）拓展了开放式双元创新理论的影响因素研究。现有文献从外部竞争角度出发研究外部环境如何影响双元演进过程的文献较少，并且对业务相关度与业务双元演进路径之间的关系也较少提及。本书揭示了随着外部竞争环境和业务发展企业双元平衡不断调整动态演变的过程，为企业开放战略选择提供了参考。同时，本书还揭示了业务相关度也是企业双元路径选择多元化的因素之一，研究结论填补了现有双元演进文献的空白。

（3）深化了开放式双元学习构建路径的研究。组织学习理论认为联盟和并购是组织学习的一种重要方式。研究发现，企业在业务发展过程中，组织学习的方式也在不断地发生变化。研究表明，内部组织、联盟与并购对应用和探索具有不同的作用机制，在创新生态系统中核心企业选择并购或联盟战略实现外部双元的内在逻辑也有所不同（秦硕，2023）。企业通过与其他组织成立战略联盟，创造一个便于知识、经验分享和转移的良好环境，提高联盟单位之间的知识、经验交换效益，达到学习的目的。并购可以迅速地获得目标公司拥有的技术知识，是公司获取外部知识源（技术知识）的有效手段（程新生等，2023）。企业依据发展过程中的不同情景，组合不同的双元学习方式，适应不同的挑战。此外，本书探讨了联盟和并购在双元平衡过程中发挥的作用及其随着时间的变化，打破了以往双元研究中的静态限制，体现了组织学习的动态性，为组织并购和联盟活动的展开时机提供了借鉴意义。

综上所述，本书在双元创新理论的基础上，揭示了业务相关度和外部竞争环境对业务双元演进的影响。这些贡献不仅为双元创新理论的发展提供了新的实证支持和理论拓展，也为战略扩张和开放式创新扩张中的实际管理和决策提供了重要的参考和借鉴。

8.6.3　实践建议

从企业实践的角度，企业业务的变化是组织发展过程中必须面对的现实问题，企业需要根据自身业务发展阶段所处的实际情况采取适合的组织学习方式以应对组织变化。在业务发展过程中，要识别内部资源和技术等支持因素的变化，持续跟踪业务发展的实际情况，综合考虑组织内部的学习探索情况和外部复杂多变的市场竞争环境，选用适合的双元演进路径。

本书对企业现有业务和新增业务的发展具有参考借鉴的意义。对现有业务而言，本书结合外部环境和企业的学习特性对企业探索和应用节奏以及双元模式进行深入分析，在业务发展的不同阶段为了能在复杂多变的市场竞争环境中生存，企业要将精力分配于探索和应用活动，保持恰当的双元节奏，并在不同阶段调整探索和应用的方式。对新业务而言，本书为新业务的选择提供了指导方向，选择与原有业务相关的业务领域可以在发展初期与原有业务保持相似的双元活动，探索和应用活动的重心可以向内部偏移，而选择与原有业务相关度低的业务，企业要更注重外部的探索和应用。

8.6.4　研究局限与未来研究

本书还存在不足之处，未来可以从以下两方面改进：

（1）由于企业的开放式双元创新需要长期动态跟踪，因此本书选择案例研究方法发现业务的开放式双元形成和演进的过程路径的研究结论能否应用到其他行业或者其他类型的企业还未可知，未来研究可以对比不同行业的案例企业，采取多种研究方法相结合，进一步对企业的开放式双元形成过程与影响因素进行跟踪研究。

（2）本书仅从外部竞争强度和业务相关度两个方面出发，解释了开放式双元演进的过程，分析了企业开放式双元形成的规律和异质性特征。然而开放式双元的演进过程还受到很多外部与内部因素的影响，需要从不同的理论视角出发解释开放式双元的演进，发现企业内外部各种可能影响开放式双元形成的动因与作用机制。

9 结论

9.1 研究总结与贡献

双元理论得到了目前大量研究的关注，双元是指探索和应用活动共存于组织并发挥协同作用，能够提升创新绩效和竞争优势。但是对于探索和应用之间的相互作用关系的争议仍然存在，研究也需要进一步探讨一些组织情境因素对于双元和绩效关系的影响。另外，也很少有研究从双元理论出发，对组织界限和技术界限下的内部探索、内部应用、外部探索和外部应用活动如何共存的问题进行探讨。在这样的现实背景和理论背景下，本书对双元创新的内涵，双元创新的演进与发展，双元的前因、过程与结果相关问题进行分析，从组织层面、战略层面、网络层面等开展了一系列研究。在此基础上，本书进一步探讨跨组织界限双元创新，探讨组织内部探索、内部应用、外部探索与外部应用间的相互作用关系，并进一步通过案例研究分析了不同情境中开放式双元创新的构建路径。组织可以根据自身的组织特征、行业特征和市场特征，开展不同发展路径的选择。在管理实践角度，本书从双元视角为企业组合和平衡各种内外部创新活动：内部研发、技术并购，研发联盟构建，技术许可，新产品开发等，发挥内外部技术协同提升创新绩效，嵌入并构建创新网络提供了建议。

9.1.1 研究的理论贡献

本书分别从组织、战略、网络与能力等视角出发，在对双元创新理论发展进行梳理的基础上，对双元创新内涵及其发展、双元创新的前因、双元创新的结果及其作用机制，以及双元创新的动态演进过程等进行系统化的研究，丰富了双元创新的理论体系。本书的理论贡献主要包括以下几个方面：

第一，对双元的两个维度与绩效关系进行进一步探讨，双元的两个维度包括探索和应用活动的相对平衡维度以解释探索和应用此消彼长的关系；探索和应用活动的组合维度以解释探索和应用相互补充的协调效应。其中，对于探索和应用的相对平衡水平，针对以往研究中认为探索和应用的绝对平衡，本书认为对于缺乏探索活动的企业，探索在一定程度上高于应用活动的企业更能取得比较好的绩效，即探索和应用差异应维持在一定的适度水平，其绩效最佳，甚于两者差异过高或者过低的水平。对于探索和应用的组合，本书认为当探索和应用组合水平较低时，随着探索和应用的提高，组织绩效逐渐增强，但是当探索和应用水平达到一定程度，由于组织资源的限制，以及创新带来的风险，绩效开始逐渐下降。这更好地解释了探索和应用研究中所存在的关于两者是替代还是互补的关系，当两者水平较低，组织中不存在对组织资源的争夺，两者会体现出相互协同和补充的作用；当两者水平不断提高，会对组织的资源进行争夺，两者就会出现相互替代的作用。探索和应用的替代和互补关系会随着两者在组织中存在的程度而发生变化。

本书证明了组织结构的重构对双元与绩效关系的调节作用。组织重构调节了组合效应和绩效的关系，通过组织重构使得探索和应用活动的效率提升，释放组织资源，扩大了组合效应正向影响的范围，使探索和应用在组织中能更好地共存。同时，组织重构也调节了相对平衡效应和绩效的关系，使探索和应用的相对平衡的数值增大，使有效的探索活动在组织中的比例得到提升，促使组织开展探索活动的有效值增加，通过组织调整使企业能够追求更高的有效的探索活动以获取更好的绩效。

第二，本书将战略导向和双元创新整合在一个理论框架下，从创业导向和学习导向切入探究企业如何通过双元创新（平衡和组合）提升企业竞争优势。现有关于战略导向和竞争优势研究大多关注能力、资源、组织文化等方面的过程机制，忽略了双元视角下探索式创新和应用式创新两者的匹配和互补关系对企业实现竞争优势的关键作用。本书从资源观和能力观的双重视角，将战略导向分为创业导向与学习导向，探究两者如何通过平衡双元和组合双元提升企业竞争优势。本书将战略导向与双元创新整合在一个理论框架下，推动了双元创新的前因机制研究。此外，本书进一步考虑影响变量关系的内外部边界机制。由于资源冗余强调企业拥有剩余资源的缓冲程度，对于短期获益的解决效果明显，而对以企业长期发展为目的的战略导向与竞争优势关系无显著影响。而环境动态性则影响企业的战略调整与长远规划，因此存在显著的调节作用。本书验证了不同情境要素对战略导向的差异化影响，丰富了双元创新的研究情境。

第三，验证了知识网络嵌入和合作网络嵌入对企业双元创新组合维度和平衡维度的影响。现有关于企业外部网络与组织双元性的探究主要关注到战略联盟知识异质性、网络广度和网络深度、网络中心性和关系强度等网络因素作为前因对组织双元性的影响。本书重点关注到知识网络和合作网络两种网络嵌入对企业双元创新的影响，发现知识网络嵌入和合作网络嵌入对企业双元创新组合维度有显著的正向影响，仅有知识网络嵌入对企业双元创新平衡维度向探索创新变动具有正向影响，而合作网络嵌入对企业双元创新平衡维度向探索创新变动没有影响。补充了企业外部网络因素对组织双元性影响的研究，进一步完善了组织双元理论的研究框架。由于行动者对资源控制的不同，不同类型的网络关系可能导致网络资源的差异化，而现有研究多聚焦于单一类型的企业网络，本书进一步对比了两种类型的网络嵌入对企业双元创新活动影响的差异，发现合作网络嵌入与企业双元创新组合维度的正向关系大于知识网络嵌入；而对于双元创新的平衡维度，研究发现知识网络嵌入的积极影响大于合作网络嵌入。因此，企业在参与或构建企业网络时，要合理选择企业网络的类型，即根据自身目标和发展情况选择外部合作伙伴，这进一步丰富了关于企业外部网络研究中的多类型网络嵌入的对比研究。随着数字技术的发展，数字化转型逐渐渗透到各行各业中，影响各个企业的运营活动，本书探究了数字化应用范围对企业网络嵌入与双元创新之间关系的调节作用。研究发现，数字化应用范围对知识网络嵌入和合作网络嵌入与企业双元创新组合维度之间的正向关系存在积极调节作用，数字化应用范围对知识网络嵌入和合作网络嵌入与企业双元创新平衡维度之间不存在显著的影响。将数字化情境因素，即数字化应用范围引入双元研究中，既丰富了组织双元性的理论研究，使已经成熟的组织双元理论与当前企业数字化转型相结合，也将双元理论应用于企业数字化的研究中，为企业数字化转型未来的相关研究提供一定的参考。

第四，聚焦物联网产业链企业，本书的核心理论贡献包括三个方面：其一，本书实证检验物联网产业链企业在与上下游联盟伙伴开放过程中影响双元创新绩效的非线性关系，弥补了以往研究对物联网等数字产业链研究的不足，在数字化和开放创新背景下扩展了双元创新的理论情境。其二，本书基于悖论视角，系统剖析价值创造与价值捕获在企业开放过程中的互补程度，验证了开放式创新与双元创新绩效之间先促进随后转为抑制的复杂关系。本书基于价值视角将开放式创新与双元创新整合在同一框架下，丰富了两者的协同研究。其三，本书从数字化能力（智能、连接和分析能力）的三个维度出发，认为随着企业开放程度的不同，数字化能力并不是持续发挥积极影响，丰富了在微观层面不同数字技术功能的间接传导机制。

第五，采取纵向单案例分析对隆基绿能的产业链扩张过程进行了深入研究。首先，在产业链扩张的背景下，丰富了双元创新的影响因素研究。本书在产业链扩张情境下，从动态演化视角出发将企业发展阶段细化为产业链上下游以及产业链扩张过程中，分析外部环境变化对企业开放式双元创新的影响，考察企业在产业链的不同阶段外部环境的不同特征对企业战略选择的影响。拓展了影响双元创新的外部环境因素，以及这种影响在产业链不同阶段的差异，丰富了开放式双元创新理论的相关研究。其次，丰富了机会窗口理论。现有研究主要从国家层面和产业层面揭示后发企业利用机会窗口实现超越追赶的路径，忽略了机会窗口的差异化情境。本书融合技术、需求和制度情境，从微观视角探究了外部社会结构的机会窗口对企业开放式双元创新选择的重要作用，丰富了机会窗口的类型学研究。

第六，采取双案例研究方法对海信和美的各部门的双元路径的演进过程进行了深入的研究。首先，基于动态演进视角丰富了双元创新的过程机制研究。与以往研究企业层面不同，本书创新性地从业务层面出发深度剖析海信和美的不同业务在发展过程中的双元演进路径。其次，拓展了双元创新理论的影响因素研究。揭示了企业业务在不断发展过程中随着外部竞争环境双元动态演变的过程，扩充了双元动态演进的情景研究，拓展了双元内外部边界，为企业开放战略选择提供了参考。并且，本书认为业务相关度也是企业双元路径选择多元化的因素之一，研究结论补充了现有双元演进的理论。最后，深化了开放式双元创新构建路径的研究。研究发现，企业在业务发展过程中，组织创新的方式也在不断地发生变化。企业依据发展过程中的不同情境，组合不同的双元学习方式，以适应不同的挑战。打破了以往双元研究中的静态限制，为组织开放式双元创新活动的展开时机提供了借鉴。

9.1.2 研究的现实启示

从实践层面来看，本书为企业的创新活动提供了一定的启示。

第一，企业在把握住现有市场，对产品不断改进的应用式学习的同时，利用探索式学习开辟新的市场已经势在必行。而如何在组织中对两者进行协调，成为企业面临需要权衡的关键问题，考虑到企业的资源限制，以及现有的应用式为主导的创新模式，企业应适当增加探索式创新的资源投入，保证应用式创新活动的逐渐减少，达到适合的相对平衡的状态，形成双元的思维方式和组织模式，处理好探索和应用活动之间的张力。关注探索和应用在组织中不断提升的同时，还需考虑探索活动的风险和过度投入，或对渐进性活动的过度投入带来的能力刚性，以及探索和应用之间的相互替代效应。

第二，企业管理者需要意识到，随着探索和应用创新投入的增加，在组织内部就会使探索和应用带来的边际效应递减，从而影响绩效的提升，因此，面临开放式创新的环境中涌现出的创新资源和新的创新方式，就需要考虑组织内外部技术活动的匹配和协调。外部的创新资源可以打破企业自身能力的制约、自身组织惯性的限制，给企业创新提供新的机会和动力。但是，对外部技术资源的利用，也需要关注内外部技术资源来源的比例，也就是将双元范式，即不同活动之间的相对平衡和组合的视角应用到内外部技术的选择中。在外部探索，即开展外部技术的并购和外部探索联盟构建的同时，也要保证组织内部探索活动处于一定程度；同时，在开展外部应用，如对技术进行转移、应用联盟构建时，也要保证组织对产品开发的核心竞争优势的保存。企业需要根据自身的资源，以及所处的网络位置，选择构建双元的路径。管理者要关注内部资源的最大效用，同时发现外部的资源，促使内外部资源形成有效的匹配。

第三，企业管理者需要重视组织重构对双元创新作用的影响。双元的作用需要在一定的组织情境下才能得到更好的体现。对双元创新范式的形成，需要通过情境双元机制，建立双元的愿景和战略目标，使组织具有双元的氛围；同时需要整合结构双元机制，对组织结构进行划分，通过情境双元和结构双元机制的共同作用促使双元能力的形成。使组织具有结构化的单元，保证目标和任务的明确性，同时在双元情境影响下，保证各部门之间存在松散的耦合，既能够进行有效的沟通，同时也能使任务和目标具有相对独立性。

企业利用双元创新，才能不断聚集技术力量，打破技术路径，引领技术变革。在开放式创新环境下，以双元的视角开展内部的探索与应用活动，以及外部的探索与应用活动，保证内部探索—内部应用、外部探索—内部探索、外部应用—内部应用、外部探索—外部应用的相对平衡，以及发挥两两之间的组合效应，通过安排双元能力的形成路径以及组织机制，最后形成跨越组织界限的双元能力。

第四，企业外部网络是影响企业双元活动的重要因素，并且不同类型的企业网络对企业双元创新产生的影响不同。企业要根据自身的战略目标以及长短期计划，积极构建或参与不同的企业网络。合作网络嵌入和知识网络嵌入都会促进企业双元创新活动组合维度的增长，因此企业可以通过构建或参与企业网络发展企业双元创新活动。其中，通过合作网络构建资源共享机制是企业发展双元创新组合效应的最优网络机制。对于双元创新的平衡维度，研究发现了知识网络嵌入的积极影响，而没有证实合作网络嵌入对双元创新平衡维度的影响。企业若以更广泛的探索创新为目标，管理者应注意企业对于知识网络的参与或构建。此外，数字化因素会对企业通过企业网络嵌入促进双元创新活动产生一定的积极影响，即数字化应用范围对知识网络嵌入和合作网络嵌入与企业双元创新组合维度之间的关系产生积极调节作用。因此，企业同样要注意数字化转型的重要性，积极融入数字化潮流中，数字化应用范围的广泛性使得企业与外部合作者更加密切，从而便于从企业网络中获取企业发展所必需的资源，促进企业的长远发展。

第五，企业在产业链上下游、产业链跨界扩张过程中，需要结合外部机会窗口，对内外部的探索和应用创新活动进行平衡与组合，开展开放式双元创新选择。首先，企业在成长过程中需要重视技术机会窗口、需求机会窗口和制度机会窗口所带来的发展机遇，并分析不同窗口类型的驱动因素和特点。这将有助于企业抓住机会，获得持续的竞争优势。其次，企业应该从动态的角度分析内外部环境，避免战略上的路径依赖。企业需要根据窗口类型和所拥有的资源和能力，在不同阶段选择适合的创新战略。例如，当技术机会窗口出现时，企业应采取内外部探索活动来获取新的技术资源；当需求机会窗口出现时，内部探索可以帮助企业形成长期的最优稳定状态；而制度机会窗口则要求企业采取快速响应的内部应用式创新战略，以确保能够及时适应制度变化。总之，对于企业而言，理解不同类型机会窗口对开放式双元创新选择的影响，能够帮助它们制定更明智的战略决策，并在竞争激烈的市场中获取持续的竞争优势。

第六，企业在开展业务多元化过程中，可以结合双元创新理论思考现有业务和新增业务的发展模式。企业可以结合外部环境和企业的业务特性，把握探索和应用平衡组合关系形成双元模式，在业务发展的不同阶段，适应复杂多变的市场竞争环境。企业要将精力分配于探索和应用活动，保持恰当的双元节奏，并在不同阶段调整探索和应用的方式。对新增业务的选择而言，选择与原有业务相关的业务领域探索和应用活动的重心可以向内部偏移，而选择与原有业务相关度低的业务企业要更注重外部的探索和应用，为战略扩张和开放式创新扩张中的实际管理和决策提供了参考和借鉴。

9.2 研究的局限与未来研究方向

本书对双元创新理论的发展进行了探讨，拓展了对双元驱动因素、双元与绩效关系、双元的动态构建过程的研究，达到了研究的目标和预期。但是，本书研究存在一些局限性，也是未来的研究需要进一步探讨的。

第一，对于双元创新与企业绩效关系的研究，还需要进一步丰富两者关系之间的情境因素。从外部环境而言，随着数字技术驱动着企业市场环境不确定性、供应链动荡性以及内部运营复杂性的增加，企业面临着以脆弱、焦虑、非线性以及不可理解（BANI）为特征的数字环境的新常态，需要总结新的环境特征对双元创新与企业不同类型绩效的影响。从内部环境而言，数字化转型为双元创新带来新的方向，数字技术在改变优化企业业务流程的同时也为探索新的方向带来了机遇，这也是未来研究需要关注的重要方面。

第二，研究由于数据和样本的限制，没有对不同国家和地区，或者不同行业的企业开展比较分析。由于不同国家和地区、不同行业企业的创新活动存在较大的差异，在探索和应用活动之间的分布比例，及其对组织绩效的影响也不同。因此，研究结论的普适性还需要未来的研究进一步证实。

第三，本书选择案例研究方法，发现了企业开放式双元形成和演进过程路径的规律。该结论能否应用到其他行业或者其他类型的企业中，还有待于进一步探讨。未来研究可以对比不同行业的案例企业，采取多种研究方法相结合的方式，进一步对企业的开放式双元形成过程与影响因素进行跟踪研究。

第四，双元创新在新的情境中也延伸出新的含义，例如，数字双元创新包括数字探索创新与数字应用创新；地理双元，即跨国公司如何平衡跨国的探索与应用创新活动等，这也是未来双元创新理论需继续研究的问题。

参考文献

英文文献

[1] ABDALLA S, NAKAGAWA K. The interplay of digital transformation and collaborative innovation on supply chain ambidexterity [J]. Technology Innovation Management Review, 2021, 11(3):45 -56.

[2] ANAND B N, KHANNA T. The structure of licensing contracts [J]. Journal of Industrial Economics, 2000, 48(1): 103 -135.

[3] ANDERSEN P H, DREJER I. Systemic innovation in a distributed network: The case of Danish wind turbines [J]. Strategic Organization, 2008, 6(1): 13 -46.

[4] ANDRIOPOULOS C, LEWIS M W. Exploitation – exploration tensions and organizational ambidexterity: Managing paradoxes of innovation [J]. Organization Science, 2009, 20(4): 696 -717.

[5] APPLEYARD M M, CHESBROUGH H W. The dynamics of open strategy: From adoption to reversion [J]. Long Range Planning, 2017, 50(3): 310 -321.

[6] ARDITO L, PETRUZZELLI A M, DEZI L. The influence of inbound open innovation on ambidexterity performance: Does it pay to source knowledge from supply chain stakeholders? [J]. Journal of Business Research, 2020, 119:

321 – 329.

[7]ARORA A, GAMBARDELLA A. Ideas for rent: An overview of markets for technology [J]. Industrial and Corporate Change, 2010, 19(3): 775 – 803.

[8]ATUAHENE – GIMA K, LI H. The effects of formal controls on supervisee trust in the manager in new product selling: Evidence from young and inexperienced salespeople in China [J]. Journal of Product Innovation Management, 2006, 23(4): 342 – 358.

[9]ATUAHENE – GIMA K, MURRAY J Y. Exploratory and exploitative learning in new product development: A social capital perspective on new technology ventures in China [J]. Journal of International Marketing, 2007, 15(2): 1 – 29.

[10]ATUAHENE – GIMA K. Resolving the capability – rigidity paradox in new product innovation [J]. The Journal of Marketing,2005, 69(4): 61 – 83.

[11] AUH S, MENGUC B. Balancing exploration and exploitation: The moderating role of competitive intensity [J]. Journal of Business Research, 2005, 58(12): 1652 – 1661.

[12]BAKER S R, BLOOM N, DAVIS S J. Measuring economic policy uncertainty [J]. Quarterly Journal of Economics, 2016, 131(4): 1593 – 1636.

[13]BARNETT W P, HANSEN M T. The red queen in organizational evolution [J]. Strategic Management Journal, 1996, 17(S1): 139 – 157.

[14]BAUM J A, ROWLEY A V,SHIPILOV Y T CHUANG. Dancing with strangers: Aspiration performance and the search for underwriting syndicate partners [J]. Administrative Science Quarterly, 2005, 50(4): 536 – 575.

[15]BECKMAN C M, HAUNSCHILD P R, PHILLIPS D J. Friends or strangers? Firm – specific uncertainty, market uncertainty, and network partner selection [J]. Organization Science, 2004, 15(3): 259 – 275.

[16]BECKMAN C M. The influence of founding team company affiliations

on firm behavior [J]. Academy of Management Journal, 2006, 49(4): 741-758.

[17] BENNER M J, TUSHMAN M L. Reflections on the 2013 decade award – "Exploitation, exploration, and process management: The productivity dilemma revisited" ten years later [J]. Academy of Management Review, 2015, 40(4): 497-514.

[18] BENNER M J, TUSHMAN M L. Exploitation, exploration, and process management: The productivity dilemma revisited [J]. Academy of Management Review, 2003, 28(2): 238-256.

[19] BENZIDIA S, MAKAOUI N, SUBRAMANIAN N. Impact of ambidexterity of blockchain technology and social factors on new product development: A supply chain and Industry 4.0 perspective [J]. Technological Forecasting and Social Change, 2021, 169: 120819.

[20] BERNAT S, KARABAG S F. Strategic alignment of technology: Organizing for technology upgrading in emerging economy firms [J]. Technological Forecasting and Social Change, 2019, 145(8): 295-306.

[21] BIRKINSHAW J, GIBSON C. Building ambidexterity into an organization [J]. MIT Sloan Management Review, 2004, 45: 47-55.

[22] BOGERS M. The open innovation paradox: Knowledge sharing and protection in R&D collaborations [J]. European Journal of Innovation Management, 2011, 14(1): 93-117.

[23] BOŽI K, DIMOVSKI V. Business intelligence and analytics use, innovation ambidexterity, and firm performance: A dynamic capabilities perspective [J]. The Journal of Strategic Information Systems, 2019, 28(4):101578.

[24] BROWN S L, EISENHARDT K M. The art of continuous change: Linking complexity theory and time-paced evolution in relentlessly shifting organizations [J]. Administrative Science Quarterly, 1997, 42(1): 1-34.

[25] BUCCIERI D, JAVALGI R G, CAVUSGIL E. International new ven-

ture performance: Role of international entrepreneurial culture, ambidextrous innovation, and dynamic marketing capabilities [J]. International Business Review, 2020, 29(2): 969 -5931.

[26]CAI L, LIU Q, DENG S L. Entrepreneurial orientation and external technology acquisition: An empirical test on performance of technology - based new ventures [J]. Journal of Business Economics and Management, 2014, 15(3): 544 -561.

[27]CAO L, MOHAN K, RAMESH B, et al. Evolution of governance: Achieving ambidexterity in IT outsourcing [J]. Journal of Management Information Systems, 2013, 30(3):115 -140.

[28]CAO Q, GEDAJLOVIC E, ZHANG H. Unpacking organizational ambidexterity: Dimensions, contingencies, and synergistic effects [J]. Organization Science, 2009, 20(4): 781 -796.

[29]CAO Q, SIMSEK Z, ZHANG H. Modelling the joint impact of the CEO and the TMT on organizational ambidexterity [J]. Journal of Management Studies, 2010, 47(7): 1272 -1296.

[30]CARMELI A, HALEVI M Y. How top management team behavioral integration and behavioural complexity enable organizational ambidexterity: The moderating role of contextual ambidexterity [J]. Leadership Quarterly,2009, 20(2): 207 -218.

[31]CASSIMAN B , VEUGELERS R. In search of complementarity in innovation strategy: Internal R&D and external knowledge acquisition [J]. Management Science, 2006, 52(1): 68 -82.

[32]CENAMOR J, PARIDA V, WINCENT J. How entrepreneurial SMEs compete through digital platforms: The roles of digital platform capability, network capability and ambidexterity [J]. Journal of Business Research, 2019, 100: 196 -206.

[33]CHAN C M L, TEOH S Y, YEOW A. Agility in responding to disrup-

tive digital innovation: Case study of an SME [J]. Information Systems Journal, 2019, 29(2): 436 –455.

[34] CHANDY R K, TELLIS G J. Organizing for radical product innovation: The overlooked role of willingness to cannibalize [J]. Journal of Marketing Research, 1998, 35(4): 474 –487.

[35] CHANDRASEKARANA A, LINDERMANB K, SCHROEDER R. Antecedents to ambidexterity competency in high technology organizations [J]. Journal of Operations Management, 2012, 30(1 –2): 134 –151.

[36] CHANG Y Y, HUGHES M. Drivers of innovation ambidexterity in small to medium – sized firms [J]. European Management Journal, 2012, 30(1):1 –17.

[37] CHAUDHURI A, SUBRAMANIAN N, DORA M. Circular economy and digital capabilities of SMEs for providing value to customers: Combined resource – based view and ambidexterity perspective [J]. Journal of Business Research, 2022, 142: 32 –44.

[38] CHEN K Y, ALTINAY L, CHEN P Y. Market knowledge impacts on product and process innovation: Evidence from travel agencies [J]. Tourism Review, 2022, 77(1): 271 –286.

[39] CHEN Q, LIU Z. How does openness to innovation drive organizational ambidexterity? The mediating role of organizational learning goal orientation [J]. IEEE Transactions on Engineering Management, 2018, 66(2): 156 –169.

[40] CHEN J, NADKARNI S. It's about time! CEOs' temporal dispositions, temporal leadership, and corporate entrepreneurship [J]. Administrative Science Quarterly, 2017, 62(1): 31 –66.

[41] CHENG H L, HUANG M C. Does dual embeddedness matter? Mechanisms and patterns of subsidiary ambidexterity that links a subsidiary's dual embeddedness with its learning strategy [J]. Asia Pacific Journal of Management, 2021, 38(4): 1431 –1465.

[42]CHENG H, XU X, LI Z. The synergy of inventor cooperative network dual embeddedness and firm innovation: The mediating role of ambidextrous learning [J]. Technology Analysis & Strategic Management, 2022, 36(1): 89 - 104.

[43]CHESBROUGH H W, LETTL C, RITTER T. Value creation and value capture in open innovation [J]. Journal of Product Innovation Management, 2018, 35(6): 930 - 938.

[44]CHILD J, TSAI T. The dynamic between firms' environmental strategies and institutional constraints in emerging economies: Evidence from China and Taiwan[J]. Journal of Management Studies, 2005, 42(1): 95 - 125.

[45]CHING K. A test of strategic optimality theory: Evidence from the social networking industry [J]. Innovation Organization & Management, 2019, 21(2):359 - 378.

[46]CHOI S, MCNAMARA G. Repeating a familiar pattern in a new way: The effect of exploitation and exploration on knowledge leverage behaviors in technology acquisitions [J]. Strategic Management Journal, 2018, 39(2): 356 - 378.

[47]CHUNG S A, SINGH H, LEE K. Complementarity, status similarity and social capital as drivers of alliance formation[J]. Strategic Management Journal, 2000, 21(1): 1 - 22.

[48]CIARAN H, ZEKI S, BRIAN C F. Managerial social networks and ambidexterity of SMEs: The moderating role of a proactive commitment to innovation [J]. Human Resource Management, 2015, 54(S1): 201 - 221.

[49]CLASSEN M, FRIEDLI T. Eight organizational enablers of digital service - sales ambidexterity in industrial firms [J]. Journal of Business & Industrial Marketing, 2022, 37(11): 2142 - 2155.

[50]CLOODT M, HAGEDOORN J. Mergers and acquisitions: Their effect on the innovative performance of companies in high - tech industries [J]. Re-

search Policy, 2006, 35(5): 642 - 654.

[51]COLBERT A E, BARRICK M R, BRADLEY B H. Personality and leadership composition in top management teams: Implications for organizational effectiveness [J]. Personnel Psychology, 2014, 67(2): 351 - 387.

[52]COLOMBO M G, DOGANOVA L, PIVA E. Hybrid alliances and radical innovation: The performance implications of integrating exploration and exploitation [J]. The Journal of Technology Transfer, 2015, 40(4): 696 - 722.

[53]COREYNEN W, MATTHYSSENS P, VANDERSTRAETEN J. Unravelling the internal and external drivers of digital servitization: A dynamic capabilities and contingency perspective on firm strategy [J]. Industrial Marketing Management, 2020, 89: 265 - 277.

[54]CRISTINA B G,JULIAN B. The antecedents, consequences, and mediating role of organizational ambidexterity [J]. The Academy of Management Journal, 2004, 47(2):209 - 226.

[55]DAILY C M, JOHNSON J L. Sources of CEO power and performance implications: A longitudinal assessment [J]. Journal of Management, 1997, 23(2): 97 - 117.

[56] DAMANPOUR F. Organizational innovation: A meta - analysis of effects of determinants and moderators [J]. Academy of Management Journal, 1991, 34: 555 - 590.

[57]DE GUINEA AO, LOUIS R. Enabling innovation in the face of uncertainty through IT ambidexterity: A fuzzy set qualitative comparative analysis of industrial service SMEs [J]. International Journal of Information Management, 2020, 50: 244 - 260.

[58]DEL G M, SCUOTTO V, PAPA A. A self - tuning model for smart manufacturing SMEs: Effects on digital innovation [J]. Journal of Product Innovation Management, 2021, 38(1): 68 - 89.

[59]DEZI L, FERRARIS A, PAPA A. The role of external embeddedness

and knowledge management as antecedents of ambidexterity and performances in Italian SMEs [J]. IEEE Transactions on Engineering Management, 2019, 68(2): 360 – 369.

[60] DIAZ F M, PASAMAR R S, VALLE C R. Human capital and human resource management to achieve ambidextrous learning: A structural perspective [J]. Business Research Quarterly, 2017, 20(1): 63 – 77.

[61] DOUGHERTY D, HARDY D. Sustained product innovation in large, mature organizations: Overcoming innovation – to – organization problems [J]. Academy of Management Journal, 1996, 39(5): 1120 – 1153.

[62] DUC L A, THO N D, NAKANDALA D. Team innovation in retail services: The role of ambidextrous leadership and team learning [J]. Service Business, 2020, 14(1): 167 – 186.

[63] DUSSAUGE P, GARRETTE B, Mitchell W. Learning from competing partners: Outcomes and durations of scale and link alliances in Europe, North America, and Asia [J]. Strategic Management Journal, 2000, 21(2): 99 – 126.

[64] EISENHARDT K M, GRAEBNER M E. Theory building from cases: Opportunities and challenges [J]. Academy of Management Journal, 2007, 50(1):25 – 32.

[65] ENKEL E, BOGERS M, CHESBROUGH H. Exploring open innovation in the digital age: A maturity model and future research directions [J]. R&D Management, 2020, 50(1): 161 – 168.

[66] ENKEL E, GASSMANN O, CHESBROUGH H. Open R&D and open innovation: Exploring the phenomenon [J]. R&D Management, 2009, 39(4): 311 – 316.

[67] FAEMS D, JANSSENS M, NEYENS I. Alliance portfolios and innovation performance: Connecting structural and managerial perspectives [J]. Group & Organization Management, 2012, 37(2): 241 – 268.

[68] FANG C, LEE J, SCHILLING M A. Balancing exploration and exploi-

tation through structural design: The isolation of subgroups and organizational learning [J]. Organization Science, 2010, 21(3): 625 -642.

[69]FERREIRA J, COELHO A, MOUTINHO L. The influence of strategic alliances on innovation and new product development through the effects of exploration and exploitation [J]. Management Decision, 2021, 59(3): 524 -567.

[70]FRANCOIS B, VERNADAT. Technical, semantic and organizational issues of enterprise interoperability and networking [J]. Annual Reviews in Control, 2010, 34(1): 139 -144.

[71]GARG S, AND EISENHARDT K. Unpacking the CEO - Board Relationship: How strategy - making happens in entrepreneurial firms [J]. Academy of Management Journal, 2017, 60(5):1828 -1858.

[72]GASTALDI L, APPIO F P, CORSO M. Managing the exploration - exploitation paradox in healthcare: Three complementary paths to leverage on the digital transformation [J]. Business Process Management Journal, 2018, 24(5): 1200 -1234.

[73]GASTALDI L, LESSANIBAHRI S, TEDALDI G. Companies' adoption of smart technologies to achieve structural ambidexterity: An analysis with SEM [J]. Technological Forecasting and Social Change, 2022, 174: 121 -187.

[74]GEBAUER H, ARZT A, KOHTAMÄKI M. How to convert digital offerings into revenue enhancement - Conceptualizing business model dynamics through explorative case studies [J]. Industrial Marketing Management, 2020, 91: 429 -441.

[75]GEBAUER H, FLEISCH E, LAMPRECHT C. Growth paths for overcoming the digitalization paradox [J]. Business Horizons, 2020, 63(3): 313 -323.

[76]GENIN A, MA W, BHAGWAT V, et al. Board experiential diversity and corporate radical innovation[J]. Strategic Management Journal, 2023,44(11):2634 -2657.

[77]GHEMAWAT P, COSTA J. The organizational tension between static

and dynamic efficiency [J]. Strategic Management Journal, 1993, 14(S2): 59-73.

[78]GIACHETTI C, MARCHI G. Successive changes in leadership in the worldwide mobile phone industry: The role of windows of opportunity and firms' competitive action [J]. Research Policy, 2017, 46(2): 352-364.

[79]GIBSON C B, BIRKINSHAW J. The antecedents, consequences, and mediating role of organizational ambidexterity [J]. Academy of Management Journal, 2004, 47(2): 209-226.

[80]GIOIA D A, CORLEY K G, HAMILTON A L. Seeking qualitative rigor in inductive research: Notes on the Gioia methodology [J]. Organizational Research Methods, 2013, 16(1): 15-31.

[81]GRECO M, GRIMALDI M, CRICELLI L. An analysis of the open innovation effect on firm performance [J]. European Management Journal, 2016, 34(5):501-516.

[82]GREVE H R. Exploration and exploitation in product innovation [J]. Industrial and Corporate Change, 2007, 16(5): 945-975.

[83]GREWAL R, COMER J M, METHA R. An investigation into the antecedents of organizational participation in business-to-business electronic markets [J]. The Journal of Marketing, 2001, 65(3): 17-33.

[84]GREWAL R, TANSUHAJ P. Building organizational capabilities for managing economic crisis: The role of market orientation and strategic flexibility [J]. Journal of Marketing, 2001, 65(2): 67-80.

[85]GROVER V. Digital agility: Responding to digital opportunities [J]. European Journal of Information Systems, 2022, 31(6): 709-715.

[86]GUALANDRIS J, LEGENVRE H, KALCHSCHMIDT M. Exploration and exploitation within supply networks: Examining purchasing ambidexterity and its multiple performance implications [J]. International Journal of Operations & Production Management, 2018, 38(3): 667-689.

[87] GUAN J, LIU N. Exploitative and exploratory innovations in knowledge network and collaboration network: A patent analysis in the technological field of nano - energy [J]. Research Policy, 2016, 45(1): 97 - 112.

[88] GULATI R. Alliances and networks [J]. Strategic Management Journal, 1998, 19(4): 293 - 317.

[89] GULATI R, PURANAM P. Renewal through reorganization: The value of inconsistencies between formal and informal organization [J]. Organization Science, 2009, 20(2): 422 - 440.

[90] GUPTA A K, SMITH K G, SHALLEY C E. The interplay between exploration and exploitation [J]. Academy of Management Journal, 2006, 49(4): 693 - 708.

[91] HAANS R F J, PIETERS C, HE Z L. Thinking about U: Theorizing and testing U - and inverted U - shaped relationships in strategy research [J]. Strategic Management Journal, 2016, 37(7): 1177 - 1195.

[92] HAIM F P, NEUBAUM D O, TERJESEN S. The link between technical knowledge transfer in alliances and resource efficiency: Ambidexterity in development of R&D and appropriation capabilities [J]. The Journal of Technology Transfer, 2023, 48(6): 2179 - 2203.

[93] HANSEN N, GÜTTEL W, SWART J. HRM in dynamic environments: Exploitative, exploratory, andambidextrous HR architectures [J]. International Journal of Human Resource Management, 2019, 30(4): 648 - 679.

[94] HARMANCIOGLU N, SÄÄKSJÄRVI M, HULTINK E J. Cannibalize and combine? The impact of ambidextrous innovation on organizational outcomes under market competition [J]. Industrial Marketing Management, 2020, 85: 44 - 57.

[95] HE X, WU X, CROASDELL D. Dynamic capability, ambidexterity and social network—empirical evidence from SMEs in China [J]. Journal of Small Business and Enterprise Development, 2022, 29(6): 958 - 974.

[96]HE X, WU X. Social networks and ambidextrous innovation in SMEs: the mediating role of dynamic capabilities and the moderating role of technological turbulence [J]. Technology Analysis & Strategic Management, 2022(12):1 – 14.

[97]HE Z, WONG P. Explorations vs. exploitation: An empirical test of the ambidexterity hypothesis [J]. Organization Science, 2004, 15(4): 481 – 494.

[98] HERVAS O J L, PARRILLI M D, SEMPERE – RIPOLL F. SME modes of innovation in European catching – up countries: The impact of STI and DUI drivers on technological innovation[J]. Technological Forecasting and Social Change, 2021, 173: 121 – 167.

[99]HILL S A, BIRKINSHAW J. Ambidexterity and survival in corporate venture units [J]. Journal of Management, 2014, 40(7): 1899 – 1931.

[100] HOLLWECK T, ROBERT K YIN. Case study research design and methods (5th ed.). Thousand Oaks, CA: Sage[J]. Canadian Journal of Program Evaluation,2014, 30(1):282.

[101]HOANG H, ROTHAERMEL F T. The effect of general and partner – specific alliance experience on joint R&D project performance [J]. Academy of Management Journal, 2005, 48(2):332 – 345.

[102]HUANG J W, LI Y H. The mediating role of ambidextrous capability in learning orientation and new product performance [J]. Journal of Business & Industrial Marketing, 2017, 32(5): 613 – 624.

[103]HUANG Y F, LU L H. The differentiated and ambidextrous influence of network flexibility on exploratory and exploitative partnership formations [J]. International Journal of Physical Distribution & Logistics Management, 2020, 50(6): 577 – 599.

[104]HUEI T T, SHENGCE R. Antecedents of strategic ambidexterity in the context of internationalisation: A panel study of Taiwan Small and median – sized enterprises [J]. Technology Analysis & Strategic Management, 2019, 31(8):986 – 1001.

[105]HUGHES M, HUGHES P, MORGAN R E. Strategic entrepreneurship behaviour and the innovation ambidexterity of young technology - based firms in incubators [J]. International Small Business Journal, 2021, 39(3): 202 -227.

[106]HUGHES M, HUGHES P, MORGAN R E. Exploitative learning and entrepreneurial orientation alignment in emerging young firms: Implications for market and response performance [J]. British Journal of Management, 2007, 18 (4):359 -375.

[107]HWANG B N, LAI Y P, WANG C. Open innovation and organizational ambidexterity [J]. European Journal of Innovation Management, 2023, 26 (3): 862 -884.

[108]IANSITI M, LAKHANI K R. Competing in the age of AI: How machine intelligence changes the rules of business[J]. Harvard Business Review, 2020, 98(1):3 -9.

[109]IM G, RAI A. Knowledge sharing ambidexterity in long - term interorganizational relationships [J]. Management Science, 2008, 54(7): 1281 -1296.

[110]JANSEN J J P, KOSTOPOULOS K C, MIHALACHE O R. A socio - psychological perspective on team ambidexterity: The contingency role of supportive leadership behaviours[J]. Journal of Management Studies, 2016, 53(6): 939 -965.

[111]JANSEN J, VAN D B, VOLBERDA H W. Exploratory innovation, exploitative innovation and performance: Effects of organizational antecedents and environmental moderators [J]. Management Science, 2006, 52(11): 1661 -1674.

[112]JANSEN J J P, SIMSEK Z, CAO Q. Ambidexterity and performance in multiunit contexts: Cross - level moderating effects of structural and resource attributes[J]. Strategic Management Journal, 2012, 33(11): 1286 -1303.

[113]JANSEN J J P, VERA D, CROSSAN M. Strategic leadership for exploration and exploitation: The moderating role of environmental dynamism [J]. The Leadership Quarterly, 2009, 20(1): 5 -18.

[114]JAVIER C, VINIT P, JOAKIM W. How entrepreneurial SMEs compete through digital platforms: The roles of digital platform capability, network capability and ambidexterity [J]. Journal of Business Research, 2019, 100: 196 - 206.

[115]JHA P P, COTTAM E. Embeddedness of inter - firm ties and knowledge creation [J]. European Management Review, 2021, 18(3): 215 - 227.

[116]JÖHNK J, OLLIG P, RÖVEKAMP P. Managing the complexity of digital transformation—How multiple concurrent initiatives foster hybrid ambidexterity [J]. Electronic Markets, 2022, 32(2): 547 - 569.

[117]JONGSEON L, NAMI K. Know yourself and find your partners: Achieving ambidexterity and inter - organizational collaboration [J]. Management Research Review, 2019, 42(12): 1333 - 1352.

[118]JUNNI P, SARALA R M, TARAS V, et al. Organizational ambidexterity and performance: A meta - analysis [J]. Academy of Management Perspectives, 2013, 27(4): 299 - 312.

[119]KANG H, SONG J. Innovation and recurring shifts in industrial leadership: Three phases of change and persistence in the camera industry [J]. Research Policy, 2017, 46(2): 376 - 387.

[120]KANG J, KIM S J. Performance implications of incremental transition and discontinuous jump between exploration and exploitation [J]. Strategic Management Journal, 2020, 41(6):1083 - 1111.

[121]KATILA R, AHUJA G. Something old, something new: A longitudinal study of search behavior and new product introduction [J]. Academy of Management Journal, 2002, 45(6): 1183 - 1194.

[122]KAUPPILA O P. Creating ambidexterity by integrating and balancing separate inter - organizational partnerships [J]. Strategic Organization, 2010, 8(4): 283 - 312.

[123]KIM J, CHO S, RAMESH B. IT - leveraged network value cocre-

ation: A case study of the value cocreation process and value capture in the South Korean broadcast advertising industry [J]. European Journal of Information Systems, 2019, 28(6): 646 -662.

[124]KISS A N, LIBAERS D, BARR P S, et al. CEO cognitive flexibility, information search, and organizational ambidexterity [J]. Strategic Management Journal, 2020, 41(12): 2200 -2233.

[125]KLOCHIKHIN E A. Russia's innovation policy: Stubborn path - dependencies and new approaches [J]. Research Policy, 2012, 41(9): 1620 -1630.

[126]KNUDSEN, METTE PRAEST, MAX VON ZEDTWITZ, et al. Best practices in new product development and innovation: Results from PDMA's 2021 global survey[J]. Journal of Product Innovation Management, 2023, 40(3): 257 -275.

[127]KOHLI A K , JAWORSKI B J. Market orientation: The construct, research propositions, and managerial implications [J]. Journal of Marketing, 1990, 54(2): 1 -18.

[128]KOKA B R, MADHAVAN R, PRESCOTT M. Thee - volution of interfirm networks: Environmental effects on patterns of network change [J]. The Academy of Management Review, 2006, 31(3): 721 -737.

[129]KOLLMAN T, STOCKMANN C. Filling the entrepreneurial orientation—performance gap: The mediating effects of exploratory and exploitative innovations [J]. Entrepreneurship Theory & Practice, 2014, 38(5): 1001 -1026.

[130]KOZA M P, LEWIN A Y. The co - evolution of strategic alliances [J]. Organization Science, 1998, 9(3): 255 -264.

[131]KYRIAKOPOULOS K, MOORMAN C. Tradeoffs in marketing exploitation and exploration strategies: The overlooked role of market orientation [J]. International Journal of Research in Marketing, 2004, 21(3): 219 -240.

[132]LAMBERT D M, HARRINGTON T C. Measuring nonresponse bias in customer service mail surveys [J]. Journal of Business Logistics, 1990, 11

(2): 5 -25.

[133]LANE P J, KOKA B R, PATHAK S. The reification of absorptive capacity: A critical review and rejuvenation of the construct [J]. Academy of Management Review, 2006, 31(4):833 -863.

[134]LANT T K, MILLIKEN F J, BATRA B. The role of managerial learning and interpretation in strategic persistence and reorientation: An empirical exploration [J]. Strategic Management Journal, 1992, 13(8): 585 -608.

[135]LANZOLLA G, PESCE D, TUCCI C L. The digital transformation of search and recombination in the innovation function: Tensions and an integrative framework [J]. Journal of Product Innovation Management, 2021, 38(1):90 -113.

[136]LAUREIRO M D, BRUSONI S. Cognitive flexibility and adaptive decision -making: Evidence from a laboratory study of expert decision makers [J]. Strategic Management Journal, 2018, 39(4): 1031 -1058.

[137]LAURITZEN G D, KARAFYLLIA M. Perspective: Leveraging open innovation through paradox [J]. Journal of Product Innovation Management, 2019, 36(1): 107 -121.

[138]LAURSEN K, SALTER A J. The paradox of openness: Appropriability, external search and collaboration [J]. Research Policy, 2014, 43(5): 867 -878.

[139]LAURSEN K, SALTER A. Open for innovation: The role of openness in explaining innovation performance among UK manufacturing firms [J]. Strategic Management Journal, 2006, 27(2):131 -150.

[140]LAVIE D J, KANG L R. Balance within and across domains: The performance implications of exploration and exploitation in alliances [J]. Organization Science, 2011, 22(6): 1517 -1538.

[141]LAVIE D L, ROSENKOPF. Balancing exploration and exploitation in alliance formation [J]. Academy of Management Journal, 2006, 49 (4):

797 -818.

[142]LAVIE D, STETTNER U, TUSHMAN M L. Exploration and exploitation within and across organizations [J]. The Academy of Management Annals, 2010, 4(1): 109 -155.

[143]LEE C Y, HUANG Y C. Knowledge stock, ambidextrous learning, and firm performance: Evidence from technologically intensive industries [J]. Management Decision, 2012, 50(6):1096 -1116.

[144]LEE K, LIM C. Technological regimes, catching - up and leapfrogging: Findings from the Korean industries [J]. Research Policy, 2001, 30(3): 459 -483.

[145]LEE K, MALERBA F. Catch - up cycles and changes in industrial leadership: Windows of opportunity and responses of firms and countries in the evolution of sectoral systems [J]. Research Policy, 2017, 46(2): 338 -351.

[146]LENKA S, PARIDA V, WINCENT J. Digitalization capabilities as enablers of value co - creation in servitizing firms[J]. Psychology & Marketing, 2017, 34(1): 92 -100.

[147]LEPAK D P, SMITH K G, TAYLOR M S. Value creation and value capture: A Multilevel Perspective [J]. Academy of Management Review, 2007, 32(1):180 -194.

[148]LEVINTHAL D A, MARCH J G. The myopia of learning [J]. Strategic Management Journal, 1993,14(S2): 95 -112.

[149]LEWIN A Y, LONG C P, CARROLL T N. The co - evolution of new organizational forms[J]. Organization Science, 1999,10: 535 -550.

[150]LEWIS M W, WELSH M A, DEHLER G E. Product development tensions: Exploring contrasting styles of project management[J]. Academy of Management Journal, 2002, 45(3): 546 -564.

[151]LI N, LIU D, BOADU F. The impact of digital supply chain capabilities on enterprise sustainable competitive performance: An ambidextrous view

[J]. Industrial Management & Data Systems, 2023, 123(6): 1670 - 1689.

[152]LI S X, ROWLEY T J. Inertia and evaluation mechanisms in interorganizational partner selection: Syndicate formation among US investment banks [J]. Academy of Management Journal, 2002, 45(6): 1104 - 1119.

[153]LI Y, PENG M W. Developing theory from strategic management research in China[J]. Asia Pacific Journal of Management, 2008,25(3): 563 - 572.

[154]LI Y, LIU Y, LI M, et al. Transformational offshore outsourcing: Empirical evidence from alliances in China[J]. Journal of Operations Management, 2008 ,26(2): 257 - 274.

[155]LI Y, WEI Z, LIU Y. Strategic orientations, knowledge acquisition, and firm performance: The perspective of the vendor in cross - border outsourcing [J]. Journal of Management Studies, 2010, 47(8): 1457 - 1482.

[156]LICHTENTHALER U, LICHTENTHALER E. A capability - based framework for open innovation: Complementing absorptive capacity [J]. Journal of Management Studies,2009, 46(8): 1315 - 1338.

[157]LICHTENTHALER U, LICHTENTHALER E. Technology transfer across organizational boundaries: Absorptive capacity and desorptive capacity [J]. California Management Review, 2010, 53(1): 154 - 170.

[158]LIN Z, YANG H, DEMIRKAN I. The performance consequences of ambidexterity in strategic alliance formations: Empirical investigation and computational theorizing[J]. Management Science, 2007, 53(10): 1645 - 1658.

[159]LIU Y. Sustainable competitive advantage in turbulent business environments[J]. International Journal of Production Research, 2013 , 51 (10): 2821 - 2841.

[160]LIU Q R, LIU J M, HE Z P. Digital transformation ambidexterity and business performance[J]. Journal of Enterprise Information Management, 2023, 36(5): 1402 - 1420.

[161]LOWIK S, VAN ROSSUM D, KRAAIJENBRINK J. Strong ties as

sources of new knowledge: How small firms innovate through bridging capabilities [J]. Journal of Small Business Management, 2012, 50(2): 239 -256.

[162]LU Q, ZHOU Y, LUAN Z, et al. The effect of SMEs' ambidextrous innovations on supply chain financing performance: Balancing effect and moderating effect[J]. International Journal of Operations & Production Management, 2024, 44(2): 424 -461.

[163]LUBATKIN M H, SIMSEK Z, LING Y, et al. Ambidexterity and performance in small- to medium-sized firms: The pivotal role of TMT behavioral integration [J]. Journal of Management, 2006, 32(5): 646 -672.

[164]LUGER J, RAISCH S, SCHIMMER M. Dynamic balancing of exploration and exploitation: The contingent benefits of ambidexterity[J]. Organization Science, 2018, 29(3): 449 -470.

[165]MAGNUSSON J, KHISRO J, BJÖRSES M, et al. Closeness and distance: Configurational practices for digital ambidexterity in the public sector[J]. Transforming Government: People, Process and Policy, 2020, 15(4): 420 -441.

[166]MAKRI M, HITT M A, LANE P J. Complementary technologies, knowledge relatedness, and invention outcomes in high technology mergers and acquisitions[J]. Strategic Management Journal, 2010, 1(6): 602 -628.

[167]MARCH J G. Exploration and exploitation in organizational learning [J]. Organization Science, 1991, 2: 71 -87.

[168]MANI S, ASHNAI B, WANG J J. Alliance portfolios and joint R&D project performance[J]. Industrial Marketing Management, 2022, 107: 238 -252.

[169]MAO J Y, SU F, WANG B. Responding in kind: How do incumbent firms swiftly deal with disruptive business model innovation? [J]. Journal of Engineering and Technology Management, 2020, 57: 101591.

[170]MARCH J G. Rationality, foolishness, and adaptive intelligence[J]. Strategic Management Journal, 2006, 27(3): 201 -214.

[171]MCGRATH R G. Exploratory learning, innovation capacity and manage-

rial oversight[J]. Academy of Management Journal, 2001, 44(1): 118 –131.

[172]MENDES T, BRAGA V, SILVA C. Taking a closer look at the regionally clustered firms: How can ambidexterity explain the link between management, entrepreneurship, and innovation in a post – industrialized world? [J]. The Journal of Technology Transfer, 2023,48(6):2007 –2053.

[173]MESSENI PETRUZZELLI A. Trading knowledge for status: Conceptualizing R&D alliance formation to achieve ambidexterity [J]. Technological Forecasting and Social Change, 2019,145:36 –42.

[174]MIAO Y, SONG J, LEE K. Technological catch – up by east Asian firms: Trends, issues, and future research agenda[J]. Asia Pacific Journal of Management, 2018, 35: 639 –669.

[175]MICHELLE ROGAN, MARIE LOUISE MORS. A network perspective on individual – level ambidexterity in organizations[J]. Organization Science,2014,25(6):1860 –1877.

[176]MIOZZO M, DESYLLAS P, LEE H. Innovation collaboration and appropriability by knowledge – intensive business services firms[J]. Research Policy, 2016,45(7):1337 –1351.

[177]MO C, ASEEM K, BRIAN W. Adaptation across multiple landscapes: Relatedness, complexity, and the long run effects of coordination in diversified firms[J]. Strategic Management Journal, 2019, 40(11):1791 –1821.

[178]MOM T J M, VAN DEN BOSCH F A J, Volberda H W. Understanding variation in managers' ambidexterity: Investigating direct and interaction effects of formal structural and personal coordination mechanisms[J]. Organization Science, 2009, 20(4): 812 –828.

[179]MONTEALEGRE RAMIRO, IYENGAR KISHEN. Managing digital business platforms: A continued exercise in balancing renewal and refinement [J]. Business Horizons,2021,64(1):51 –59.

[180]MORRISON, A R RABELLOTTI. Gradual catch up and enduring

leadership in the global wine industry [J] . Research Policy, 2017, 46 (2):417 -430.

[181]MUELLER V, ROSENBUSCH N, BAUSCH A. Success patterns of exploratory and exploitative innovation: A meta - analysis of the influence of institutional factors[J]. Journal of Management, 2013,39(6):1606 -1636.

[182]NAGARAJ V, BERENTE N, LYYTINEN K. Team design thinking, product innovativeness, and the moderating role of problem unfamiliarity[J]. Journal of Product Innovation Management, 2020, 37(4): 297 -323.

[183]NARASIMHAN R, NARAYANAN S. Perspectives on supply network - enabled innovations[J]. Journal of Supply Chain Management, 2013, 49(4): 27 -42.

[184]NGO L V, BUCIC T, SINHA A. Effective sense - and - respond strategies: Mediating roles of exploratory and exploitative innovation[J]. Journal of Business Research, 2019, 94: 154 -161.

[185]NICKERSON J A, ZENGER T R. Being efficiently fickle: A dynamic theory of organizational choice[J]. Organization Science, 2002,13(5): 547 -566.

[186]NIMA HEIRATI, ARON O'CASS,PHYRA SOK. Identifying the resource conditions that maximize the relationship between ambidexterity and new product performance[J]. The Journal of Business Industrial Marketing,2017,32 (8):1038 -1050.

[187]NYSTRÖM A G, LEMINEN S, WESTERLUND M. Actor roles and role patterns influencing innovation in living labs[J]. Industrial Marketing Management, 2014, 43(3): 483 -495.

[188]O'REILLY C, TUSHMAN M. Organization ambidexterity: Past, present and future[J]. Academy of Management Perspectives,2013, 27(4):324 -338.

[189] O'REILLY C A, TUSHMAN M L. The ambidextrous organization [J]. Harvard Business Review, 2004, 82(4): 74 -81.

[190]OGULIN R, GUZMAN G, NUWANGI S M. Knowledge capabilities

in supply chain networks: A taxonomy[J]. Journal of Knowledge Management, 2020, 24(3): 655 -674.

[191]OLSON E M, SLATER S F, HULT G T M. The performance implications of fit among business strategy, marketing organization structure, and strategic behavior[J]. Journal of Marketing, 2005, 69(3): 49 -65.

[192]OUYANG H, CUI X, PENG X, et al. Reverse knowledge transfer in digital era and its effect on ambidextrous innovation: A simulation based on system dynamics[J]. Heliyon, 2023, 9(12): 1 -15.

[193]OVUAKPORIE O D, PILLAI K G, WANG C. Differential moderating effects of strategic and operational reconfiguration on the relationship between open innovation practices and innovation performance[J]. Research Policy, 2021,50(1):104 -146.

[194]OWEN -SMITH J, POWELL W W. Knowledge networks as channels and conduits: The effects of spillovers in the Boston biotechnology community [J]. Organization Science, 2004, 15(1): 5 -21.

[195]PARK Y K, PAVLOU P A, SARAF N. Configurations for achieving organizational ambidexterity with digitization[J]. Information Systems Research, 2020, 31(4): 1376 -1397.

[196]PARK K M, MEGLIO O. Playing a double game? Pursuing innovation through ambidexterity in an international acquisition program from the Arabian Gulf Region[J]. R&D Management, 2019, 49(1): 115 -135.

[197]PARK S H, CHEN R, GALLAGHER S. Firm resources as moderators of the relationship between market growth and strategic alliances in semiconductor start -ups[J]. Academy of Management Journal,2002,45(3): 527 -545.

[198]PASCHEN J, WILSON M, FERREIRA J J. Collaborative intelligence: How human and artificial intelligence create value along the B2B sales funnel[J]. Business Horizons, 2020,63(3):403 -414.

[199]PAYÁN - SÁNCHEZ B, PÉREZ -VALLS M, PLAZA -ÚBEDA J

A. Network ambidexterity and environmental performance: Code – sharing in the airline industry [J]. Business Strategy and the Environment, 2022, 31 (3): 1169 – 1183.

[200]PENG M W, LUO Y. Managerial ties and firm performance in a transition economy: The nature of a micro – macro link[J]. Academy of Management Journal, 2000, 43(3): 486 – 501.

[201]PENG M W, LI Y, XIE E, et al. CEO duality, organizational slack, and firm performance in China[J]. Asia Pacific Journal of Management, 2010, 27(4): 611 – 624.

[202]PERTUSA – ORTEGA E M, MOLINA – AZORÍN J F. A joint analysis of determinants and performance consequences of ambidexterity [J]. BRQ Business Research Quarterly, 2018, 21(2): 84 – 98.

[203]PETRUZZELLI A M. Trading knowledge for status: Conceptualizing R&D alliance formation to achieve ambidexterity[J]. Technological Forecasting and Social Change, 2019, 145: 36 – 42.

[204]PHENE A, TALLMAN S, ALMEIDA P. When do acquisitions facilitate technological exploration and exploitation? [J]. Journal of Management, 2012, 38(3): 753 – 783.

[205]PRAJOGO D, MCDERMOTT C M. Antecedents of service innovation in SMEs: Comparing the effects of external and internal factors[J]. Journal of Small Business Management, 2014, 52(3): 521 – 540.

[206]PRIETO I M, PILAR PÉREZ SANTANA M. Building ambidexterity: The role of human resource practices in the performance of firms from Spain[J]. Human Resource Management, 2012, 51(2): 189 – 211.

[207]PRIETO – PASTOR I, MARTÍN – PÉREZ V, MARTÍN – CRUZ N. Social capital, knowledge integration and learning in project – based organizations: A CEO – based study[J]. Journal of Knowledge Management, 2018, 22 (8): 1803 – 1825.

[208]PURANAM P, SRIKANTH K. What they know vs. what they do: How acquirers leverage technology acquisitions[J]. Strategic Management Journal, 2007, 28(8): 805 -825.

[209] PURANAM P, SINGH H, ZOLLO M. Organizing for innovation: Managing the coordination - autonomy dilemma in technology acquisitions[J]. Academy of Management Journal, 2006, 49(2): 263 -280.

[210] RAISCH S, BIRKINSHAW J. Organizational ambidexterity: Antecedents, outcomes, and moderators[J]. Journal of Management, 2008, 34(3): 375 -409.

[211]RAISCH S, BIRKINSHAW J, PROBST G, et al. Organizational ambidexterity: Balancing exploitation and exploration for sustained performance [J]. Organization Science, 2009, 20(4): 685 -695.

[212]RAISCH S. Balanced structures: Designing organizations for profitable growth[J]. Long Range Planning,2008,41(5): 483 -508.

[213]RANDHAWA K, R WILDEN, J HOHBERGER. A bibliometric review of open innovation: Setting a research agenda[J]. Journal of Product Innovation Management, 2016, 33(6):750 -772.

[214]RERUP C, FELDMAN M S. Routines as a source of change in organizational schemata: The role of trial - and - error learning[J]. Academy of Management Journal, 2011, 54(3): 577 -610.

[215]RIALTI R, ZOLLO L, FERRARIS A, et al. Big data analytics capabilities and performance: Evidence from a moderated multi - mediation model [J]. Technological Forecasting and Social Change, 2019, 149: 119781.

[216]ROLLAND K H, MATHIASSEN L, RAI A. Managing digital platforms in user organizations: The interactions between digital options and digital debt[J]. Information Systems Research, 2018, 29(2): 419 -443.

[217]ROTH L. , CORSI S. , HUGHES M. Ambidexterity within a multinational context: How organisations can leverage explorative and exploitative reverse

innovation[J]. R&D Management, 2024, 54(3): 628 – 643.

[218]ROTHAERMEL F T, ALEXANDRE M T. Ambidexterity in technology sourcing: The moderating role of absorptive capacity [J]. Organization Science, 2009, 20(4):759 – 780.

[219]ROTHAERMEL F T. Incumbent's advantage through exploiting complementary assets via interfirm cooperation[J]. Strategic Management Journal, 2001, 22(6 – 7):687 – 699.

[220]ROTHAERMEL F T, M A, HITT L A, et al. Balancing vertical integration and strategic outsourcing: Effects on product portfolios, new product success, and firm performance [J]. Strategic Management Journal, 2006, 27(11): 1033 – 1056.

[221]SAEMUNDSSON R J, CANDIM. Absorptive capacity and the identification of opportunities in new technology – based firms[J]. Technovation, 2017, 64(6): 43 – 49.

[222]SANDBERG J, HOLMSTRÖM J, LYYTINEN K. Digitization and phase transitions in platform organizing logics: Evidence from the process automation industry[J]. Management Information Systems Quarterly, 2020, 44(1): 129 – 153.

[223]SCUOTTO V, ARRIGO E, CANDELO E. Ambidextrous innovation orientation effected by the digital transformation: A quantitative research on fashion SMEs[J]. Business Process Management Journal, 2019, 26(5): 1121 – 1140.

[224]SEO E, SONG J, JIN C. Heterogeneity of optimal balance between exploration and exploitation: The moderating roles of firm technological capability and industry alliance network position[J]. Industry and Innovation, 2022, 30(4): 1 – 29.

[225]SHEREMATA W A. Centrifugal and centripetal forces in radical new product development under time pressure[J]. Academy of Management Review, 2000, 25(2): 389 – 408.

[226]SHURADZE G, BOGODISTOV Y, WAGNER H T. The role of marketing - enabled data analytics capability and organisational agility for innovation: Empirical evidence from German firms[J]. International Journal of Innovation Management, 2018, 22(4): 1850037.

[227]SIA S K, WEILL P, ZHANG N. Designing a future - ready enterprise: The digital transformation of DBS bank[J]. California Management Review, 2021, 63(3): 35 -57.

[228]SIDHU J S, COMMANDEUR H R, VOLBERDA H W. The multifaceted nature of exploration and exploitation: Value of supply, demand, and spatial search for innovation[J]. Organization Science, 2007,18(1): 20 -38.

[229]SIGGELKOW N, LEVINTHAL D A. Escaping real (non - benign) competency traps: Linking the dynamics of organizational structure to the dynamics of search[J]. Strategic Organization, 2005,3(1): 85 -115.

[230]SIGGELKOW N, LEVINTHAL D A. Temporarily divide to conquer: Centralized, decentralized, and reintegrated organizational approaches to exploration and adaptation[J]. Organization Science, 2003,14(6): 650 -669.

[231]SJÖDIN D, PARIDA V, PALMIÉ M. How AI capabilities enable business model innovation: Scaling AI through co - evolutionary processes and feedback loops[J]. Journal of Business Research, 2021,134:574 -587.

[232]SMITH P, BERETTA M. The gordian knot of practicing digital transformation: Coping with emergent paradoxes in ambidextrous organizing structures [J]. Journal of Product Innovation Management, 2021, 38(1): 166 -191.

[233]SMITH W K, TUSHMAN M L. Managing strategic contradictions: A top management model for managing innovation streams[J]. Organization Science, 2005,16(5): 522 -536.

[234]SOETANTO D, JACK S L. Slack resources, exploratory and exploitative innovation and the performance of small technology - based firms at incubators[J]. The Journal of Technology Transfer, 2018, 43(5): 1213 -1231.

[235]SOLISM M, HERNANDEZE M, RODRIGUEZOA. Co – exploitation (or co – exploration) vs go it alone? The role of alliance learning capability on firm performance[J]. Journal of Business & Industrial Marketing, 2022, 37(5): 1045 – 1062.

[236]SONG M, DROGE C, HANVANICH S. Marketing and technology resource complementarity: An analysis of their interaction effect in two environmental contexts[J]. Strategic Management Journal, 2005, 26(3): 259 – 276.

[237]SOTO – ACOSTA P, POPA S, MARTINEZ – CONESA I. Information technology, knowledge management and environmental dynamism as drivers of innovation ambidexterity: A study in SMEs[J]. Journal of Knowledge Management, 2018, 22(4): 824 – 849.

[238]STADLER C, HELFAT C E, VERONA G. Transferring knowledge by transferring individuals: Innovative technology use and organizational performance in multiunit firms[J]. Organization Science, 2022,33(1):253 – 274.

[239]STADLER C, RAJWANI T, KARABA F. Solutions to the exploration/exploitation dilemma: Networks as a new level of analysis[J]. International Journal Management Review, 2014, 16(2):172 – 193.

[240]SUN Y, SUN Y, LIU J. Does strategic alliance knowledge heterogeneity truly promote innovation performance? [J]. Sustainability, 2022, 14(6): 3443.

[241]STAM W, ELFRING T. Entrepreneurial orientation and new venture performance: The moderating role of intra – and extra – industry social capital [J]. Academy of Management Journal, 2008,51(1): 97 – 111.

[242]STETTNER U, D LAVIE. Ambidexterity under Scrutiny:Exploration and exploitation via internal organization,alliances, and acquisitions [J]. Strategic Management Journal, 2014,35(13):1903 – 1929.

[243]SU J, GAO X, TAN J. Positioning for optimal distinctiveness: How firms manage competitive and institutional pressures under dynamic and complex

environment[J]. Strategic Management Journal, 2024, 45(2): 333 -361.

[244]SU Z, LI J, YANG Z, et al. Exploratory learning and exploitative learning in different organizational structures[J]. Asia Pacific Journal of Management, 2011,28(4): 696 -714.

[245]SWAN J, NEWELL S, SCARBROUGH H. Knowledge management and innovation: Networks and networking[J]. Journal of Knowledge Management, 1999, 3(4): 262 -275.

[246]TAYLOR A, GREVE H. Superman or the fantastic four? Knowledge combination and experience in innovative teams[J]. Academy of Management Journal, 2006,49(4): 723 -740.

[247]TAYLOR A, HELFAT C E. Organizational linkages for surviving technological change: Complementary assets, middle management, and ambidexterity[J]. Organization Science, 2009, 20(4): 718 -739.

[248]TEECE D J. Profiting from technological innovation: Implications for integration, collaboration, licensing and public policy[J]. Research Policy, 1986, 15(6): 285 -305.

[249]TEECE D J. Reflections on profiting from innovation [J]. Research Policy, 2006, 35:1131 -1146.

[250]TIAN M, SU Y, YANG Z. Exploration versus exploitation: The influence of network density on firm's strategic choice between two types of innovation[J]. Technology Analysis & Strategic Management, 2024, 36(3): 605 -618.

[251]TIWANA A. Do bridging ties complement strong ties? An empirical examination of alliance ambidexterity[J]. Strategic Management Journal, 2008, 29(3): 251 -272.

[252]TSOUKAS H, CHIA R. On organizational becoming: Rethinking organizational change[J]. Organizational Science, 2002, 13(5): 567 -582.

[253]TUSHMAN M L, O'REILLY C. Ambidextrous organization: Manag-

ing evolutionary and revolutionary change [J]. California Management Review, 1996, 38(4): 8-30.

[254] TUSHMAN M, SMITH W K, WOOD R C. Organizational designs and innovation streams [J]. Industrial and Corporate Change, 2010, 19(5): 1331-1366.

[255] TYRE M J, HAUPTMAN O. Effectiveness of organizational responses to technological change in the production process [J]. Organization Science, 1992, 3(3): 301-320.

[256] VANHAVERBEKE W, G DUYSTERS, N NOORDERHAVEN. External technology sourcing through alliances or acquisitions: An analysis of the application-specific integrated circuits industry [J]. Organization Science, 2002, 13(6): 714-733.

[257] VENUGOPAL A, KRISHNAN T N, UPADHYAYULA R S. Finding the microfoundations of organizational ambidexterity-Demystifying the role of top management behavioural integration [J]. Journal of Business Research, 2020, 106: 1-11.

[258] VERHOEVEN D, BAKKER J, VEUGELERS R. Measuring technological novelty with patent-based indicators [J]. Research Policy, 2016, 45(3): 707-723.

[259] VIAG G. Understanding digital transformation: A Review and a research agenda [J]. Journal of Strategic Information Systems, 2019(2): 118-144.

[260] VOLBERDA H W, KHANAGHA S, BADEN-FULLER C. Strategizing in a digital world: Overcoming cognitive barriers, reconfiguring routines and introducing new organizational forms [J]. Long Range Planning, 2021, 54(5): 102110.

[261] WADE M, HULLAND J. The resource-based view and information systems research: Review, extension, and suggestions for future research [J]. MIS Quarterly, 2004, 28(1): 107-142.

[262] WANG C, HSU L. Building exploration and exploitation in the high - tech industry: The role of relationship learning[J]. Technological Forecasting and Social Change, 2014, 81:331 - 340.

[263] WANG G, WANG Y, JU X. Effects of political networking capability and strategic capability on exploratory and exploitative innovation: Evidence from traditional manufacturing firms in China[J]. Journal of Manufacturing Technology Management, 2022, 33(3): 618 - 642.

[264] WANG H, FANG C C. The influence of corporate networks on competitive advantage: The mediating effect of ambidextrous innovation[J]. Technology Analysis & Strategic Management, 2022, 34(8): 946 - 960.

[265] WANG J, XUE Y, YANG J. Boundary - spanning search and firms'gren innovation: The moderating role of resource orchestration capability [J]. Business Strategy and the Environment, 2020, 29(2):361 - 374.

[266] WANG X, LI J, QI Y. Fostering knowledge creation through network capability ambidexterity with the moderation of an innovation climate[J]. Journal of Knowledge Management, 2023, 27(3): 613 - 631.

[267] WANG Y, CHEN Y, WANG N. Impact of the strategic role of IT on explorative and exploitative innovation activities: The role of environmental uncertainty[J]. Decision Sciences, 2020, 51(3): 542 - 574.

[268] WANG Y, JIA T, CHEN J. Recombine supplier - side search via innovation ambidexterity: An empirical study on Hong Kong manufacturing firms [J]. International Journal of Physical Distribution & Logistics Management, 2019, 49(2): 178 - 199.

[269] WEI W, TANG Y. Study on the mechanism of shared leadership on ambidexterity in R&D teams[J]. Technology Analysis & Strategic Management, 2022,47(1): 1 - 14.

[270] WU H, QU Y. Exploratory and exploitative internationalization: Effects of social capital antecedents and fit moderators of innovation consequence

[J]. Journal of Theoretical and Applied Electronic Commerce Research, 2021, 16(7): 3120-3135.

[271]WU J, WANG X, GUO B. Co-evolution of exploration-exploitation strategy and weak-strong ties portfolios: A longitudinal case study[J]. European Management Review, 2019, 16(4): 973-1043.

[272]WU T, CHEN B, SHAO Y. Enable digital transformation: Entrepreneurial leadership, ambidextrous learning and organisational performance [J]. Technology Analysis & Strategic Management, 2021, 33(12): 1389-1403.

[273]XIAO J, BAO Y, WANG J. Which neighbor is more conducive to innovation? The moderating effect of partners' innovation[J]. The Journal of Technology Transfer, 2021,46(1): 1-35.

[274]XIE X, WU Y, PALACIOS-MARQUÉS D. Business networks and organizational resilience capacity in the digital age during COVID-19: A perspective utilizing organizational information processing theory[J]. Technological Forecasting and Social Change, 2022, 177: 121548.

[275]XIONG L. Improvise to win: The relationship between entrepreneurial improvisation and start-up competitive advantage[J]. Asian Business & Management, 2022, 21(2): 184-204.

[276]YALCINKAYA G, CALANTONE R J, GRIFFITH D A. An examination of exploration and exploitation capabilities: Implications for product innovation and market performance[J]. Journal of International Marketing, 2007, 15(3): 63-93.

[277]YAN C. Dynamic ambidexterity: How innovators manage exploration and exploitation[J]. Business Horizons, 2017,60(3): 385-394.

[278]YANAN FENG, DA TENG, BIN HAO. Joint actions with large partners and small-firm ambidexterity in asymmetric alliances: The mediating role of relational identification[J]. International Small Business Journal: Researching Entrepreneurship,2019,37(7): 689-712.

[279] YANG H B, ZHENG Y, ZHAO X. Exploration or exploitation: Small firm's alliance strategies with large firms[J]. Strategic Management Journal, 2014, 35(1): 146 -157.

[280] YANG Z, ZHOU X, ZHANG P. Discipline versus passion: Collectivism, centralization, and ambidextrous innovation[J]. Asia Pacific Journal of Management, 2015, 32(3): 745 -769.

[281] YANG L, YANG J, LU L, et al. Exploring the impact of digital economy on ambidextrous innovation capabilities of firms: Mediating effect of knowledge acquisition[J]. International Journal of Innovation Management, 2022, 26(10): 2250072.

[282] YANG Z, XU M, XIU X, LI G. TMT's technical orientation and ambidextrous innovation capability in digital transformation age[EB/OL]. (2023 -04 -26). https://onlinelibrary.wiley.com/doi/abs/10.1002/mde.3880.

[283] YOO Y, BOLAND JR R J, LYYTINEN K. Organizing for innovation in the digitized world[J]. Organization Science, 2012, 23(5): 1398 -1408.

[284] YU C, YANG H, SUN H. Rivals or collaborators? Relational ambidexterity and absorption speed[J]. Journal of Management, 2022, 48(7): 1918 -1947.

[285] ZAGGL M A, MALHOTRA A, ALEXY O, et al. Governing crowdsourcing for unconstrained innovation problems [J]. Strategic Management Journal, 2023, 44(11): 2783 -2817.

[286] ZHANG A, ZHANG W. Network orientation, organisational improvisation and innovation: An empirical examination[J]. Systems Research and Behavioral Science, 2022, 39(3): 668 -678.

[287] ZHANG G, TANG C. How the egocentric alliance network impacts firm ambidextrous innovation: A three - way interaction model[J]. European Journal of Innovation Management, 2022, 25(1): 19 -38.

[288] ZHAO X, LV H. Forming managers' exploitation and exploration from the interplay of managers' formal and informal networks in China: A moderated medi-

ation model[J]. Asia Pacific Business Review, 2023, 29(1): 162 –183.

[289]ZHAO E Y, ISHIHARA M, JENNINGS P D. Optimal distinctiveness in the console video game industry: An exemplar – based model of proto – category evolution[J]. Organization Science, 2018, 29(4): 588 –611.

[290]ZHENG D L. Design thinking is ambidextrous[J]. Management Decision, 2018, 56(4): 736 –756.

[291]ZHENG W, SINGH K, MITCHELL W. Buffering and enabling: The impact of interlocking political ties on firm survival and sales growth[J]. Strategic Management Journal, 2015, 36(11): 1615 –1636.

[292]ZHENG XIAOYONG. Salesmanship: The influence of social networks on sales –service ambidexterity[J]. Management Decision,2022,60(11): 1398 –1408.

[293]ZHONG Q, SUN Y. The more the better? Relational governance in platforms and the role of appropriability mechanisms[J]. Journal of Business Research, 2020,108:62 –73.

[294]ZHOU K Z, TSE D K, LI J J. Organizational changes in emerging economies: Drivers and consequences[J]. Journal of International Business Studies, 2006, 37(2): 248 –263.

[295]ZIMMERMANN A, HILL S A, BIRKINSHAW J. Complements or substitutes? A microfoundations perspective on the interplay between drivers of ambidexterity in SMEs[J]. Long Range Planning, 2020, 53(6): 101927.

[296]ZIMMERMANN A, RAISCH S, CARDINAL L B. Managing persistent tensions on the frontline: A configurational perspective on ambidexterity [J]. Journal of Management Studies, 2018, 55(5): 739 –769.

[297]ZIMMERMANN A, RAISCH S, BIRKINSHAW J. How is ambidexterity initiated? The emergent charter definition process[J]. Organization Science, 2015, 26(4): 1119 –1139.

中文文献

[1]曹勇,周蕊,周红枝,等. 资源拼凑、双元学习与企业创新绩效之间的关系研究[J]. 科学学与科学技术管理,2019,40(6):94－106.

[2]曾繁华,王飞. 技术创新驱动战略性新兴产业跃迁机理与对策——基于全球价值链视角[J]. 科技进步与对策,2014,31(23):51－55.

[3]陈劲,陈钰芬. 开放创新体系与企业技术创新资源配置[J]. 科研管理, 2006, 27(3):1－8.

[4]陈萍. 中部地区以开放式创新提升产业链创新能力的机理与路径研究[J]. 区域经济评论,2022(6):15－21.

[5]陈庆江,万茂丰,王彦萌. 数字技术应用对企业双元创新的影响——基于组织生命周期的实证检验[J]. 软科学,2021,35(11):92－98.

[6]陈任芬. 开放式创新的机理与动态模式研究[D]. 杭州:浙江大学, 2007.

[7]程新生,王向前. 技术并购与再创新——来自中国上市公司的证据[J]. 中国工业经济,2023(4):156－173.

[8]董保宝,程松松,张兰. 双元创新研究述评及开展中国情境化研究的建议[J]. 管理学报,2022,19(2):308－316.

[9]范阳. 基于能力的企业边界研究[D]. 上海:复旦大学,2003.

[10]方肖燕,赵倚林. 零售企业数字化转型、动态竞争环境与双元创新的关系[J]. 商业经济研究,2023(3):42－46.

[11]贡文伟,袁煜,朱雪春. 联盟网络、探索式创新与企业绩效——基于冗余资源的调节作用[J]. 软科学,2020,34(7):114－120.

[12]郭海, 王超, 黄冉. 开放式创新对数字创业企业绩效的影响研究[J]. 管理学报, 2022,19(7):1038－1045.

[13]郭磊,周燕芳,蔡虹. 基于机会窗口的后发国家产业追赶研究——中国智能手机产业的案例[J]. 管理学报,2016,13(3):359－365.

[14]高良谋, 马文甲. 开放式创新:内涵、框架与中国情境[J]. 管理世

界, 2014(6):157－169.

[15]郭润萍,尹昊博,陆鹏. 竞合战略、双元能力与数字化新创企业成长[J]. 外国经济与管理,2022,44(3):118－135.

[16]何向武,周文泳,李明珠. 自主研发、技术改造与技术引进生态关系研究——以中国高技术产业为例[J]. 科技进步与对策,2020,37(8):59－67.

[17]贺正楚,李玉洁,吴艳. 产业协同集聚、技术创新与制造业产业链韧性[J]. 科学学研究, 2023, 41(5):1－16.

[18]亨利·明茨伯格. 明茨伯格论管理[M]. 间佳,译. 北京:机械工业出版社,2007.

[19]亨利·切萨布鲁夫. 开放式创新——进行技术创新并从中赢利的新规则[M]. 金马,译. 北京:清华大学出版社,2005.

[20]胡登峰,黄紫微,冯楠,等. 关键核心技术突破与国产替代路径及机制——科大讯飞智能语音技术纵向案例研究[J]. 管理世界,2022,38(5):188－209.

[21]胡汉辉,潘安成. 组织知识转移与学习能力的系统研究[J]. 管理科学学报,2006(3):81－87.

[22]胡欣悦,苏炜晴,汤勇力. 产学合作对粤港澳大湾区高校双元知识产出增长的影响[J]. 科技进步与对策,2023,40(4):23－33.

[23]胡潇婷,高雨辰,金占明,等. 海外并购对企业探索式和利用式创新绩效的影响研究:基于中国的实证分析[J]. 科学学与科学技术管理,2020,41(9):35－54.

[24]荆浩,张耀耀,马佳,等. 数字化转型背景下"专精特新"企业双元能力提升组态路径研究[J]. 科技管理研究,2023,43(22):164－174.

[25]季与点,李振东,陈劲,等. 云资源视角下中小企业数字创新平衡研究:逻辑机理与研究框架[J/OL]. 科技进步与对策,1－10[2024－05－04]. http://kns. cnki. net/kcms/detail/42. 1224. G3. 20231227. 0945. 006. html.

[26]江诗松,龚丽敏,魏江. 转型经济背景下后发企业的能力追赶:一

个共演模型——以吉利集团为例[J]. 管理世界,2011(4):122 - 137.

[27]焦豪. 双元型组织竞争优势的构建路径:基于动态能力理论的实证研究[J]. 管理世界,2011(11):76 - 91,188.

[28]颉茂华,王娇,刘铁鑫. 国企混改提升企业战略绩效路径研究——双元创新理论下的双案例分析[J]. 科研管理,2022,43(10):99 - 115.

[29]黎文靖,郑曼妮. 何去何从:贸易保护还是开放竞争?——来自微观企业创新的证据[J]. 财经研究,2018,44(3):20 - 31.

[30]李丹,俞竹超,樊治平. 知识网络的构建过程分析[J]. 科学学研究,2002(6):620 - 623.

[31]李德强,彭灿,奚雷. 动态能力对双元创新协同性的影响:环境竞争性的调节作用[J]. 运筹与管理, 2017,26(9):183 - 192.

[32]李怀祖. 管理研究方法论[M]. 西安:西安交通大学出版社, 2004.

[33]李继承,周芳. “技术—组织”联合情境如何促进双元创新协同——一个有调节的链式中介模型[J/OL]. 科技进步与对策,1 - 10[2024 - 05 - 04]. http://kns.cnki.net/kcms/detail/42.1224.G3.20231205.2222.008.html.

[34]李健,余悦. 合作网络结构洞、知识网络凝聚性与探索式创新绩效:基于我国汽车产业的实证研究[J]. 南开管理评论,2018,21(6):121 - 130.

[35]李善民,朱滔. 多元化并购能给股东创造价值吗?——兼论影响多元化并购长期绩效的因素[J]. 管理世界,2006(3):129 - 137.

[36]李铖霆,高煜,唐珺. 双元创新视角下数字经济对制造业技术创新的异质性影响[J]. 统计与决策,2024,40(1):174 - 178.

[37]李永奎,刘晓康. 数字经济发展对企业双元创新的双轨促进作用研究[J]. 西部论坛,2023,33(1):76 - 93.

[38]李振东,梅亮,朱子钦,等. 制造业单项冠军企业数字创新战略及其适配组态研究[J]. 管理世界,2023,39(2):186 - 208.

[39]李正卫. 动态环境下的组织学习与企业绩效[D]. 杭州:浙江大学,2003.

[40]李自杰,高璆崚. 双元并进战略选择:行为逻辑与路径分析——基于北京重工并购日本长野和意大利 TGF 的案例[J]. 中国工业经济,2016(7):127－143.

[41]林筠,张敏. 转制科研院所双元创新路径探析——以西北有色金属研究院为例[J]. 科学学研究,2017,35(4):600－610.

[42]凌鸿,赵付春,邓少军. 双元性理论和概念的批判性回顾与未来研究展望[J]. 外国经济与管理,2010,32(1):25－33.

[43]刘凤朝,张淑慧,马荣康. 利用性创新对探索式创新的作用分析——技术景观复杂性的调节作用[J]. 管理评论,2020,32(9):97－106,167.

[44]刘贵文,李凯健,张应珍. 技术变革背景下在位企业资源基础与商业模式创新:二元动态能力的中介作用[J]. 管理评论, 2019, 31(7):252－263.

[45]刘锦,王学军. 寻租、腐败与企业研发投入——来自 30 省 12367 家企业的证据[J]. 科学学研究,2014,32(10):1509－1517.

[46]刘守英,杨继东. 中国产业升级的演进与政策选择——基于产品空间的视角[J]. 管理世界,2019,35(6):81－94,194－195.

[47]刘兰剑. 渐进、突破与破坏性技术创新研究述评[J]. 软科学,2010,24(3):10－13.

[48]罗炜,唐元虎. 合作创新的交易成本分析[J]. 科学学与科学技术管理,2001,6(5):5－6.

[49]罗炜,唐元虎. 企业合作创新的组织模式及其选择[J]. 科学学研究,2001,19(4):103－108.

[50]吕潮林,彭灿,曹冬勤. 双元学习、创新驱动过程与数字化转型:数字能力的调节作用[J]. 系统管理学报,2023,32(2):379－394.

[51]毛荐其,牛文祥,刘娜,等. 企业数字化转型对双元创新持续性的影响研究[J]. 科学决策,2023(4):1－14.

[52]庞磊,阳晓伟. 数字经济、创新螺旋与产业链关键环节控制能力研究[J/OL]. 科技进步与对策,1－12[2024－05－04]. http://kns.cnki.net/kcms/detail/42.1224.g3.20230802.1557.013.html.

[53]庞瑞芝,刘东阁. 数字化与创新之悖论:数字化是否促进了企业创新——基于开放式创新理论的解释[J]. 南方经济,2022(9):97 – 117.

[54]欧阳桃花,倪泽波,杜文宇,等. 激活“工业遗产”价值的李渡酒业转型案例研究[J]. 管理学报,2022,19(7):956 – 964.

[55]彭灿,李瑞雪,杨红,等. 动态及竞争环境下双元创新与企业可持续发展关系研究[J]. 科技进步与对策,2020,37(15):70 – 79.

[56]彭新敏,史慧敏,朱顺林. 机会窗口、双元战略与后发企业技术追赶[J]. 科学学研究,2020,38(12):2220 – 2227,2257.

[57]彭新敏,吴晓波,吴东. 基于二次创新动态过程的企业网络与组织学习平衡模式演化——海天 1971—2010 年纵向案例研究[J]. 管理世界,2011(4):138 – 149,166,188.

[58]彭新敏, 姚丽婷. 机会窗口、动态能力与后发企业的技术追赶[J]. 科学学与科学技术管理, 2019, 40(6): 68 – 82.

[59]彭新敏,郑素丽,吴晓波,等. 后发企业如何从追赶到前沿?——双元性学习的视角[J]. 管理世界,2017(2):142 – 158.

[60]秦硕. 并购还是联盟? 核心企业基于技术与消费互补性的战略选择及其作用机制[D]. 北京:北京化工大学,2023.

[61]邵福泽,周伟. 开放式创新、战略柔性与创新绩效——一个交互效应模型[J]. 科技进步与对策,2016,33(9):1 – 7.

[62]沈灏, 李垣, 蔡昊雯. 双元型组织对创新的影响及其构建路径分析[J]. 科学学与科学技术管理,2008,42(9):103 – 107.

[63]舒成利,胡一飞,江旭. 战略联盟中的双元学习、知识获取与创新绩效[J]. 研究与发展管理,2015,27(6):97 – 106.

[64]孙彪. 基于资源依赖观的合作双元能力对联盟创新绩效的影响研究[J]. 管理评论,2017,29(11): 98 – 105.

[65]孙聪,魏江. 企业层创新生态系统结构与协同机制研究[J]. 科学学研究,2019,37(7):1316 – 1325.

[66]孙笑明,刘偲,苏屹,等. 预研情境下关键研发者创新绩效提升——

知识网络与合作网络的组合视角[J]. 管理评论,2023,35(2):135 - 146.

[67]谭曼庆. CEO 强自信与企业开放式双元创新[J]. 管理评论,2023,35(6):134 - 145.

[68]王灿昊,段宇锋. 市场导向、顾客知识获取、战略柔性与组织双元性创新[J]. 软科学,2019,33(1):10 - 13,18.

[69]王淑敏. 企业能力如何"动""静"组合提升企业绩效?——能力理论视角下的追踪研究[J]. 管理评论,2018,30(9):121 - 131.

[70]王水莲,张培. 战略与复杂双重维度下商业生态系统形成机理研究[J]. 科技进步与对策,2021,38(15):19 - 27.

[71]王宛秋,邢悦. 融资约束一定制约技术并购后的研发投入吗?[J]. 科学学研究,2017,35(6):886 - 895.

[72]王钰,胡海青. 知识产权保护对双元创新的影响研究——制度环境的调节效应[J]. 软科学,2024,38(01):75 - 82.

[73]卫武,解济美. 开放战略演化下的商业生态系统:基于腾讯的案例研究[J]. 科技管理研究,2020,40(20):188 - 196.

[74]魏江,潘秋玥,王诗翔. 制度型市场与技术追赶[J]. 中国工业经济,2016(9):93 - 108.

[75]魏泽龙. 双元能力、资源构建对创新的影响研究[D]. 西安:西安交通大学,2010.

[76]吴波. 开放式创新范式下企业技术创新资源投入研究——基于我国装备制造业企业[D]. 杭州:浙江大学,2011.

[77]吴东,吴晓波. 技术追赶的中国情境及其意义[J]. 自然辩证法研究,2013,29(11):45 - 50.

[78]吴晓波,陈颖. 中小企业组织二元性对企业绩效的影响机制研究[J]. 浙江大学学报(人文社会科学版),2014,44(5):97 - 109.

[79]吴晓波,付亚男,吴东,等. 后发企业如何从追赶到超越?——基于机会窗口视角的双案例纵向对比分析[J]. 管理世界,2019,35(2):151 - 167,200.

[80]肖仁桥,沈佳佳,钱丽. 数字化水平对企业新产品开发绩效的影响——双元创新能力的中介作用[J]. 科技进步与对策, 2021,38(24):106-115.

[81]邢斐,陈诗英,蔡嘉瑶. 企业集团、产业生命周期与战略选择[J]. 中国工业经济,2022(6):174-192.

[82]许庆瑞,吴志岩,陈力田. 转型经济中企业自主创新能力演化路径及驱动因素分析——海尔集团1984—2013年的纵向案例研究[J]. 管理世界,2013,39(4):121-134,188.

[83]闫冰倩,田开兰. 全球价值链分工下产业布局演变对中国增加值和就业的影响研究[J]. 中国工业经济,2020(12):121-139.

[84]闫佳祺,罗瑾琏,钟竞,等. 军民融合企业双元创新的实现模式——一项双案例研究[J]. 管理评论,2023,35(2):340-352.

[85]严焰,池仁勇. 技术相似性与并购后创新绩效关系的再探讨——基于企业技术吸收能力的调节作用[J]. 科研管理,2020,41(9):33-41.

[86]阳镇,李纪珍,凌鸿程. 政策不确定性与创新数字化——双元创新的视角[J]. 科研管理,2022,43(4):1-10.

[87]杨林,徐培栋. 有无相生:数字化背景下"专精特新"单项冠军企业双元创新的前因组态及其效应研究[J/OL]. 南开管理评论,1-26[2024-05-04]. http://kns.cnki.net/kcms/detail/12.1288.f.20231117.1629.002.html.

[88]杨思远,王康. 数字技术能提升企业业绩吗?——来自中关村海淀科技园的微观证据[J]. 科研管理,2023,44(1):26-36.

[89]杨晓娜,彭灿,杨红. 开放式创新对企业双元创新能力的影响——外部社会资本的调节作用[J]. 科技进步与对策, 2018,35(13):86-92.

[90]杨勇. 数字技术影响产业链内部创新分工的机制研究[J]. 科学学研究,2023,41(8):1495-1506.

[91]杨震宁,侯一凡,李德辉,等. 中国企业"双循环"中开放式创新网络的平衡效应——基于数字赋能与组织柔性的考察[J]. 管理世界,2021,37(11):12,184-205.

[92]杨震宁,李东红,李德辉. 中国制造业的产业追赶机制:跨案例研

究[J]. 科学学与科学技术管理,2014,35(10):51-63.

[93]杨志强. 开放式创新模式研究[D]. 天津:南开大学,2009.

[94]杨忠海,党春晓,李瑛玫. 数字化转型能提升企业全员劳动生产率吗?——基于人力资本与双元创新的中介效应[J]. 科学学与科学技术管理,2023,44(9):30-46.

[95]易靖韬,何金秋. 基于生态系统竞争优势的平台出海战略研究:基于猎豹移动轻游戏平台国际化的案例分析[J]. 中国软科学,2023(5):118-133.

[96]应瑛,刘洋,魏江. 开放式创新网络中的价值独占机制:打开"开放性"和"与狼共舞"悖论[J]. 管理世界,2018,34(2):144-160,188.

[97]应瑛,刘洋. 后发企业追赶理论:描述、引用与共词分析[J]. 科研管理,2015,36(11):11-20.

[98]余东华,孙婷. 环境规制、技能溢价与制造业国际竞争力[J]. 中国工业经济,2017(5):35-53.

[99]郁义鸿. 产业链类型与产业链效率基准[J]. 中国工业经济,2005(11):35-42.

[100]张丁宁,王晓楠,郭鹏,等. 考虑双元合作价值的联合研发项目四维演化博弈研究[J/OL]. 软科学,1-14[2024-05-04]. http://kns.cnki.net/kcms/detail/51.1268.G3.20231204.1327.002.html.

[101]张峰,王睿. 政府管制与双元创新[J]. 科学学研究,2016,34(6):938-950.

[102]张洁,何代欣,安立仁,等. 领先企业开放式双元创新与制度多重性——基于华为和IBM的案例研究[J]. 中国工业经济,2018(12):170-188.

[103]张娜娜,梅亮. 后发企业的管理滞后与改善:管理学习的视角[J]. 南开管理评论,2021,24(1):74-85,103-105.

[104]张小娣,田子艳,宋胜男,等. 组织忘记对企业二元创新平衡的影响研究[J]. 科技管理研究,2021,41(1):15-21.

[105]张新香,胡立君. 数据业务时代我国移动通信产业链整合模式及绩效研究——基于双边市场理论的分析视角[J]. 中国工业经济,2010(6):

147 －157.

[106]章正, 汪琦. 开放式双元创新对中国制造业盈利能力的异质性效应分析[J]. 科技与管理, 2019, 21(1):14 －20.

[107]赵晶,刘玉洁,付珂语,等. 大型国企发挥产业链链长职能的路径与机制——基于特高压输电工程的案例研究[J]. 管理世界,2022,38(5):221 －240.

[108]赵月皎,陈志军. 集团网络视角下子公司层级、业务相关性对研发投资的影响[J]. 山西财经大学学报,2016,38(5):44 －55.

[109]钟竞,陈松. 外部环境、创新平衡性与组织绩效的实证研究[J]. 科学学与科学技术管理,2007(5):67 －71.

[110]周玉泉,李垣. 组织学习、能力与创新方式选择关系研究[J]. 科学学研究,2005(4):525 －530.

[111]朱国军,何静,张宏远. 工业互联网平台领先企业数字化动态能力的形成与演化——基于华为公司的探索式纵向案例研究[J]. 科技管理研究,2023,43(15):159 －168.

[112]朱朝晖, 陈劲, 陈钰芬. 探索式技术学习和挖掘性技术学习及其机理[J]. 科研管理, 2009,30(3): 23 －31.

重要术语索引

后　记

本书受西北大学“双一流”建设项目资助，以及西北大学经济管理学院的资助，同时也是由我承担的2021年度国家自然科学基金面上项目（立项号：72172125），以及2021年度陕西省社会科学基金项目（立项号：2021R042）的研究成果。本书是我持续关注双元创新问题的理论与经验总结。我在上海交通大学安泰经济与管理学院博士后流动站工作期间就开始关注企业双元创新问题，并形成了博士后出站报告。在西北大学工作后，在前期项目研究成果基础上，聚焦于双元创新，进一步关注企业开放式创新理论。围绕着双元创新问题，以及创新领域的前沿研究，我开始思考开放式创新与双元创新的关系，并获得了教育部人文社会科学青年项目，以及国家自然科学基金青年项目的支持。后续不断跟踪企业创新实践，并关注数字技术驱动创新发展，将双元创新与企业数字创新联系起来，获得了陕西省社会科学基金项目和国家自然科学基金面上项目的支持，在长期的研究和跟踪基础上，认真撰写了相关章节内容。本书是在长期以来对双元创新理论研究成果的基础上进一步研究完成的。

本书共分为9章，论文的主体部分主要由我完成，部分章节是与学生合作共同完成。其中，第4章至第6章是与我的学生匡明慧、马钏佳共同完成，第7章和第8章是与我的学生吕鑫莹、韩雨珍共同完成，马钏佳对论文的格式与文献进行了校对。在书稿的写作与完善过程中，有幸得到了很多人的帮助与支持。

首先，要感谢我的博士后合作导师李垣教授，是他引领我关注双元创新理论，指导我在博士后流动站期间的科研工作，才有了本书的开始。他严谨的学术风格，对待科研的认真和执着，以及对学术问题的独特和深入的思考方式，都深深地影响着我。他在管理学科领域的贡献和探索指引着我的学术研究方向，同时，他对学生培养的责任感和教育方式，也指引着我的教学工作。

其次，要感谢西北大学经济管理学院的各位领导与老师。在学院领导和老师们的支持下，才有了本书的出版。同时，也要感谢我们研究团队的帮助，尤其是在书稿写作过程中，协助我进行书稿校对与共同完善部分章节内容的几位硕士生，在此一并予以感谢。

最后，感谢我的家人，你们的支持是我最坚强的后盾。感谢我的爱人冯先生对我工作的支持和理解，和我一起分享喜悦和成绩，也要感谢我亲爱的女儿陪伴在我的身边，和我一起不断成长。感谢父母的支持、关心与帮助。感谢你们一直陪伴在我身边，你们是我永远的快乐源泉和前进动力。